marebuch

Die Neue Frankfurter Schule ist eine Institution des Humors, die jeder kennt. Weniger bekannt war bisher jedoch, dass sich ihre sämtlichen Hauptvertreter nachweislich von Ozeanen, Meeren und sonstigen weitläufigen Wasserflächen fern halten. Der Böhme Hans Traxler, der Schwabe F. W. Bernstein und der Oberpfälzer Eckhard Henscheid entstammen Landstrichen, deren Bewohner das Meer heute nur aus Forschungsberichten und Abenteuerromanen kennen. Chlodwig Poth und Peter Knorr, in Wuppertal beziehungsweise Salzburg geboren, ließen sich tief im Binnenland nieder. Robert Gernhardt, F. K. Waechter und Bernd Eilert sind zwar Kinder der Küste, verließen jedoch schon früh ihre feuchte Heimat und suchten ihr Glück dort, wo sie trockenere Arbeitsbedingungen sowie die übrigen Erwähnten vorfanden: In Frankfurt am Main, der Stadt, die weiter von jeder Meeresküste entfernt liegt als jede andere europäische Metropole. Und worüber schreiben, was zeichnen diese wasserscheuen Landratten nun seit Jahren? Das Meer!

Klaus Cäsar Zehrer wurde 1969 in Schwabach (Mittelfranken) geboren. 2004 erschien seine gemeinsam mit Robert Gernhardt herausgegebene Anthologie ‹Hell und Schnell. 555 komische Gedichte aus 5 Jahrhunderten›. Klaus Cäsar Zehrer schreibt für verschiedene Zeitungen und Zeitschriften, darunter die Frankfurter Allgemeine Zeitung und Titanic. Er lebt als freier Autor in Berlin.

Unsere Adresse im Internet: www.fischerverlage.de

Klaus Cäsar Zehrer (Hrsg.)

«Da: Das Meer!»

Das maritime Œuvre der Neuen Frankfurter Schule

Fischer Taschenbuch Verlag

Veröffentlicht im Fischer Taschenbuch Verlag,
einem Unternehmen der S. Fischer Verlag GmbH,
Frankfurt am Main, Mai 2007

Lizenzausgabe mit freundlicher Genehmigung
des **mare**buchverlags

Druck und Bindung: Clausen & Bosse, Leck
Printed in Germany
ISBN 978-3-596-17497-3

In Gedenken an
Robert Gernhardt (1937 – 2006),
Chlodwig Poth (1930 – 2004) und
Friedrich Karl Waechter (1937 – 2005)

Lieber Leser,

jeder Schwerfang ist an, sagt ein altes isländisches Tranhändlerlied. Aber was soll das? Wir wollen Sie doch nicht mit selbsterfundenen isländischen Tranhändlerliedern behelligen. Wir doch nicht. Im Gegenteil, wir möchten Sie freundlich bitten, sich auf diesen Seiten wohl zu fühlen.

Sie wissen ja: Ein neues Buch ist wie ein frisch gestrichenes Minensuchboot. Da ist manches noch nicht an seinem Platz, manches erscheint noch ziemlich klebrig, und wenn man von Bord geht, kann man sich leicht die Hosen versauen. Aber mit der Zeit gibt sich das alles. Jedenfalls auf einem frisch gestrichenen Minensuchboot.
In diesem Sinne: Klein, aber ahoi!

Unser frisch gestrichenes Minensuchboot MS NFS
nimmt Kurs auf Ihre Leserherzen. Volle Kraft voraus!

50 Jahre Meer

Als die Klammer, die die Zeichner und Autoren der Neuen Frankfurter Schule miteinander verbindet, gilt für gewöhnlich die Zusammenarbeit bei der Satirezeitschrift *pardon* und die gemeinsame Gründung des Nachfolgeblatts *Titanic*. Untersucht man die Biographien der acht Herren genauer, so stößt man auf eine weitere Gemeinsamkeit, die maßgeblich zur Gruppenbildung beigetragen haben dürfte, gleichwohl aber von der Forschung bislang kaum beachtet wurde: Mit einer Entschiedenheit, wie sie keiner anderen Künstlervereinigung älterer oder neuerer Epoche zu eigen war, halten sich sämtliche Hauptvertreter der NFS nachweislich, nachdrücklich und nachhaltig von allen Ozeanen, Meeren und sonstigen weitläufigen Wasserflächen fern.

Der Böhme Hans Traxler, der Schwabe F. W. Bernstein und der Oberpfälzer Eckhard Henscheid entstammen Landstrichen, deren Bewohner das Meer bis heute nur von Forschungsberichten und Abenteuerromanen kennen. Chlodwig Poth und Peter Knorr, in Wuppertal beziehungsweise Salzburg und somit auf sicherem Festland geboren, machten sich zwar in unreifem Alter Richtung Ostsee auf, der eine als Kind von sechs, der andere als Jungkabarettist von achtundzwanzig Jahren. Beide kamen aber nur bis Berlin, erkannten dort ihren Irrtum, kehrten um und ließen sich tief im Binnenland dauerhaft nieder. Robert Gernhardt, F. K. Waechter und Bernd Eilert hingegen sind Kinder der Küste. Der erste erblickte am Finnischen Meerbusen das Licht der Welt, der zweite an der Danziger Bucht, der dritte in Hörweite der Nordseewellen. Alle drei – vernagelt und verbohrt, wer da immer noch von Zufall reden mag – verließen bald ihre feuchte Heimat und suchten ihr Glück dort, wo sie trockene Arbeitsbedingungen sowie die übrigen Erwähnten vorfanden: in Frankfurt am Main, der Stadt, die seit Jahrzehnten auf sturmflutsichere Wolkenkratzerarchitektur setzt, obgleich sie, wie ein Blick in den Atlas beweist, weiter von jeder Meeresküste entfernt liegt als fast jede andere europäische Metropole. Wir können die Neue Frankfurter Schule also mit Fug charakterisieren als eine Gruppe von Künstlern, die das Meer meiden und fliehen, wo sie nur können. (Daß Traxler gern und oft an der französischen Riviera urlaubt und Knorr seiner Begeisterung für Mallorca ein ganzes Buch gewidmet hat, tut hier nichts zur Sache.)

Und worüber schreiben, was zeichnen diese wasserscheuen Landratten? Dieses Buch gibt die Antwort: Meere, Meere und nochmals Meere. Von der Arktis bis zur Südsee gibt es kein nennenswertes Gewässer, das noch nicht von der NFS auf Papier gebannt worden wäre, und wenn das Thema restlos abgefischt scheint, dann machen sich die acht astreinen Aqua-Artisten ansatzlos anheischig, anverwandte Angelegenheiten abzubilden: Strände und ihre Sonnenuntergänge, Inseln und ihre Bewohner, Küsten und ihre Touristen, Bäder und ihre Schwimmer, Schiffe und ihre Kapitäne, Fische und ihre Angler. Selbst ihre Zeitschrift tauften sie *Titanic*, als Hommage an den Ozeanriesen, der, wie sie selbst, bei der ersten sich bietenden Gelegenheit dem Meer auf den Grund ging.

Im Rückblick erweist es sich als genialer Schachzug der Gruppe, ausgerechnet Frankfurt als Standort ihrer Ozeanographie zu wählen. Hier lenkt kein Blick auf ein bestimmtes Meer von der Idee des Meeres an sich und seiner künstlerischen Darstellung ab, nur hier konnte daher ein derart facettenreiches maritimes Œuvre wie das vorliegende entstehen. Gäbe es eine Neue Pellwormer Schule, sie würde vermutlich nichts weiter als immer wieder ihr kleines, wattumspültes Eiland malen. Das aber wäre allein deshalb überflüssig, weil Pellworm in seiner ganzen Pellwormhaftigkeit schon 1963 für alle Zeiten gültig in einem Holzschnitt festgehalten wurde. Die

Pellworm, 1963

Illustration des Gedichts «Pellworm» in einem Lyrikband von Peter-Cornelius Meyer-Tasch war F.W. Bernsteins allererste Buchpublikation. Danach trennten sich die Wege der Jugendfreunde: Bernstein wurde schlagartig als Meerzeichner berühmt, Meyer-Tasch hingegen konnte als Lyriker nicht reüssieren und mußte sich mit einer Professur für Politikwissenschaft und Rechtstheorie in München begnügen. Woraufhin Bernstein auch noch die vakante Stelle eines Meerdichters übernahm, die er bis heute bravourös bekleidet.

Noch früher als Bernstein begann Robert Gernhardt, das Meer in den Mittelpunkt seines graphischen Werks zu stellen. Bereits als Schüler reiste er, wie er später selbst berichtete, mit seinem Zeichenblock an südliche Gestade: «Da G schon früh die Berufung zum Künstler in sich verspürte, stand für ihn bereits in jungen Jahren fest, daß er nach Italien fahren müsse. (...)

Mittelmeer mit Agaven, um 1956

Kaum in Italien, zeichnete er denn auch sogleich all das, was Übereinkunft und Zeitgeist ihn als malerisch, pittoresk oder irgendwie kunstwürdig einzustufen gelehrt hatten (...): Felsen, die in bizarren Formationen ins Meer stürzten, Palmen – er bereiste die Ligurische Küste –, Fischerboote, netzeflickende Fischer mit hochgekrempelten Hosen und ärmellosen blauen Unterhemden und vor allem Agaven.» Zwar sehen die Agaven des frühen Gernhardt aus wie verbuddelte Palmen, seine mediterranen Häuser gemahnen bedenklich an die Strandbefestigungen des Atlantikwalls – aber sein Mittelmeer! Wie schick und quergestreift es daliegt!

Zur gleichen Zeit, als der Gymnasiast Gernhardt seine Agavenetüden anfertigte, mußte Chlodwig Poth bereits seinen Lebensunterhalt als Cartoonist verdienen. Seine Scherzzeichnungen waren nur auf den ersten Blick harmlos, geschickt ließ er – in den restaurativen fünfziger Jahren ungewöhnlich, ja geradezu bahnbrechend – sozialkritische Untertöne einfließen. So machte er unter dem Pseudonym Claude mit spitzer, aber nie verletzender Feder auf die Problematik der erschwerten Absicherung von Tiefseetauchern durch Schutzengel aufmerksam. Das meisterliche Blatt entstand 1955. Wir können somit auf eine seit exakt fünfzig Jahren bestehende innige Verbindung zwischen der NFS und dem Meer zurückblicken.

Poth

Taucher mit Schutzengel, 1955

Ganz genau genommen sind es sogar zweiundsechzig Jahre. Denn auch Poth war nicht der erste der acht Neufrankfurter, der sich künstlerisch mit dem Thema Meer auseinandersetzte. Diesen Titel darf sich Hans Traxler ans Revers heften, denn folgende Anekdote aus seiner Jugend reicht bis ins Jahr 1943 zurück: «Als Vierzehnjähriger, ich besuchte damals das Gymnasium zu Königgrätz, gewann ich einen Zeichenwettbewerb, an dem sich 40 000 Schüler beteiligt hatten, mit einer gültigen Darstellung der Seeschlacht vom Skagerrak, und zwar dem Moment, in dem der deutsche Admiral Hipper in der sinkenden Dämmerung aus einem Vorhang von Gischt und Nebel hervorbricht, um der britischen Nachhut eins zwischen die Kiemen zu geben.» Der Preis wäre ihm, wie Traxler weiter erzählt, um ein Haar aus der Hand des weit weniger talentierten Kunstmalers A. Hitler verliehen worden, der dann aber doch Unheilvolleres zu tun hatte. Wir dürfen unbesehen davon ausgehen, daß es sich bei der Seeschlacht des jungen Traxler um ein herausragendes Werk der Marinemalerei handelt. Da die heitere Note dabei jedoch eine mindere Rolle spielt, können wir uns nicht entschließen, das Bild der Neuen Frankfurter Schule zuzurechnen.

Es bleibt also bei summa summarum 50 Jahren Meer. Wenn das kein würdiger Anlaß für einen opulenten Sammelband ist, was dann?

Berlin, im Januar 2005

«Das Meer. Es war da, lange bevor wir da waren, und es wird noch da sein, wenn wir längst zu Staub zerfallen sind. Tröstlich, nicht wahr?»
«Nö.»

Das Wasser – gestern und heute

«Ohne Wasser wär' die Welt eine elend trockene Angelegenheit.» Diese launigen Worte des deutschen Wasserforschers Eberhard von Levkojen sind nicht aus der Luft gegriffen. Tatsächlich ist das Wasser fast überall anzutreffen, und kaum ein trostloserer Anblick ist denkbar als ein trockengelegter Ozean oder ein leerer Wasserfall. Abgesehen von der ästhetischen Widerwärtigkeit solcher Trockenzustände würde der Wassermangel auch eine wahre Sturzflut von Not, Elend und Greueln aller Art mit sich bringen. Ganz zu schweigen von der schweren Krise, in welche die Tierwelt unversehens gestürzt würde, wären auch viele menschliche Verrichtungen, die man ungern missen würde, nicht mehr möglich. So das Planschen, Waschen, Rudern, Gurgeln und Dampfen.

Nicht umsonst rechnete man schon in der Antike das Wasser neben Feuer, Erde, Oben und Unten zu den vier Urelementen des Kosmos. «Vom Wasser kommen wir, zu Wasser müssen wir auch wieder werden», sagte der Kirchenvater Nautilus. Im Wasser begann alles Leben – Fisch und Wasseramsel legen heute noch beredtes Zeugnis davon ab. Betrachten wir dieses «feuchte Element», wie es früher in Niedersachsen genannt wurde, einmal genauer: Es hat neben dem Bier und dem Tropfstein den höchsten Feuchtigkeitsgehalt; es ist im Unterschied zu Moschus und Ambra völlig geruchlos und farblos. Und doch vermag sich dieses scheinbar unscheinbare Material z.B. im Bodensee und im Finnischen Meerbusen vom Grund auf mehrere hundert Meter hoch zu türmen, es kann Senken und Gruben wie den Atlantik lückenlos ausfüllen, es kann entspringen, fließen und münden, tosen und brausen, letzteres allerdings nur mit Hilfe des Windes.

Sein Anblick überzeugt viele. Deshalb lockte es schon seit Urzeiten Menschen an. Sie siedelten an den Ufern der Weser und des Tibers, später auch an Rhein und Mosel. Die ersten Siedler gaben den Flüssen Namen, gleichsam um sie zu benennen. So ward der Rhein Rhein genannt, im Unterschied zur Elbe. Doch davon ein andermal.

Selbst beim Aquarellieren des Meeres

Nur ein bißchen Wasser

Ein Schulfunk-Feature

(In freier Natur, an einem gluckernden Bach. Man hört, wie Flüssigkeit ins Wasser geschüttet wird)

DER NATURFREUND: Was machen Sie denn da?

DER AHNUNGSLOSE: Ach, ich verschmutze nur mal dieses Bächlein hier.

DER NATURFREUND: Aber das dürfen Sie doch nicht machen!

DER AHNUNGSLOSE: Wieso denn nicht? Was ist denn so ein Bächlein? Nur ein bißchen Wasser ...

(Über die Geräusche:)

SPRECHERIN: Nur ein bißchen Wasser!

SPRECHER: Portrait eines lebensspendenden Elements.

DER NATURFREUND: Nur ein bißchen Wasser? Ja sagen Sie mal – haben Sie sich eigentlich noch nie überlegt, daß das Wasser der Ursprung allen Lebens ist?

DER AHNUNGSLOSE: Was? Allen Lebens? Das darf ja wohl nicht wahr sein!

SPRECHER: Es ist aber wahr. Am Anfang war das Wasser. Es bedeckte die gesamte Meeresoberfläche. Im Schoße des Wassers erwachte das Leben, an seinen Ufern siedelten die ersten Menschen, und noch heute verrät uns die Sprache, daß all die Dinge, die uns auf der Erde umgeben, ursprünglich im Wasser zu finden waren. Dem Huhn etwa entspricht ...

SPRECHERIN: Das Wasserhuhn.

SPRECHER: Dem Büffel ...

SPRECHERIN: Der Wasserbüffel.

SPRECHER: Der Pfeife ...

SPRECHERIN: Die Wasserpfeife.

SPRECHER: Dem Kopf ...

SPRECHERIN: Der Wasserkopf.

SPRECHER: Eine Reihe, die sich beliebig fortsetzen ließe: Wassermusik, Wasserleiche, Wassersport, Wasserball, Wassernuwiederwill.

DER AHNUNGSLOSE: Das frage ich mich auch schon die ganze Zeit! Urelement ... Wenn ich das schon höre! Wir leben schließlich im 21. Jahrhundert, da sollte das Wasser doch nun wirklich keine so lebenswichtige Rolle mehr spielen – oder?

DER NATURFREUND: Oh doch! Nehmen Sie nur die Salatgurke.

DER AHNUNGSLOSE: Danke schön, sehr aufmerksam. *(Er beißt in die Gurke.)*

DER NATURFREUND: Halt! Geben Sie mir meine Gurke wieder!

DER AHNUNGSLOSE: Aber Sie haben doch selbst gesagt, ich sollte ...

SPRECHER *(unterbricht)*: Nehmen wir also die Salatgurke.

DER AHNUNGSLOSE: Die habe ich ja auch genommen. Und zwar gern. Denn die ist wirklich lebenswichtig. Aber doch nicht das Wasser!

DER NATURFREUND: Nun, wenn Sie so denken, dann sollte es Sie eigentlich interessieren, daß chemische Analysen unlängst ergeben haben, daß die Salatgurke nur zu einem Prozent aus Salat, zu einem Prozent aus Gurke und zu 98 Prozent aus Wasser besteht!

DER AHNUNGSLOSE: Donnerwetter! Da spielt ja das Wasser in unserem Leben eine größere Rolle, als man gemeinhin annimmt!

DER NATURFREUND: Eine viel größere Rolle! Stellen wir uns nur mal vor, es gäbe kein Wasser ...

(Meeresrauschen, Wind, Möwenschreie)

FISCHER: Als Krabbenfischer kann ich dazu nur sagen: Das wäre schrecklich!

SPRECHER: Ach ja – und warum?

FISCHER: Na, denn müßten wir unsere Boote doch immer zu den Fangplätzen ziehen ... so auffer Erde ... Und wenn wir dann an den Fangplätzen wären, da würden wir wahrscheinlich immer noch nichts fangen ...

SPRECHER: Und warum nicht?

FISCHER: Na ja, jetzt verstecken wir unsere Netze doch immer im Wasser, da sehen die Tiere sie nicht und laufen rein.

SPRECHER: Aber diese Tiere sind doch immer wieder nur Krabben.

FISCHER: Tschä – das ist natürlich der Nachteil vonner Methode ...

(Geräusche ausblenden)

SPRECHERIN: Vielgestaltig wie das Leben sind auch die Formen, in denen uns das Wasser entgegentritt. Es pladdert als Regen, es zischt als Dampf, es rieselt als Schnee, es klirrt als Eis, es wabert als Nebel, es prasselt als Hagel, und es zieht als Tau.

CHOR: Hau ruck, Hau ruck, Hau ruck!

SPRECHERIN: Und ist in all den vielen Formen nur immer ein und dasselbe.

DER AHNUNGSLOSE: Etwa Wasser?

DER NATURFREUND: Ja, Wasser.

DER AHNUNGSLOSE: Nun gut. Davon, daß der Mensch Wasser braucht, haben Sie mich überzeugt. Aber wie steht es eigentlich beim Tier? Das braucht doch sicher kein Wasser – wie?

DER NATURFREUND: Im Gegentum, mein Lieber, im Gegentum!

(Im Freien. Platschende Schritte)

REPORTER: Alljährlich um die Osterzeit wiederholt sich in den Flüssen und Bächen Nordkanadas ein faszinierendes Schauspiel: Die Elche – das übrige Jahr über scheue Waldbewohner – ziehen flußaufwärts zum Laichen. Ganze Herden sind es, die da, einem alten Gesetz der Natur gehorchend, gegen die Strömung ankämpfen, einem Gesetz, das vielleicht am schönsten in einem der vielen alten Laichlieder formuliert ist, die zu dieser Jahreszeit in allen Wasserläufen Kanadas gesungen werden.

CHOR: Und ist das Wasser noch so seicht,
Es wird gelaicht, es wird gelaicht …

(Geräusche ausblenden)

DER AHNUNGSLOSE *(nachdenklich)*: Das Wasser ist tatsächlich viel wichtiger, als man gemeinhin annimmt, aber …

DER NATURFREUND: Ja?

DER AHNUNGSLOSE: Aber irgendeine Verantwortung für das Wasser trägt der Mensch doch wohl nun ganz bestimmt nicht, gell?

DER NATURFREUND: Oh doch! Wenn wir morgen überleben wollen, dann müssen wir heute dafür sorgen, daß das lebensspendende Element Wasser selber lebendig bleibt. Denn auch das Wasser kann sterben. Ein Totes Meer gibt es schon, sorgen wir alle dafür, daß die folgende fiktive Grabrede auf die Nordsee …

DER AHNUNGSLOSE: Eine schauerliche Vision!

SPRECHER: Find ich auch.

DER NATURFREUND: … nie wirklich gehalten werden muß.

(Orgelmusik)

PASTOR: Für uns alle überraschend ging die Nordsee vorgestern für immer baden. Wer sie noch gekannt hat, wie sie, ein keckes Schaumkrönchen auf den Wellen, munter über die Dämme kobolzte, der fragt sich mit uns: Wie konnte das geschehen? Wie konnte dieses muntere Meer …

(ausblenden)

(Gluckern, Vogelgezwitscher)

DER AHNUNGSLOSE *(besinnlich)*: Wie schön die Welt doch sein kann! Und wenn man sich einmal überlegt, wer das alles am Leben erhält …

DER NATURFREUND: Nur ein bißchen Wasser, mein Freund …

DER AHNUNGSLOSE: Ja – nur ein bißchen Wasser …

Ein Blatt aus Gottes geheimer Projektmappe

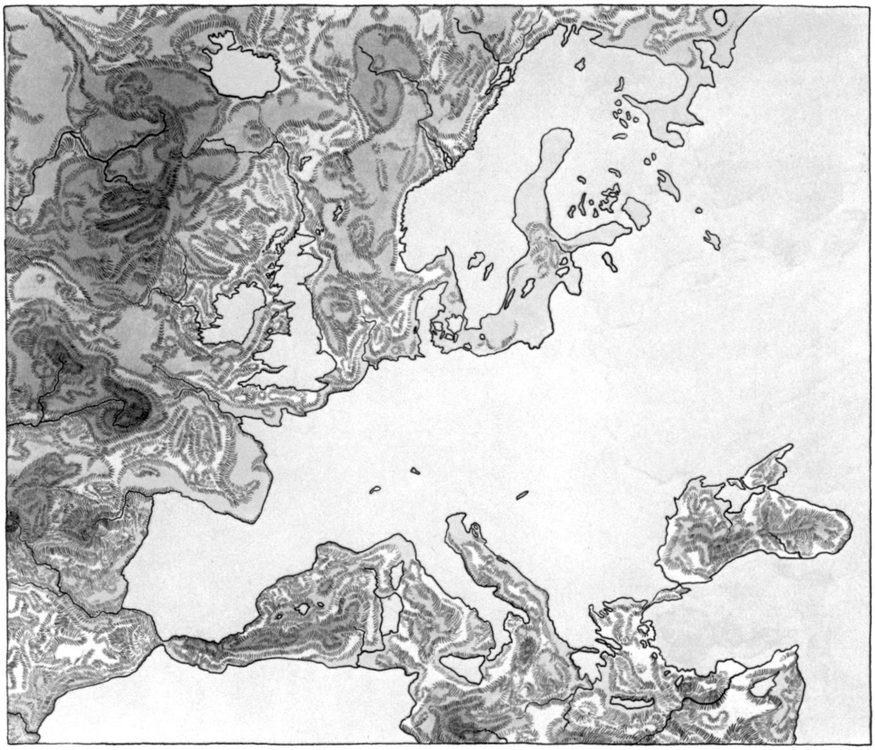

In der Ursuppe

Durch einen Systemfehler in der Evolution erschien plötzlich vor 40 Millionen Jahren Nobby Wernicke in der Ursuppe, konnte sich aber erwartungsgemäß nur wenige Sekunden behaupten …

Im Mesozoikum

Im Mesozoikum, als die Frauen noch Eier legten, fielen 90% der neugeschlüpften Babys ihren natürlichen Freßfeinden zum Opfer, bevor sie das rettende Meer erreichten!

Ein Tief über Mesopotamien

Das Wetter sieht heut trübe aus / Herr Noah tritt aus seinem Haus.

Nun fängt es sacht zu tröpfeln an / Herr Noah zieht sein Ölzeug an.

Herrn Noah macht solch Wetter krank / Er stiefelt schnell zu seiner Bank.

Die Bank, das weiß er, gibt Kredit / drum tut er gleich den nächsten Schritt.

Die andern tun den Schritt zu spät / auch mangelt's an der Bonität.

Herr Noah, der macht seinen Dank / zuerst bei Gott / dann bei der Bank.

Keine Reservierung für Özkül

„Tut mir leid, ich hab hier keine Reservierung für Özkül. Ich hab hier Noah Ham, Noah Sem, Noah Jafet, aber weit und breit keinen Özkül! Tja, das bedeutet wohl nasse Füsse für Sie, Herr Özkül!"

Nach der Sintflut

Gernhardt

Muskelkater

«Soso! Nr. 3 fehlt wegen Muskelkater!
Zum 3. Mal in dieser Woche!
Der Herr scheint sich ja sehr sicher zu fühlen!»

Wie Erik der Rote beinahe Amerika entdeckte

Traxler

Schnuffis erstes Abenteuer

Cristobal

Morgengrau. Leiser Nebel über den Wellen. In ungewisser Ferne der blasser werdende Horizont des atlantischen Ozeans.

Am Ausguck steht, hochgewachsener Genuese, Cristobal Colon, der Tuchwebersohn. Er findet keinen Schlaf in der Nacht. Unruhe treibt ihn auf Deck umher, seit Stunden schon geistert er herum. Wie wird das alles noch enden?

Er starrt in die dämmernde Ferne – nichts, nichts ... noch immer nichts –

Und doch ist er am 3. August 1492 von Palos losgesegelt. Drei kleine Schiffe nur – «Santa Maria», «Passacaglia» und «Mubf» –, 120 Mann Besatzung, Kerle wie Pech und Schwefel. Und die Zusicherung der erblichen Würde eines Großadmirals und Vizekönigs in den Ländern, die er entdekken würde ...

Wird er sie entdecken? 51 Tage schon auf See – vergebens sein Suchen im Ozean, stumm die Wogen. Sein Harren und Starren umsonst? Vergeblich? Das ihm, Cristobal Colon, dem hochgewachsenen Tuchwebersohn?

«Ich wills nicht hoffen», denkt er, «und doch ...?»

Hat er sich zuviel vorgenommen? Hat man ihm nicht gesagt: Cristobal Colon, das geht nicht gut?

Schneller durchmißt er den Bugsprit. Er müßte es schaffen ... müßte, muß! Doch wird er? Wird er es sehen, das Land, das gelobte Land, wo der Pfeffer wächst und die Potatenfrucht? Das ist die Frage, seine Frage. Und die Antwort? Die Antwort für Cristobal Colon, den Genueser in spanischen Diensten? Ruhelos und still schlagen die Wellen ans hölzerne Schiff ...

Im Mastkorb der Trocadero, der Späher, fest die Schnallen ums spanische Wams. Frage ... Kopfschütteln. Noch immer nichts. Rastlos steht wieder der Colon. Noch ist er Genuese, Tuchwebersohn. Und er hofft. Doch wie lange noch? Gibts Grund zur Hoffnung? Wächst ihm nicht schon alles über den Kopf? Nicht den Blick abwenden, Colon! Dort, im Tauwerk, kauert der Schiffshund, die Zitrone gegen Scorbut tief im röchelnden Rachen. Schläft er? Hat das Tier mehr Hoffnung als er, der Mensch, der Genuese Cristobal Colon? Fragen ...

Es wird heller.

Ob dieser neue Tag die Entdeckung bringt oder der nächste Tag oder der Tag darauf, oder ... gibt es gar keine Entdeckung? Nicht daran denken!

Am 3. August ist er von Palos nach den Canarischen Inseln abgesegelt, am 6. September weiter nach Westen, am 13. September hat er entsetzt die Deklination der Magnetnadel beobachtet. Und jetzt?

Die Entdeckung

«Und wenn das Ziel trügt?» flüstert er. «Wenn ich einem Phantom nachjage? Jage ich einem Phantom nach? Phantom … Phantom! Sind nicht alle Entdeckungen Phantome erst gewesen, verlacht, verspottet als Plan und närrisches Vorhaben? Oder ist es nicht so, ist nur mein Plan verlachte Narrheit …?» Heller werden die Wellen, doch stumm bleibt der unergründliche Ozean.

Bleibt er stumm? Raunt er ihm nicht Hoffnung zu? Oder Zweifel? Narrheit! Aber jede große Tat ist Narrheit! Oder fast jede …

Gestern wars – der Obermaat zu ihm: «Was meint Ihr, Capitan, wie wir zu den kleinen runden Frauchen an Land hüpfen werden!» Glücklicher einfacher Mann, der keine Zweifel kennt.

Doch vor Tagen der Segelflicker, der schlichteste Mann an Bord: «Ich weiß nicht, ich weiß nicht, Capitan, wie das noch enden soll.» War das glückliche Zuversicht?

Wohl kaum.

Aber sind nicht stets die Zweifel die stärksten Triebfedern, lösen sie nicht grade die lösende, klärende Tat aus? Allerdings, Cristobal, der Tuchwebersohn, verhehlt es sich nicht, oft sind sie Hemmschuhe, oft ist fehlende Zuversicht die Wurzel des Mißerfolgs.

Was aber gilt in seinem Fall? Was ist gut für sein Vorhaben: Zweifel – oder Zuversicht? Wenn sein Plan gelingt, wem wird er es verdanken? Wenn-wenn-wenn … wenn kein Land ist hinter den Wogen, dann hilft weder Zuversicht noch Zweifel!

Wie klein doch sein Schiff ist, verglichen mit den Ausmaßen des Ozeans. Geringe Chancen! Überhaupt Chancen? Aalglatt und ohne Antwort liegt das Meer in der kühlen frühen Morgensonne.

O warum ist er nicht Tuchweber geworden, wie sein Vater, der Genuese? Warum will er ausgerechnet Entdecker sein, er, Cristobal Colon? Ein Entdekker, der nichts entdecken wird …

«Ein Entdecker, der nichts entdeckt, das ist … das ist das Verächtlichste von der ganzen Welt.» Er ruft's und speit aus.

Ihn fröstelt. Der Morgen ist kühl.

Klappern auf dem Vorderdeck. Dort, der alte Segelflicker bereitet Kräuterteer. Ruft ihm zu: «Capitan, Commodore, wir werden es schaffen. Bald hüpfen wir an Land zu den kleinen, runden …» Unwirsch wendet Colon sich ab. Will man ihn, den hochgewachsenen Genuesen, verhöhnen? Er geht zur Luke, steigt unter Deck. Wie soll er jemals Großadmiral werden und Vizekönig …

Ein leerer Tag steht ihm bevor, wieder ein Tag ohne den Fleck am Horizont, ohne den ersehnten Blick auf die dunkle Zwiebelscheibe der Küste ...

Vor ihn tritt der Obermaat, grüßt schwer und murmelt: «Capitan, ich weiß nicht, ich weiß nicht, wie das noch enden soll ...» Wortlos läßt ihn Colon stehen, schließt sich ein ins Ruderhaus.

Gibt er auf?

Aber keineswegs.

Am 16. September 1492 gelangte Cristobal Colon in das Sargassomeer, landete am 12. Oktober auf Guanahani (Watlinsinsel), entdeckte am 28. Oktober Kuba, am 6. Dezember Haiti (Hispaniola), trat am 4. Januar seine Rückreise an und war am 15. März in Palos. Zum Granden erhoben verließ er mit 17 Schiffen und 1200 Mann am 25. September 1493 Cadiz, war seiner Sache diesmal sicher und entdeckte am 3. November Dominica, dann Marie Galante, Guadeloupe, Antigua und Puerto Rico und am 5. Mai 1494 Jamaica.

«Warum nicht gleich», sagte er.

In seinem ganzen Leben jedoch ist Cristobal Colon, der hochgewachsene Genuese, Grande, Großadmiral und Vizekönig, nie nach Königsberg reingekommen.

Das muß man sich einmal überlegen!

Waechter

Der Witz des Monats I

„Ist da New York? Hallo, Mütter, bist dü's?
Bitte versprich mir, dich nicht aüfzüregen!
Mir ist was ganz, ganz Dümmes passiert...!"

Gernhardt

Ein ziemlich unschöner Zwischenfall beim Untergang der Titanic

Beim Untergang der TITANIC im Jahre 1912 kam es zu einer Szene, die jeder wahre Eisbärenfreund am liebsten schnell vergessen möchte.

Last Minute

Winfried war wild entschlossen, sich
trotz einer Panne beim LAST-MINUTE-BOOKING
seinen Urlaub nicht vermiesen zu lassen.

Waechter

Sehnsucht unterm Eis

Sommer in Deutschland

Gerettet! Also ich weiß nich, ich als Gott hätt mir das nich gefallen lassen
Ist ja so gesehen eigentlich – sehr abwechslungsreich – das Wetter – nich – so eintönisch –
Es kommt näher
Uuh, das aber gefährlich hier – schnell zum Auto, faradeyscher Käfig...

Plümmeln un Slökten

Ein Fragment

In der guten Stube eines friesischen Fischers.

OPA: Ick wet nich, wat dat alens bedüden schall. Ick fin mi gonnich mehr trech.

OMA: Schä, dor mach ick di liges taustimmen.

OPA: Wat mi am meisten vefähren deit, is, dat in disse Tied ok nich de Spur von Seel und Deep mehr to finnen is.

OMA: Wie menst du dat?

OPA: Schä, dat is schwer to seggen …

Ein paar Burschen ziehen vorüber und singen: «Do sleit de Val.»

OPA: Dat Led, dat ha mi fröer ganz tüterich mogt, und deit dat ok hüt noch. Öbber dat is nur noch de Erinnerung an de olen Tiden und nix anners. So wat hät in de hütige kolde Tid överhaupt gor ken Daseinsberechtigung.

OMA: Wat snakst du dor förn Tünkram. Son Led hät scha wol gerade in disse Tid ne banich grode Daseinsberechtigung, weil nämlich dat gerade disse leere Tid wedder n Inhalt geben deit.

OMA *beginnt zu singen:*

Do sleit de Val
up Hiddensal
ken Feister mach dor tröben
doch wann de Slöter treckt den Snaag
dann will ick mi den leven Dag
mit Bickelbeern schlöben

OPA *fällt in die 2. Strophe mit ein:*

Hest du en Maag
hest du en Veer
so machst du mi vestan
doch wann de ganze Hagenbör
und up und dal de Haber slehr
dann möt wi liges gan

Pastor Slöverkrüpp erscheint.

PASTOR SLÖVERKRÜPP: Na, na, na ji möt liges gan? Dat bör mi n anner. Dat könnt ji in disse hütige Tid doch nich mehr mit gauden Gewissen seggen.

OPA: Man, Paster, dat hew ick doch grad in disse Minut ok mine Fru vetellen wulln, öbber se ment, dat …

OMA: Nu mog mi hier nich schlecht, weil ick nich so gebildet bün äs ji Mannslüd. Ick men schä nur, dat de...

PASTOR S. und OPA: O wat, wi wöt di doch nich schlecht maken.

OPA: Nun sech du mol, Paster Slöverkrüpp, gift dat hüttodach n Led, wat disse Tid mehr entsprechen wör?

PASTOR SLÖVERKRÜPP: Dat wull ick wol menen! Ick kenn sogar persönlich schung Lüd, de durchaus en Ton höbt, de to unse hütige Tid passen deit. Dor höb wi Klas Hamann mit sin «Pasch ick mi in Dörpen».

OPA: Dat wull wi wol hören.

PASTOR SLÖVERKRÜPP:

Pasch ick mi in Dörpen
ward mi dat to vel
sei mi dat taun slörpen
baben ünnern Scheel
Kümmt de grode Paster
het he n Schap förn Disch
gev ick em den Zaster
äs en Grabbelfisch
Schall he mi wat klöben
de vedammte Sack
höben so as dröben
schall he as he mag
Baben ünnern Dörpen
leit de Grabbelfisch
deit de Paster slörpen
slörpen will ok isch.

OPA: Man, dat müßt du mi upschriwen. Dor möt ick mi erst an gewöhnen, klingt öbber interessant.

OMA: Ick mach dat nich liden.

Hier endet das Dramenfragment. Hau hat mir einmal erzählt, wie es weitergehen sollte: «Pastor Slöverkrüpp lockt Opa unter dem Vorwand, er wolle ihm das Lied aufschreiben, in das Pastorat. Dort gibt er ihm einen Grog zu trinken, in den er vorher Schlaftabletten vermischt hat. Als Opa aufwacht, befindet er sich schon auf hoher See, der Pastor hat ihn gegen ein Handgeld auf einen englischen Walfänger gebracht. So endet der erste Akt.
Der zweite behandelt das Werben Pastor Slöverkrüpps um Oma. Doch die kann ihren verschwundenen Mann nicht vergessen und bittet sich eine Bedenkzeit von

sieben Jahren aus. Sie streichen dahin. Dritter Akt: Opa ist auf dem Walfänger wieder aufgeblüht. Als er ganz allein einen Pottwal harpuniert, erhält er einen auf zehn Tage befristeten Landurlaub. Er verspricht dem Kapitän, pünktlich wieder zur Stelle zu sein, und klopft braungebrannt an Omas Tür. Sie erkennt ihn nicht, erst als er «Do sleit de Val» summt, fällt es ihr wie Schuppen von den Augen. Doch das Glück des Wiedersehens wird bald getrübt. Opa gerät in den Konflikt, ob er sein dem Kapitän gegebenes Wort halten oder bei Oma bleiben soll. Die Pflicht ist stärker. Nach zehn Tagen nimmt er Abschied, um an Bord zurückzukehren. Vorher gibt er jedoch Oma frei, deren Heirat mit Pastor Slöverkrüpp nun nichts mehr im Wege steht.»

«Und warum hast du das Drama nicht beendet?» frage ich Hau.

Er schaut mich lange an.

«Weil ich erkennen mußte, daß das einfach kein Dramenstoff war», sagt er dann.

Plümmeln un Slökten – Die Schlußszene

uraufgeführt 2002 anläßlich der Feier von Friedrich Karl Waechters 65. Geburtstag

In einer friesischen Küche. Pastor Slöverkrüpp steht mit Oma vor dem Altar, wo sich die beiden von Klas Hamann, dem Verfasser von «Pasch ick mi in Dörpen», trauen lassen wollen. Der nämlich ist mittlerweile zur dänisch-alkoholischen Kirche konvertiert und darf in seiner Eigenschaft als Domprost Nottrauungen abhalten.

KLAS: Oma, ick frog di: Wullt du wol den Pastor Slöverkrüpp tou dinem Manne nehmen un ihm ouhonge in gouden wi in slechten Tiden, so antworte mit Jau.

OMA: Jau.

KLAS: Un nu to dir, Paster Slöverkrüpp: Wullt du Oma to diner Frou machen, so antworte mit Jau!

PASTOR: Kabel.

KLAS: Wat schall dat denn betüden?

PASTOR: Wat?

KLAS: Kabel!

PASTOR: Hev ick Kabel seggt? Nit Jau?

KLAS: Nou.

PASTOR: Da hev ick mi aber banich vertellt! Ick meinte Jau. Un nich Kabel.

KLAS: Du seggst Kabel un meinst Jau?

PASTOR: Kabel. Äh: Ick meinte Jau!

OMA: Ick mag dat nich liden. Diese Trouung hat üwerhoupt kee Stil nich ... Warum geht die dann nich weider?

PASTOR: Äh ... ja ... weil ick die Heringe vergeten hewwe.

OMA: Wat n Tünkram! Wat hevven Heringe bi der Trouung verloren?

PASTOR: Ick meinte die E-heringe ...

OMA: Da hört sich jou nu allens up! Da mog i gor nit mehr mitspeeln.

PASTOR: Och Oma! Mußt du denn immer do barsch sin?

OMA: Aber Paster! Hör endlich mit diesem Fischkram ouf! Dat Stück fing sou niewofull an. Warum nur is dat Niewo nu so niedrig?

KLAS: Dat kann ick dir vertelln. Der Schluß is nich von Friedrich.

OMA: Un die Dialoge – die sin alle so banal!

PASTOR: Dat hat ook sinen Grund. Die sin nich vom Karl!

OMA: Un die Dramaturgie – di wird's alls immer schlechter!

KLAS: Der Rätsels Loisung: Die is nich von Waechter!

OMA: Warum denn nich?

PASTOR: Weil der Friedrich Karl Waechter Wichtigeres to toun hat, Oma! Der feiert grad sein feifunddechtigsten Geburtstag!

OMA: Der feiert? Un wir machen Theater? Mannsbilder! Warum feiern wir da nich mit?

KLAS: Bravo, Oma! Aller Gläser in die Höh – ein dreifach Hoch dem FKW! Hoch!

OMA: Hoch!

PASTOR: Dorsch!

Bis daß der Tod euch scheidet

③
Du hast mich nie um meiner selbst willen geliebt
Achnee seit 35 Jahren
und warum schiebe ich dich Tag für Tag diesen lausigen Strandweg lang? Woher hab ich denn mein Rheuma?!
STRAND AFE

④
Da! unser Palast! unser Bungalow auf Hawaii! Aber du wolltest ja nicht dauernd aus den Koffern leben!
Ich fühl' mich hier wohl. Für den Palast hätte ich mit meinem Leib bezahlen müssen, danke!

5
Naja was soll's, du hast
ja deinen Willen durchgesetzt.
So und dann wärme ich mal
das Algensüppchen
auf!

6
Und nun geh' ich in
den „Krug" Fisch essen,
das darf ich ja hier auch
nicht!

Up up, Holzer, and away!

Das unerwartete Ende der «Alten- und Weihnachtshilfe» 1984 der Frankfurter Rundschau

Airport Frankfurt, 11 Uhr 51. Noch 64 Minuten. Chefredakteur Werner Holzer sah ruckartig nach der elektronischen Uhr in der Frequent Traveller Lounge. Der Zeiger hüpfte auf 11 Uhr 52. Holzer schnaufte durch und befühlte zum wiederholten Male die geschwellte und zugleich wie zusammengekauerte, ja ausgetrocknete Brust. Doch, sie waren noch da, die Riesen. Und in 63 Minuten würde die Maschine der «Air Seychelles» von Frankfurt abheben. Um 12 Uhr 55. Um 0 Uhr 40 würde sie auf den Seychellen landen, und von dort ginge es direkt weiter mit der PAL, mit der Philippine Airlines, nach Manila. Und dort würde sich seine Spur verlieren...

Holzer seufzte wieder – aber es war ein Seufzer voller Optimismus, Zuversicht. Was sollte noch groß passieren? Das Check-in hatte er schon hinter sich, seine Finger hatten nur unmerklich gezittert – und dies auch nur, weil er den Matchsack hatte zu Boden stellen müssen. Den Matchsack mit der – nein, nicht der «Rundschau», sondern der FAZ obendrauf! Ja, er, Holzer, hatte alles genau bedacht. Wer würde schon unter den edlen Schriftzügen der FAZ ein Gepäck vermuten, das ausschließlich aus einem Kulturbeutelchen, einem Fläschchen Melissengeist und 900 000 Emmchen bestand?! Während die restlichen 100 000 gleichverteilt in den Sakko-Brusttaschen lagerten...

Eine Million! 1 Mille – 1 Mio, wie die Kollegen von «Bild» zu schreiben pflegen... Mein Gott! Holzer schauerte über seinem wie leeren Magen zusammen und gluckerte gleichzeitig lautlos auf: Was würden die «Bild»-Hyänen lärmen und schreien, wenn man es entdeckt hatte! Und – erst recht die eigene Zeitung selber?! Wer würde, als kommissarischer Chefredakteur, es auf sich nehmen, die Leser zu informieren, denen die bittere Wahrheit zu sagen: daß der langjährige, hochgeachtete Chefredakteur keineswegs eines bekannt korrupten Springer-Blatts, sondern der «Frankfurter Rundschau», die Chuzpe ge – –

Und dies – noch vor Weihnachten?! Erst – nachher?? Ob sie es doch schon entdeckt hatten? Zumindest etwas ahnten? Da er, Holzer, heute vormittag nicht in der Redaktion erschienen war? Aber er hatte ja noch vor zwei Stunden seine Sekretärin angerufen und sich beurlaubt wegen Magendrücken und –

Jetzt ganz lässig durch einen Duty-free-Shop schlendern: nein, besser gleich die Paßkontrolle. Letztlich konnte da nichts passieren. Seine Papiere waren einwandfrei. Und den Flughafen kannte er inzwischen wie seine Westentasche. Tagelang und penibelst hatte er, Holzer, den Terminal-Guide studiert, gedruckt in der gleichen Druckerei wie die FR – welch eine abgründige Ironie!

Eine Million! Und noch exakt eine Stunde, dann lag Germany hinter ihm! Und mit ihm mehr als zehn Jahre Maloche in diesem – Käseblatt!

Festen Schritts bewegte sich Holzer auf die Paß- und Zollkontrolle zu, den Matchsack leichthin schlenkernd. Holzer korrigierte sich. Nein, ein Käseblatt war es nicht gerade, seine FR, sondern immerhin eine Instanz aufrecht linksliberaler Ge... hm: Was hieß das eigentlich: «aufrecht linksliberal»? Mulmiges raschelte in Holzer. Im Hirn? Im Herzen? Gleichviel – Holzer spürte, wie sich von Minute zu Minute vermehrt moralische Kategorien zersetzten, lang- und wohlbewährte Begriffe sich in nichts auflösten: «aufrecht» – «links» – «linksliberal» – was ein Schmarren! Gemessen an den 1000 Tausendmarkscheinen und an dem fernen Nahziel eines Lebens in paradiesischer Freiheit, des Meeres und des blauen Himmels ...

Wie abgezirkelt reckte Holzers Linke den Reisepaß hoch, die Rechte hielt den Matchsack fest. Holzers Blick fiel auf die Aufmacherzeile der Konkurrenz: «Kohl: Weihnachten ein Fest der Brüderlichkeit», schrieb die FAZ. Holzer hatte Mühe, nicht laut herauszulachen. Der Uniformierte reichte ihm den Paß retour. Nickte. Wie verstehend. Wußte er – alles? Und ließ – alles verstehen heißt alles verzeihen – ihn hier trotzdem durch?

Holzer schüttelte kurz den Kopf aus. «Uff», sprach es halblaut aus ihm. Er stand in der Transit-Halle. «Abflug – Departures» wiesen wie strahlend nach links die Leuchttafeln. Noch vielleicht hundert Meter bis zum Gate B 47. War es nicht Wahnsinn, was er da –

War's nicht echt Wahnsinn, was er da seit Wochen angeleiert und ausgeheckt hatte – nein, seit Jahren?!

Filmstreifen, junge und alte, verkreuzten sich vor Holzers innerer Leinwand. Noch einmal schrak er zusammen – dann, direkt wohlig, überzog sein Gesicht ein fast selbstgefälliges, breites Lächeln. Lächeln der Freude – der Genugtuung. «Ihre Traumreise beginnt», las Holzer auf einem azurblauen Poster. Wackelten die Knie? Nein, jetzt quiekte gar ein Lachen in Holzers Eingeweiden, suchte Durchschlupf nach dem Munde. Hahaha! «Not gemeinsam lindern!» Das Motto, das ewig gleiche Motto der «Alten- und Weihnachtshilfe»-Spendenaktion der guten «Frankfurter Rundschau». Holzer lächelte noch immer, spitzte den Mund, um nicht laut herauszuprusten. «Hilfe für Multiple-Sklerose-Kranke», «Geld für Heiminsassen», «Kohlen und Heizöl für Rentner» – ha! Haha! Nein, nicht Not gemeinsam lindern – sondern alleine – die Not des Werner Holzer lindern! Mit einer glatten Million, eingezahlt wie immer von Tausenden FR-Lesern treulich auf das Postscheckkonto Nr. 102 500-603! Holzer staunte ein wenig verstört, daß er die Nummer auswendig konnte. Nun, lange genug hatte er den Scheiß ja chefredaktionell betreut, und seit Monaten dachte er so exklusiv an diese Zauber-Postschecknummer, daß ...

«Scheiß»? Holzer tadelte sich sofort. «Scheiß» war sicher übertrieben; nicht korrekt. Noch am 24.12.1983 hatte er, Holzer, sich beim «lieben FR-Leser» bedankt – für dessen «Großherzigkeit», haha! – markig hatte er (Holzer schmunzelte in sich hinein) dem «Gefühl der Beschämung» faselnd Ausdruck verliehen, ein Gefühl, das (ja, so ähnlich hatte er geschleimt) die Redaktion jedesmal beschleiche, sobald sie die Dankschreiben der Bespendeten erhalte, aus (Holzer erinnerte sich wortwörtlich) «Händen, die zu zittrig zum Schreiben» seien – – und dabei war er, Holzer, schon bzw. noch am 20.12.83 so fest entschlossen gewesen, diesmal aber wirklich zuzuschlagen und endlich mit der Kasse durchzugehen – zwölf Jahre Chefredakteurs-Fron waren auch wirklich genug! Diese ständigen und letztlich nichtigen, ja sinnlosen Analysen des Bonner Gewürges, dieses Geschreibsel über das Politikerpack, diese ewig und einen Tag brotlosen Appelle von wegen «Vernunft», «Kritik», «konstruktiv» und «Solidarität» – dieser alte abgestandene Blödsinn aus dem Wirrwarr-Schatzkästlein des weiland FR-Gründers und Herausgebers Karl Gerold, mein Gott, was ein hirnverbrannt-sentimentaler Quark, an den –

Karl Gerold! Fast ruhig, ja genießerisch stopfte Werner Holzer auf dem Rollsteig sein Pfeifchen, entfachte es. Schmunzelte erneut. Gerold ja war es, dem er hier – all sein Glück verdankte! Das Glück namens – Mindanao! Der Schnarchsack Karl Gerold hatte ja den ganzen sentimentalen Schmarren ins Leben gerufen – typisch für den alten Spinner und Lyriker und Leuteausnehmer – jawohl! Vor 33 – 34? 35? – Jahren mußte es gewesen sein – als dieser Mann, der noch nie einen ordentlichen deutschen Satz, geschweige denn Gedanken, zuwege gebracht hatte, der sich aber sowohl als Lyriker wie auch als Sozialgewissen der Nation mißverstand, die muffige Weihnachts-Dingsda inauguriert – initialisiert? – instupidisiert (Holzer kicherte lautlos über sein Wortspiel) hatte – indessen, vergnügt stieß Holzer Rauch aus dem Mund (ah, noch 49 Minuten nur!): Er, er, Werner Holzer, hatte die charakterliche Stärke aufgebracht, hatte durchgehalten. Zu warten, bis es sich echt rentierte; zu warten, bis die Million – komplett war!

Der Geist von 68

«Sieh nur, er lebt noch, der Geist von 68!»

Mein Gott! Eine Fuhre neuer Glücksschrecken fuhr durch Herz und Glieder. 790786 Mark waren es gewesen, die 1982 zusammengekommen waren; 1983 dann deutliche 47176 Mark schon wieder mehr (Holzer wunderte sich erneut, wie exakt er die Zahlen parat hatte), also: 837962 Mark! Ja, jedes Jahr ein neuer Rekord, trotz Krise und Arbeitslosigkeit, die christliche Caritas wuchs, wuchs so blödsinnig, daß eigentlich selbst der Papst sich wundern müßte in dieser gottfernen Zeit – und er, Holzer, hatte eben die Witterung gehabt, 1983 doch noch einmal zuzuwarten, im Blatt von einem «Riesenerfolg» zu dröhnen – und gleichzeitig das Überschreiten der Million im Auge zu behalten; der Million, die nach Kohls bescheuertem Wirtschaftsaufschwung eigentlich kommen mußte, mußte! – und er, Holzer, sollte recht behalten! 1001237 DM waren es bis gestern gewesen, was 1984 rübergekommen war: aus den Börsen von Arm und Reich, Dick und Doof, noch 43 Minuten bis Buffalo und –

Stolz blähte Holzers Brust. Stolz und Genugtuung. «Satisfaction», sprach es englisch aus dem Ex-Chefredakteur. Er sprang vom Rollsteig wie ein Twen. Im gleichen Augenblick schwindelte ihn – er drohte zu sinken. Ah! Ja! Wie gut, einen Melissengeist in Reserve zu haben! Holzer, fahrig, kramte im Matchsack. Hörte Scheine lautlos rascheln. Sound der Hoffnung, Taste of Joy! Das Fläschchen hoch zum Mund! Zack und ex und hopp! Ah, wie das geistlich brannte! Und sofort die letzten moralischen Barrieren hinwegfegte! Holzer lachte plötzlich so laut und brünstig, daß zwei vorbeiflatternde Lufthansa-Gänschen sich nach ihm umdrehten. Ihn keck-kokett bestarrten. Holzer hatte Mühe, nicht vor Glück und Satisfaction zu bersten. Schon in der nächsten Stunde könnten die beiden Hübschen ihm, Holzer, gehören, so er ihren verblüfft kullernden Augen seinen prallen Matchsack darbot, vom andern schmachtend prallen Sack zu schweigen ... oh, sweet tender love and yes, my darling –

«Liebe FR-Leser», wie besessen vom Bösen quiekte es in Holzer, er blieb stehen und sprach sich halblaut glucksend den verschrobenen Schmäh vor, der eigentlich in drei Tagen, bedrückend genug, wieder im Blättchen stehen sollte: «Aus gänzlich beschämter Seele danke ich Ihnen once more für Ihre großherzig-saudumme Cooperation beim Flying-Holzer-Coup und ...»

Zwei Airport-Wachmänner kreuzten Holzer, besahen ihn kurz und wie zum Eingreifen entschlossen – doch dann passierten sie – nein, no danger und no sweat! Aber bitte keine billige Zyne! Holzer biß sich mißbilligend, strafend auf die Lippen. Zyne hinsichtlich der braven FR-Spender ... ach was! Nein, es war doch so: Fast 7 Millionen DM waren seit Kriegsende auf die Manier bei der FR zusammengekommen – nur recht und billig war es da, wenn der seit zehn Jahren dafür Verantwortliche mal rasch 1 Mio davon abzweigte! Was Barzel recht und Flick billig, das konnte man einem Holzer nach einem Dezennium Selbstaufopferung nicht bzw. kaum – – –

Ein riesiges Plakat – Palmen und blaues Meer – nahm Holzers Auge gefangen. Im Vordergrund eine Flasche Bacardi. Jaaaah! Bacardi trinken – fischen – leichte Kleidung – easy life – schöne Menschen – keine alten und kranken Krauter mehr – it's marvellous! 1 Mio war nicht der Teufel, aber für sweet Mindanao reichte es, reichte es ein Leben lang, a life of joy and fucking and and – –

Keine weitere Kontrolle? Na bravo. Beschwingt betrat Werner Holzer Gate 47. Beschwingt und festen Schritts und sonder Wank. Ließ sich in den Sitz fallen. Richtete den Blick durchs Fensterglas ins Freie. Ah! Was ein blau strahlender Dezemberhimmel! Hell und blau und klar wie sein, Holzers, Entschluß, wie seine Zukunft. No Future? Hah! Fortüne winkte Holzer aus dem Blau! Urwaldinsel Mindanao! Wo keine Sau ihn finden würde!

Up up, Holzer, and away!!

1 Mio. Unglaublich. Dazu sein bißchen privat Erspartes. 9758 Mark. Heute morgen von der BfG abgeholt. Hatte der Kassier nicht ein bißi curious gekuckt? Ach was. Der Arsch doch nicht. Der kuckte ewig blöde. Blöde wie alle festangestellten Angestellten, hah! –

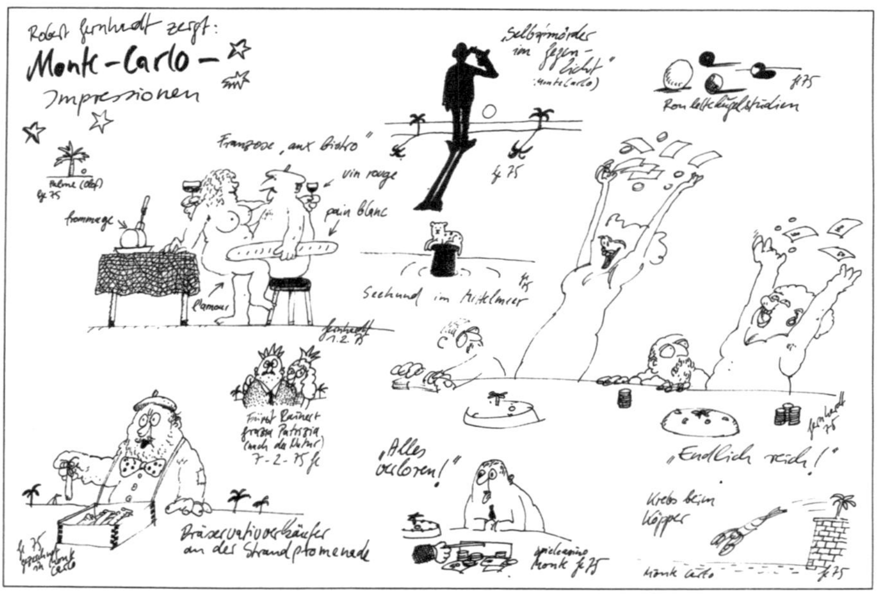

Monte-Carlo-Impressionen

Holzers Tempotaschentuch betupfte die jetzt wieder feuchte heiße Stirn, 1 001 237 Mark aufs Haar, Holzer grämte sich ein wenig, daß er die 1237 Mark in der FR-Kasse gelassen hatte. Pro forma. Bzw. wie zum Hohn. Ja – mit gleichsam nur symbolischen 1 000 000 Mark wollte er das Blatt verlassen. Abfindung, sonst nichts. Und wie raffiniert (das mußte sogar die Polizei ihm lassen, und sein Redaktionskollegium!) hatte er's angestellt! Den ganzen Geldberg – Kleingeld, Scheine, Schecks – hatte er gestern nachmittag in der Bank in Scheine wechseln lassen, in lauter Tausender, für Foto-Zwecke, damit's in der «Rundschau» fotogener aussah, der große Haufen. Hah! Wie er, Holzer, den Zaster – für den Fotografen! – in den eigens dafür eingebauten Safe hinterm Chefredakteurssessel verschwinden ließ – und keiner, nicht der Fotograf, kein Kollege, kein Schwein, war auf den Trichter gekommen, darüber nachzugrübeln, ob das Geld in diesem doofen Safe denn auch wirklich – –!

Erregt stand Holzer auf, nahm wieder Platz. Befühlte froh den metallisch verläßlichen Safeschlüssel in der Hosentasche. Doch-doch, es war schon okay so. Den leeren Safe heute morgen offen den Blicken der Sekretärin feilzubieten, der Schlüssel wie zum Hohne fläzend auf dem Schreibtisch – es wäre zwar hübsch, aber zu gefährlich gewesen. Dochdochdoch.

Holzer zuckte zusammen. Ja, er war es: Hans Heigert. Rechts hinter seiner Schulter erkannte Holzer den Kollegen Chefredakteur von der «Süddeutschen» genau: Heigert – kein Zweifel. Nanu?! Zufall? Hoffentlich würde es ihm, Holzer, gelingen, den nicht begrüßen zu müssen! Diese Begegnung – erregt zupfte Holzer seinen Schnauz – wäre gar zu peinlich und ... andererseits, warte mal: Hatten die von der SZ nicht auch so eine smarte Weihnachts-PR-Aktion?! Altenhilfe – mit sehr ähnlichen Umsätzen!! Gott sei Dank: Heigert schien Holzer nicht wahrgenommen zu haben – wahrnehmen zu wollen?! Hatte dieser seriöse Dunkelmann etwa auch – Dreck am Stecken und – waren hier zwei auf die gleiche Idee – –?

Coolness forever. Werner Holzer biß sich verbissen auf die Zunge. Spürte, wie nochmals der Schweiß ihm aus den Poren strömte. Sah nach rechts oben. Verflucht! Noch immer 36 Minuten. Holzer schalt sich der Nachlässigkeit. Hätte er doch vorher – Zeit wäre ja genug gewesen – im Beauty-Shop sich von seinem schmucken Schnauzbärtchen getrennt! Nervöses Befingern beider Brusttaschen. Alles klar? Alles klar. Die Scheine knisterten ganz unüberhörbar. Und der Matchsack?! Wo war der Matchsack?? Ah, da stand er ja. Ruhig zu seinen Füßen. Verstohlen holte Holzer nochmals den Melissengeist aus dem Sack, nippte gierig, atmete durch – dann zwang er sich, die Augen schließend, zu freundlicheren Gedanken. Ob er sich dort in der neuen Heimat Mindanao wirklich eine Geliebte antäte? Schauerschönes Wogen des Glücks in Holzers Brust. O herzzerreißendes Versinken! Dann eine Explosion. Eine nur? Goddam! 27 Stück!!

Wie ihn wohl die Eingeborenen nennen würden? Don Agape? Nö, von Christentum hatten die Gott sei Dank keinen Dunst. Mr. Safebreaker? Es gelang Holzer, ein wenig und gleichwie versonnen zu schmunzeln. Mr. Selfhelp? Doc Wood? Big Massa Grabsch ...?

«Save money on your journey to the Far East!» – ein Anschlag über der Sperre. Vor Schreck, wie ertappt, setzte Holzer seine Sonnenbrille auf – eben noch rechtzeitig, denn in diesem Moment kurvte schwungvoll wie in seinen vitalsten Tagen kein anderer in die Abflughalle als – Henri Nannen! Der alte Nannen – mitsamt einem kleinen prallen Koffer Handgepäck. Holzer überlief es siedend. Kannte er Nannen – kannte Nannen ihn?? Nannen sah sich siegessicher um – war in dem Köfferchen – der Erlös von «Jugend forscht»? Gedanken jagten sich in Holzer wie nichts Gutes. Wie gut, den Sporthut tief über der Stirn zu haben! Holzer zog ihn noch tiefer. Ja, genau, die Gelder von «Jugend forscht» mußten da drin sein oder irgend so einer Krebsbekämpfungskiste oder –

– doch was war das? Prunkend ausgestreckt bewegte sich da Nannens Rechte auf ihn, Holzer, zu – wollte sie ihm den Matchsack entreißen? – doch nein! Nannens Pranke sauste an ihm vorbei – und schon erhob sich drei Meter weiter links ein riesig dicker Schatten von einem Mann, schon strahlte das Gesicht des Mannes (Holzer äugte klammheimlich hoch) Nannen lachend an – und schon fuhr seine Rechte in die Nannens: Wim Thoelke! No doubt – Wim Thoelke. Im – hochsommerlichen eierschalenfarbenen Reiseanzug. Holzer sah glasig, aber sternenklar: Thoelke mit dem ganzen Geld der «Aktion Sorgenkind»!! Verschwommenes raste jetzt torpedogleich durch Holzer. Nannen – Heigert – Thoelke – Seychellen. Nein, das war kein Zufall mehr. Reißend spürte Holzer gleichzeitig, wie rasend Neid ihn packte. An der Gurgel packte. Neid und Wut auf diese Banditen! Diese Kriminellen! Man mußte, ehe es zu spät war, die Flughafenpolizei –? Aber dann, Holzer ahnte, wie falsch er mit seinem Plan lag, würde man ja auch ihm den Garaus machen mit seiner lächerlichen Million, und er wäre mit dran – und alle Hoffnung, alles Sehnen wäre für die Katz gewesen und –

Holzer schloß die Augen. Hörte, wie Nannen und Thoelke offenbar noch im Stehen begeistert aufeinander einlärmten. Holzer hielt die Augen unter der Sonnenbrille krampfhaft fest geschlossen. «Hallo, Henri», hörte er Thoelkes fleischige Stimme, und frevle Gier nach neuem Melissengeist übersäte Werner Holzer – «du auch auf die Seychellen? Was eine Überraschung, altes Haus!»

Holzer spürte, wie ihm noch speiübler wurde. Mit klammer Hand, schwerst bedrängt, hielt er die Schnur des Matchsacks. «Wußte ich's doch», hörte er Henri Nannen brüllen, «daß du dabei bist, wenn es was zu ...»

Den Rest nahm Werner Holzers Ohr schon nicht mehr wahr. Etwas wie eine innere Stimme hatte vom Ex-Chef der «Rundschau» Besitz ergriffen. «Das nenne ich Chuzpe», so raunte es umflort durch Holzers Hirn, «zusammen gut 10 Mio im Beutel – und dann so zu lärmen ...» Holzer schauderte in sich zusammen. «Cash as cash can», murmelte jetzt etwas wie bewußtlos in seinem schweren und zugleich leeren Kopf – mitten hinein in die fernblassen Bilder von Meer und Sonne, Longdrinks und, ach, geliebten Frauen. Ob es bei Reisen nach Fernost so etwas wie eine Geldbeutelkontrolle gab? Respektive Brusttascheninspektion? Holzer fühlte sich verrucht. Sah, wie linkerhand Thoelke nun sogar ein Diplomatenköfferchen aufmachte und Nannen einen Blick auf die ergaunerten Scheine gewährte. Nannen lachte röhrend auf, tätschelte Thoelke an der Schulter. Heigert, hinter seiner, Holzers, Schulter – der hielt sich vorerst bedeckt. Las zäh in der SZ. Meer und Sommerwind – rauschende Küsse. Holzer fühlte, wie der Horror vacui durch seine alten Glieder kroch. Halt zu gewinnen, umklammerte seine vornübergebeugte Gestalt das kitzligkühle Fell des Matchsacks. Wie knisternd Feuer fühlte es sich plötzlich an. Mon Dieu. Wenn doch nur der Aufruf käme: «Wir bitten die Passagiere ...» Noch – 29 Minuten? Nur 17? Holzers Auge war zu tränend, als daß der Zeiger noch Iris und Netzhaut – –

«Fly, Holzer, fly!» Etwas brummte durch den Kopf. Holzer lächelte forciert, ja manieriert. Lehnte sich zurück, wie ergeben, ja aufgegeben. Lärm drang abermals von Nannen und von Thoelke her – teilten sie schon die Frauen, die Latifundien auf? Hausten sie zusammen auf Mindanao? Mit – Rainer Barzel als Butler? Gehörten die Philippinen eigentlich der NATO an? Quatschpardon äh: Interpol? Hatte er, Holzer, nicht erst neulich einen brisanten Leitartikel darüber zusammengeschmiert? –

«Sicherheit für Ihr Geld – mit der Swissair in die Schweiz.» Starr las es Holzer auf der Reklameseite seines Flugschein-Pockets. Nein, jetzt keine Umkehr mehr – jetzt war alles eins. Noch 24 Minuten. 124? Jetzt rüttelten sie im Chefredakteurssalon am verschlossenen Safe. Holzer lächelte zerquält. Sehrsehr ambiguisch. Thoelke, Nannen lachten. Apropos – das da drüben – war das nicht – Brauchitsch? Nee. Nur Hansi Rosenthal mit dem Kies der Glücksspirale. Oder was. Er, Holzer, sann Holzer leichthin schwerblütig verludert, er sollte sich mit Heigert und Rosenthal zusammentun. Zu dritt entfiel die Schande auf drei ... machte vieles leichter ... und ...

Ob Karl Gerold jetzt ihn, Holzer, sah? Direkt aus dem Jenseits? Willenlos saugte Holzer an dem Napf seines Melissengeists. Lüftete den Hut, zog ihn dann furchtsam bis zur Nase. Thoelke, Nannen lachten abermals und schaurig.

«Go, Staatsanwalt, go», flüsterte es durch Holzer. Er spürte, wie seine bleiern klammen Knie ihm fröstelnd tremolierten.

Waechter

Jochen I

„... das bißchen, was ich über dies gottverdammte Eiland wußte, vermittelte mir ein Zweizeiler:
AUF DER INSEL PLEVER,
LIEBT MAN DEN GENEVER.
Ich hatte keine Ahnung, daß ich diese Aussage dergestalt bestätigt finden sollte."

Freundin Käte Eilert

Zwischen Pool und Beach

3
Die Malediven? Geschenkt: voll tote Hose. Wellenreiten O.K. Aber das ist ja nun wirklich nicht alles. Wenn man mal gemütlich surfen will, überall zu hohe Brandung
und ein Saufraß! In einem Spitzenrestaurant!!

DISCO
DISCO
BAR
BAR
Außer eventuell den Bermudas kommt in der Karibik eigentlich nix mehr in Frage. Einfach zu ungepflegt, irgendwie ungeheuer out,
Ach, die Bermudas doch auch. Unsere Klimaanlage hat gedröhnt, Sie, richtiggehend gedröhnt!
Sie sahen:
„Zwischen pool und beach"
Eine ziemlich knallharte Polemik gegen Yuppies im Urlaub
von Chlodwig Poth

Mein Leben in sieben Bildern

Ich erinnere mich noch gut an jenen schönen Sommertag, an dem ich meinen Vater verlor. Ich spielte im Schuppen als er mit seinem Plan herausrückte, mit mir ans Meer zu fahren.

Nach 2½ Stunden öder Autofahrt saß ich im heißen Sand und trank Himbeerbrause, während mein Vater mir aus dem Meer zuwinkte.

Er schwamm immer weiter hinaus bis ich ihn nicht mehr sehen konnte.

Seit diesem Tage lebte ich mit meiner Mutter allein.

12 Jahre später kam es am Straßenrand zu einer flüchtigen Begegnung mit meinem Vater, der inzwischen ein großes Tier bei der Partei geworden war.

Eine Zeit lang spionierte ich ihm hinterher und erfuhr so von der geheimen Mission, die man ihm anvertraut hatte.

Heute weiß ich, daß ich vor die Hunde gegangen wäre, wenn mich nicht meine Frau Karin aus diesem unheilvollen Gewirr herausgezogen hätte.

Meine Mutter

Während meine Mutter glaubte,
daß unser Verhältnis
durch ironisierte Umgangsformen
an Leichtigkeit und Lockerheit gewinnen könne,
schien mir gerade dadurch
seine niederschmetternde Zähigkeit
offenbar.

Gruß aus dem Nordseebad Wremen

Groß ist der Kutter. So stolz verfolgt er die Krabbe,
Des Sturms nicht – o so böse! der Wellen
Nicht achtend. So geht das die Woche.

Doch sonntags! Da ziehen die Männer und Frauen
Ins Marschenhaus. Dort schon zerteilet der Deichgraf kundig
Die Krabbe. Ach der Wremer Oh! Krabbenessen!

Der mächtigste Mann von Lübeck

Er, der mächtigste Mann von Lübeck, gefiel sich bei seinen häufigen Travemünde-Besuchen in der Rolle eines kleinen hilflosen in der Brandung liegenden Menschen, der er im Grunde auch war.

Zwei Berliner auf Sylt

Waechter

Die Sonne und ich

Gernhardt

Das Lied der Meere

Die Nordsee rauscht das alte Lied:
«Ich bin so matt, ich bin so müd.»

Die Ostsee murmelt ihren Sang:
«Mir ist so weh, mir ist so bang!»

Und leise singt der Kattegatt:
«Ich bin so müd, ich bin so matt.»

Ihm antwortet die Zuidersee:
«Mir ist so bang, mir ist so weh.»

Waechter

Aus dem Tierreich I

„Wenn er schlapp ist, könnte er sich eigentlich auch woanders ausruhen."

Bernstein

Venedig

Stöpsel raus! Das Mittelmeer
läuft rasch ab; schon ist's fast leer;
und aus seinen Fluten steigt,
wie sich jetzt allmählich zeigt,
eine Stadt! Die Straßen naß,
Wände feucht! Aufpassen, daß
Stadt nicht ausdörrt! Stöpsel rein!
Laßt mal wieder Wasser ein!

Bernstein

Im Wasser I

Mein Ferienplan

Mein Ferienplan

Waechter

Der Held hält, was er verspricht

Doppelte Begegnung am Strand von Sperlonga

Die Sonne stand schon tief.
Der Strand war weit und leer.
Schräg ging mein Schatten vor mir her,
indes der deine lief.

Du warst mir unbekannt.
Ihr nähertet euch schnell.
Dein Schatten dunkel und du hell,
so kamt ihr übern Strand.

Sehr schön und ziemlich nackt
liefst du an mir vorbei.
Da warn die Schatten nicht mehr zwei,
sie deckten sich exakt.

Wir sahn euch lange nach.
Ihr drehtet euch nicht um.
Ihr lieft, du und dein Schatten, stumm,
von uns sprach einer: Ach.

Gernhardt

Olbia – Livorno

Es ging die ganze Zeit an Korsika entlang,
bei steifem Wind, ich hoffe, man sagt so,
an diesem blaubehauchten, drachenhaften Land,
davor das Wasser, blendend und bewegt,
darüber hohe Wolken wie in Wartestellung,
als ob der stundenlang gezackte Rücken
sich plötzlich aus dem Wasser heben könnte
und irgend jemand müsse da sein, der ihn mäßigt,
sich allzuhoch ins Himmelsblau zu recken: Korsika,
ich bitt Sie! Wenn das nun jede Insel machen würde!

Waechter

Der Witz des Monats II

„Ich sehe ein Schiff, Liebling, soll ich winken?" „Nein."

Jedem Mann seine Träume

Bei Cannes

Bei Cannes gibt es ein Seniorenheim für Clowns,
die dort ohne jede Würde altern dürfen.

Die ollen Griechen Poth

Die aufeinandergetürmten Räusche

(Romanauszug)

Als wir Genua auf der Uferstraße – in Italien heißt so etwas natürlich dann Via Aurelia – in Richtung Westen verließen, wußte ich noch nicht, daß ich dort, wo wir hinfuhren, eine Erleuchtung haben würde.

Wie alle seelischen Erschütterungen, die das Leben eines Menschen verändern, kam auch diese nicht aus heiterem Himmel, ich hätte vorbereitet, zumindest gewarnt sein können, wenn ich die zahlreichen Vorankündigungen, meine seit Monaten sich verändernde psychische Gestimmtheit richtig zu deuten gewußt hätte.

Aber ich hatte mich einen Deubel um die Signale geschert, die meine Seele mir gegeben hatte. Deshalb ordnete ich auch die Verärgerung, die mich nun befiel, nicht als das ein, was sie war: ein Bausteinchen im Plan des Weltgeistes.

Diese Verstimmung wurde mir bewußt, als wir die letzten Tankstellen und Lagerschuppen Genuas hinter uns gelassen hatten, als wir den Bahndamm, der uns bis dahin die Sicht aufs Meer versperrt hatte, durch ein Viadukt unterfuhren, als die Straße anstieg und wir mit unserem Golf fünfzig Meter oder höher über dem Wasser um eine Felsnase bogen und die erste weite Bucht sich unseren Augen darbot.

Die Aussicht entsprach an sich durchaus meiner Erwartung und deckte sich mit meinen Erinnerungen. Die Palmen, Kakteen, Azaleen und Hibiskusbüsche, die an den Hängen landesüblich wucherten, lösten jene Begeisterung bei Maria, der Pflanzenfreundin, aus, auf die ich gehofft hatte. Es war mildwarm und windstill, gewiß, aber der Himmel war grau, nur ganz selten waren milchig bläuliche Auflockerungen in der dichten Wolkendecke zu sehen. Meer und Himmel gingen am Horizont fast konturlos ineinander über. Es ist doch erst der 26. September, dachte ich, da sollte man doch an der Riviera noch tiefblauen Himmel erwarten dürfen. In dem Ruf steht er doch, der gesegnete Küstenstreifen, so hat man ihn uns allenthalben ins Hirn getrichtert. Es ist ganz einfach Beschiß, was hier läuft.

«Schau mal», rief Maria aus, «die vielen Kuhzungen!»

«Tatsächlich», sagte ich und verspürte eine Besorgnis, die ich aber unterdrücken konnte. Ich spann meinen Gedankenfaden weiter: Wenn ich einen verschwommenen Horizont sehen will, den berühmten Blick ins Nichts, dann fahre ich nach St. Peter-Ording, wo die graue Suppe hingehört. An der Riviera ist so etwas rundrum Pfuschkram und sonst nichts. Eine landschaftlich-klimatische Perversion.

«Da, schon wieder welche!» rief Maria.

Ich sah sie auch, die scheibenförmigen Kakteen, sah sie in solcher Fülle sprießen, daß sich die Besorgnis verstärkt sofort wieder einstellte. Und Maria, wenigstens in diesem Fall die Einheit zwischer Erwartung und Realität herstellend, fuhr fort: «Könntest du nicht mal eben kurz halten, dort vielleicht? Da stehen sie ganz nah.»

Ich bemühte mich, locker zu bleiben. «Mariechen, um Himmels willen. Erstens kann ich auf dieser schmalen, kurvigen Straße nicht halten. Zweitens, was sollen wir jetzt schon mit einem Kaktus, der vertrocknet uns doch in den zehn Tagen, und drittens, wenn sie hier wachsen, werden sie auch weiter unten zu finden zu sein. Also kannst du dir am letzten Tag einen besorgen. Habe ich nicht recht?»

«Das kenne ich schon», sagte Maria gleichfalls ganz locker.

«Viertens ist das Ding damals aus Griechenland auch nicht angegangen.»

Dieses elende Stachelding, erinnerte ich mich, dieses widerlich piekige Monster, im Koffer haben wir es transportiert, mit einem Pullover umwikkelt, mit meinem natürlich, und noch nach der dritten Wäsche waren Stacheln drin.

«Angegangen ist er schon», stellte Maria richtig, «aber dann ist er bei starkem Wind mit dem Topf vom Balkon gekippt, und das hat er natürlich nicht verkraftet.»

Wieder huschten draußen Dutzende dieser Tellertürme vorbei. Ich dachte, Ungemach, Ungemach, es wachsen zu viele hier, um hoffen zu können, daß am letzten Tag zufällig keine in der Nähe sein werden, abgesehen davon, daß es mir wohl nie gelingen würde, die Ernte tatsächlich bis dahin hinauszuzögern.

Doch dann fiel mir ein, wir waren ja diesmal mit dem Wagen unterwegs und nicht mit dem Flugzeug wie damals, also war mehr Transportraum vorhanden und mein Pullover mußte eventuell nicht herhalten. Sollte doch Maria in drei Teufels Namen ihren blödsinnigen Willen haben, Ruhe würde sie ja doch keine geben. Außerdem, dachte ich, sollte ich mir wirklich zu schade sein, mich über einen beknackten Kaktus zu ärgern, weil es einfach im Moment wichtigeren Ärger gab. Der Himmel war nach wie vor preußischgrau.

«Ich verspreche dir, du kriegst deine Kuhzunge, genügt das?»

«Na ja, wir werden sehen.»

Wir fuhren um einen weiteren Felsvorsprung und erblickten die nächste weitgeschwungene Bucht. Was für eine herrliche Aussicht, dachte ich, es ist zum Kotzen! Nicht herrlich genug, nicht so herrlich, wie sie ganz sicher an mindestens dreihundert Tagen im Jahr ist, wie sie zu sein hat, verdammt nochmal!

Unzuverlässigkeit habe ich noch nie verknusen können, daher drohte sich mein Ärger nun in Wut zu steigern. Als ich dies bemerkte, begann ich mich über meine Verärgerung zu ärgern. Also begann ich mich vorsichtig und geübt von meiner Verstimmung abzusetzen, indem ich mir sagte, strenggenommen könnte es ja auch regnen, irgendwann muß das hier schließlich auch mal sein, wie kann sonst alles so überquellend wuchern. Ich versuchte mich auf die Freude zu konzentrieren, darüber, daß es nicht goß.

«Machst du uns eine Musik?» fragte ich Maria.

«Was willst du hören?»

«Weiß nicht. Wie wärs vielleicht mit Dylan?»

Ich mochte seine späten rockigen Aufnahmen mit *The Band*. Maria auch.

«Sehr gut», sagte sie daher und suchte nach der Kassette.

Eigentlich ist es exklusiver, ja sogar elitärer, überlegte ich, das Mittelmeer grau zu erleben. Mittelmeer blau, geschenkt! Im Preis mit inbegriffen für jede Neckermannherde, die sie hier runterscheuchen, völlig abgenutzt von den vielen Millionen, die in diesem Sommer auf den Teich da gegafft haben, wenn er dieses penetrante Azur in die Gegend klotzte.

Die kleinen Tricks, mit denen ich mich selbst zu betrügen pflege, sind zwar simpel und ziemlich mies, aber sie wirken fast immer. Ich begann mich sofort wohler zu fühlen. Die Straße schwang sich hinab in die nächste Bucht, das Auto schnurrte freundlich, Ristorante las ich an einem ungeheuer original italienisch aussehenden Haus mit Blick aufs Meer und dachte an jenes, das ich noch nicht kannte, in dem wir heute abend sitzen würden. Möglichst dicht an der Wasserkante wollte ich dort Scampi und Calamari essen.

Die Jungens klimperten sich auf ihren Gitarren ein – es war ein Konzertmitschnitt – gleich würde der Rhythmus ganz hart einsetzen, mir fielen die drei Zigarettchen ein, die ich wohlverwahrt in einer *Roth-Händle*-Packung mit mir führte, vollgestopft waren sie mit gutem, von irgendeinem friesischen Bauern gezogenem Marihuana, das war doch alles sehr, sehr gut! Eine richtige kleine Freudenwelle schwappte mir ins Gemüt.

«Es ist wunderbar, Maria, was? Denk mal, wir haben Ferien.»

Als Antwort legte sie mir ihre Hand auf den Arm und drückte ziemlich fest zu. Da haute der Schlagzeuger rein und gleich drauf näselte Bob los: *I ain't gonna work on Maggie's farm no more*, mit dem knackigen Drive, den er sich auf seine alten Tage zugelegt hat. So fuhren wir unterm grauen Himmel Italiens großen Ereignissen entgegen.

In Spotorno blieben wir vorerst hängen. Es war ein kleiner Ort, der geeignet schien, uns für zwei oder drei Tage zu beherbergen. Ein festes Ziel hatten wir ja nicht, und für Spotorno sprach, daß die Via Aurelia mit ihrem relativ starken Verkehr ein paar hundert Meter landeinwärts durch den Ort führte und die Strandpromenade mit den Hotels nur von Anliegern befahren wurde. Auch war ein schöner breiter Sandstrand vorhanden, und viele dicke Palmen säumten ihn.

Das Hotel Palma d'oro hatten wir ausgewählt, weil der Name uns gefiel. Hotels oder Gasthäuser, die irgend etwas Goldenes im Schilde führen, Ochsen, Hirsche, Krüge, haben es mir schon immer angetan. Ich verspreche mir dann wohl eine ganz besondere Gastlichkeit oder was. Je nun, als wir das Hotel betraten, mußten wir erst einmal tief Luft holen. Wir standen in einem weitläufigen und ziemlich hohen Raum, der entfernt an diese monströsen Hallen der großen Hotels erinnerte, wie wir sie so oft im Kino gesehen hatten als Schauplatz herber Schicksalsverschürzungen oder komischer Turbulenzen. Dagegen wäre ja nichts zu sagen gewesen, hätte sich nicht in allen Ecken der grausamste südländische Cafeteriadekor breitgemacht und hätten nicht überall, wo es irgend möglich war, Ölbilder von einer geradezu umwerfend abgefuckten Modernität gehangen. Aber ich wollte jetzt mit Gewalt glücklich sein und nahm es hemmungslos als Folklore. So ist Italien, sagte ich mir, wenn nicht gar das Leben.

Wir standen ein Weilchen an der unbesetzten Rezeption herum und warteten; ich studierte zwei der Ölschinken, die in der Nähe hingen. Diese beiden und anscheinend alle übrigen auch stammten von ein und derselben Person, einer Frau, wenn mich das Signum nicht täuschte, das ich allerdings kaum entziffern konnte, weil es so schmissig hingehauen war. Es waren nicht genau definierbare Elendsmotive, ausgemergelte Mütter mit rachitischen Säuglingen an der Brust, Sträflinge auch, oder irgend etwas in der Art, jedenfalls mächtig Heruntergekommene, allesamt mit großen, leeren Augen.

Um es voll zu machen, waren diese Jammergestalten in den grellbuntesten Farben mit schon aberwitzig elegantem Pinselschwung auf die Leinwand gepfeffert worden. Sozusagen Käthe Kollwitz im mediterranen Eisdielenstil. Man hatte nur die Wahl, in einen Weinkrampf auszubrechen oder hingerissen zu sein vor Glück über die schier unermeßliche Vielgestaltigkeit menschlicher Lebensäußerungen. Dazwischen gab es nichts.

Endlich tauchte eine zurückhaltend modisch gekleidete Dame in den besten Jahren, der man die Chefin sofort ansah, hinter einer Säule auf. Sie hatte ein Zimmer zum Meer hinaus für uns.

Wir holten die Koffer aus dem Wagen; ein unscheinbares, pickliges, aber versteckt im Innersten womöglich ganz schön feuriges Mädchen, das nur von irgendwem endlich geweckt werden müßte, geleitete uns hinauf. Auf dem ersten Treppenabsatz verharrte ich noch einmal kurz vor einem weiteren Bild der levantinischen Kollwitz. Unfaßbar, dachte ich, und mehr fiel mir dazu vorerst beim besten Willen nicht ein.

Wir begutachteten flüchtig das Zimmer, es war weder besonders gemütlich noch außergewöhnlich unwohnlich, und traten dann auf den kleinen Balkon hinaus.

Vor uns lag die Uferstraße, dahinter ein Streifen subtropischer Parkanlage mit vier Reihen prächtiger Palmen und allem an südlicher Flora, was Maria sich nur wünschen konnte, einschließlich gewaltiger Wucherungen der unvermeidlichen Kuhzungen. Daran schloß sich etwas erhöht und über Treppen erreichbar die von Bänken gesäumte Uferpromenade an. Wir konnten eben über sie hinwegsehen und durch die leise raschelnden Palmwedel hindurch gerade noch das Meer erkennen. Ich legte meinen Arm um Maria, zog sie an mich.

«Mariechen, was sagst du nun?»

«Alles Oleanderbüsche da unten», sagte sie nun, «wenn die blühen!»

«Dann ist hier die Hölle los! Das ist in der Hochsaison. Mein Gott!» Sie wandte sich mir zu, umarmte mich auch, unsere Gesichter waren sich ganz nah.

«Wir werden so schöne Tage haben, so schöne Tage!» sagte Maria. Ich erschrak, eine Sekunde lang verspürte ich Angst, beschrei's nicht, dachte ich, so etwas darf man nicht aussprechen, kaum denken. «Ich würde es uns so sehr wünschen», sagte ich, und das war im Gegensatz zu Marias forscher Voraussage gut abgesichert, im Konjunktiv gehalten und keinerlei Zukunftsprognose enthaltend. Wir küßten uns, und ich spürte dabei, daß ich gierig zu werden begann, und ich nahm mir viel vor für die nächsten Nächte und hatte trotz der gefährlichen Beschreiung das Gefühl, es könnte hinhauen.

Meine Hände lagen jetzt auf Marias Hintern, wo ich sie immer gerne liegen habe, mich dann aber trotzdem nie ganz der Vermutung erwehren kann, daß ich sie noch lieber dort liegen hätte, wenn er etwas runder wäre. Aber die übrige Maria wiegt es auf, das kann ich wohl sagen, und alles kann man im Leben eben nicht haben, so viel Binsenweisheit habe ich mit meinen achtundvierzig Jahren immerhin schon mitgekriegt.

«Laß uns an den Strand gehen vor dem Essen», bat ich.

«Du nimmst mir das Wort aus dem Mund.»

Aus dem Mund, den ich so blödsinnig liebe, wenn er sich auftut und schwatzt oder schimpft oder sich schürzt vor Grimmigkeit und in fast gleicher Weise vor Lust, und ich bedeckte ihn mit meinem Mund, der ähnliche Angewohnheiten hat, die wiederum Maria liebt, wider alle Vernunft, da sie ihn doch so genau kennt und er ihr eigentlich längst zum Halse heraus hängen müßte. Bei diesem zweiten Kuß ging uns schon sehr zufriedenstellend das Herz über.

Als wir auf den Strand traten, umfing uns eine wunderschöne elegische Stimmung. Müde und abgeschlafft lag der Sandstreifen da, den noch kürzlich Batterien von fast nackten Leibern in Achterreihen bevölkert hatten, verbissen das große Glücksgefühl aus dem Aufprall von Sonnenstrahlen auf verbrennende Haut ziehend. Jetzt war der Strand fast leer. Vereinzelt und zufällig standen noch ein paar Liegestühle herum, zwei einheimische Omas lagen nebeneinander und schwatzten, ein Elternpaar schlenderte umher, ihr Söhnchen warf Steine ins Meer. Zwei Rentner schwadronierten an der Mauer der Promenade. Hatten sie Politisches zu klären, historischer Kompromiß ja oder nein? Oder ging's um *Juventus Turin*? Oder um die tollkühne Lüge des einen, er habe im August eine knackige Witwe aus Augsburg hinten am Jachthafen mühelos rumgekriegt?

Den Einwohnern gehörten wieder Strand und Meer, aber die Nachbeben des sommerlichen Tollhaustreibens waren noch ausklingend spürbar. Eine schöne Stimmung, zu der gut Mahlermusik passen müßte, überlegte ich, in der zwar nichts nach-, doch viel vorauszittert, der Erste Weltkrieg bekanntlich; aber was sollte das, so genau kam es – im Urlaub zumal – nicht darauf an, jedenfalls hatten wir die *Rückert-Lieder* dabei, die erste Symphonie und die fünfte, in kleinen Plastik-Kassettchen wohl verwahrt, die sollten uns noch was geben.

Wir spazierten den Strand in westlicher Richtung hinunter, bis er an einer Kaimauer endete, etwas Brandung war aufgekommen, aber es war nach wie vor windstill. Wir gingen zurück, ganz dicht am Wasser, wo die Wellen ausliefen, so daß wir ihnen bisweilen ausweichen mußten. Die ersten Lichter flammten auf, im Ort, oben in den Bergen und auf den Booten draußen, wo sich die Fischer zum abendlichen Fang bereitmachten.

Ich hatte einen Arm um Marias Schulter gelegt und fischte aus den Über-

Waechter

Am Strand

bleibseln meiner humanistischen Bildung etwas Passendes heraus. «Mare nostrum», sagte ich.

Maria zeigte aufs Meer hinaus. «Da hinten liegt Afrika, denke mal!» Ich dachte mal.

Als wir wieder vor dem Hotel anlangten, war es noch zu früh zum Abendessen, wenigstens nach italienischen Restaurationsgewohnheiten, deshalb schlenderten wir noch ein wenig durch die engen Gassen des Städtchens und beschlossen endlich, im Restaurant des *Palma d'oro* zu essen, weil wir von dort auf die Palmen und die Promenade blicken konnten. Ein Lokal, von dem aus man direkt aufs Meer schauen konnte, hatten wir nicht entdecken können.

Der Speisesaal war durch eine Glaswand von der Eingangshalle getrennt und hatte die wohltuende Nüchternheit italienischer Eßlokale, sofern man nicht hochsah an die Decke, wo ein vor Kreativität platzender Lampendesigner erbarmungslos zugeschlagen hatte.

Dort speisten wir gut und in aller Ruhe, bestellten uns zum Nachtisch noch ein Karafferl Wein, merkten, als wir es leerten, aber doch, daß wir eine siebenstündige Autofahrt hinter uns hatten. Eine angenehme, gelöste Müdigkeit begannen wir zu verspüren. Trotzdem traten wir noch einmal vor's Haus, gingen ein paar Schritte durch den Palmenhain, bewunderten die Illumination, konnten es nicht lassen, auch den Strand kurz zu besuchen, um einen letzten Blick nach Afrika hinüber zu werfen, und zogen uns dann auf unser Zimmer zurück.

Ich hatte eigentlich geglaubt, als wir ins Bett sanken, es würde nur noch zu einem stillen Coitus reichen, aber meine heitere Gestimmtheit inspirierte mich dann doch zu mehr, was wiederum Maria inspirierte; so vergaßen wir alle Reisemüdigkeit und legten uns ganz schön ins Zeug. Danach schliefen wir zufrieden ein. Es war ein insgesamt, vor allem aber als es dem Ende zuging, feiner Tag gewesen. Wenn wir außerdem noch gewußt hätten, was morgen beginnen sollte …

Wir hatten den nächsten Tag, unseren ersten vollwertigen Urlaubstag, durchweg fröhlich verbracht, obwohl der Himmel grau war wie gehabt, von Anfang an. Wir waren die Uferpromenade entlanggeschlendert, auf der an diesem Tag Markt abgehalten wurde, hatten das Angebot an Textilien, Lederwaren, Schmuck, haarsträubendem Nippes und Obst geprüft, hatten uns zwei riesige Birnen gekauft, die so saftig gewesen waren, daß wir sie ein wenig abseits und vorgebeugt stehend mit triefendem Kinn mehr geschlürft als gegessen hatten. Dann waren wir durchs Städtchen gelaufen und ein wenig in die Berge hineingestiegen, vorbei an Appartementhäusern, die nun nach Ende der Saison bis auf wenige Ausnahmen unbewohnt waren. Mittags hatten wir in einem Ristorante in der Altstadt vorzüglich gespeist und danach im Hotel ein kleines Mittagsschläfchen gehalten, das am Ende nicht ohne Intimitäten ausgeklungen war.

Am späteren Nachmittag hatte uns dann so etwas wie Unrast ereilt. Wir hatten hier und dort herumgesessen, herumgestanden, waren hierhin und dorthin gelaufen, hatten zum zigsten Mal aufs Meer gestarrt, das doch immer wieder gleich grau ausgesehen hatte. Ratlos hatten wir uns gefragt, das kennen wir doch nun alles, was passiert weiter? Erschwerend war hinzugekommen, daß es uns nicht gelungen war, irgendwo im Ort eine deutsche Zeitung aufzutreiben, die Belieferung war längst eingestellt worden.

Was war mit Schleyer? War er befreit worden, tot gar oder nach wie vor spurlos verschwunden? Wie oft hatte der Krisenrat getagt? War der Kanzler hart geblieben? Nichts dergleichen wußten wir, und wir waren uns mächtig vom Weltgeschehen abgeschnitten vorgekommen; mediensüchtig, wie wir waren, litten wir ganz einfach unter Entzugserscheinungen.

So sehr waren wir mit unserem Turkey beschäftigt gewesen, daß wir gar nicht gemerkt hatten, wie die Wolken aufrissen, auch war Brandung aufgekommen.

So war der Tag vergangen, und als wir nach dem Abendessen zu einem kleinen Nachtspaziergang starteten, stand zu unserem Erstaunen plötzlich ein Wahnsinnsvollmond am Himmel, und um es vollends auf die Spitze zu treiben, rauschten jetzt schon ziemlich hohe Wellenberge auf den Strand zu. Wie war denn das nur möglich? Wir waren überwältigt, standen auf dem Strand und konnten es nicht fassen.

«Nun sieh dir das an!» sagte ich.

«Unglaublich!» staunte Maria.

Die Silberschleppe, vom Horizont kommend, breitete sich aus und barst schließlich auf den weißblitzenden Schaumkämmen in unzählige Sprühdiamanten auseinander.

Der Einfall kam mir und war sofort ein Entschluß: «Weißt du was, Maria, ich hole uns jetzt eine Zigarette, das ist der Augenblick dafür.»

«Gute Idee!»

Ich war schon auf dem Weg zurück ins Hotel. Oben auf unserem Zimmer holte ich eine der drei Selbstgedrehten aus der *Roth-Händle*-Packung, Streichhölzer steckten auch darin, wollte schon wieder hinauseilen, als mein

Blick auf den Kassettenrecorder fiel. Maria hatte ihn vor ein paar Wochen ganz unabgesprochen gekauft, made in Japan, für zwohundertundeinige Mark; ich hatte überhaupt nicht begriffen, was uns das Ding sollte. Hatten wir nicht genug Radios? Insgesamt drei und für unterwegs im Auto ein weiteres. Natürlich hatte da der Weltgeist Maria erleuchtet, aber wie sollte ich das damals schon wissen. Jetzt berührte mich der erste Hauch einer Ahnung. Ich schnappte mir das Ding, überlegte auf der Treppe: Mahler werden wir natürlich hören, die *Rückert-Lieder, Herr über Tod und Leben, du hältst die Wacht um Mitternacht.* Strenggenommen war es zwar erst Viertel nach neun, aber so genau brauchte man es ja nun auch wieder nicht zu nehmen. Ich ging zum Auto, schloß auf, fischte die betreffende Kassette aus der Box, warf die Tür zu und hastete zurück zum Strand.

Erst konnte ich Maria nicht entdecken, dann sah ich sie in einem Liegestuhl sitzen.

«Schau mal, was ich mitgebracht habe.»

«Ah ja! Aber erst immer meckern: was sollen wir denn mit so einem Ding!»

Sie hatte ja so recht. Ich setzte mich neben sie und entzündete die Zigarette, es ging ganz leicht, denn windstill war es zu allem Überfluß noch immer.

«Welche Musik?» fragte Maria.

«Die *Rückert-Lieder*, wenn's recht ist.»

Es war recht, ich nahm den ersten tiefen Zug und reichte ihr die Zigarette. Wir rauchten schweigend. Vielleicht fünfzig Meter von uns entfernt stand vorne an der Wasserkante ein Angler, einmal kam in einigem Abstand ein Liebespaar vorbeispaziert.

Wir hoben sofort ab in die geschärfte Wachheit, die gutes Gras garantiert, und dies war guter Stoff. Im Nu waren wir voll konzentriert auf jeden Sinnenreiz, der Mond war noch gleißender geworden, die Silberschleppe noch silberner, die Brandung war zur Brandung aller Brandungen geworden, zur Brandung schlechthin, die Nacht zum Urbild der Nächte, zum Ideal einer Nacht, wie sie dem lieben Gott vorgeschwebt haben muß am betreffenden Schöpfungstag. Ich legte die Kassette ein. Und dann klimperten die Gitarren von Bob Dylan und seinen Jungs los.

«Verdammt, ich habe die falsche Kassette erwischt. Soll ich nochmal zurück? Oder?»

«Ach laß doch!» sagte Maria. «Viel zuviel Action.»

Ich war ihr sehr dankbar. «Kommt der Mahler eben morgen abend dran.»

Als dies geklärt war, hauten die Typen grade voll rein – drei oder vier Jahre mußte das her sein und irgendwo in Kalifornien oder Tennessee war es gewesen, unfaßbar, wenn man es recht bedachte – der Beat erwischte uns mit Haut und Haaren, der Mond knallte drauf mit seiner Silberschleppe, und die Wellen zischten noch drüber, immer eins auf das andere getürmt, ich lehnte mich im Liegestuhl zurück, sah jetzt erst die Sterne, so, als sähe ich sie zum allerersten Mal, na bitte, das wars doch, so hatten wir uns das doch vorgestellt!

Ich drehte den Recorder ziemlich auf. Können wir vielleicht mit unserer Musik dem Angler die Fische verscheuchen, überlegte ich kurz, denn das bringt die geschärfte Wachheit halt mit sich, daß man auch für solche und ähnliche sozialen Belange sensibilisiert wird. Ich dachte an die lärmende Brandung und beruhigte mich schnell, bevor ich mich mit meiner verstärkten Assoziationsfähigkeit zu sehr in dieses Problem verbeißen konnte. So etwas kann einem leicht den ganzen Trip versauen.

Wir standen auf und gingen den Wellen entgegen, blieben stehen, wo wir es eben noch trockenen Fußes konnten, den Recorder hatte ich unter den linken Arm geklemmt, den rechten um Marias Schultern gelegt. Manchmal hielten es unsere Füße nicht aus, sie deuteten Tanzschritte an, unsere Schultern zuckten im Takt, manchmal wiegten wir uns aneinandergelehnt rhythmisch hin und her.

Einmal sagte ich wohl: «Irre! Das ist so irre.»

Maria sang mit: «O mama, can this really be the end ...»

Die zweite Welle der Euphorie hatte uns schon getragen, Dylan brüllte gerade: Sister, when I come to lie in your arms, da sagte Maria: «Und jetzt noch hier vögeln!»

Ich hatte auch schon daran gedacht.

«Teufel! Maria, das wär's doch!»

Wir äugten nach links und rechts den Strand hinunter. Der Angler stand noch an seinem Platz, sonst sahen wir niemanden. Aber die Uferstraße war nur dreißig Meter hinter uns, und noch einmal zehn Meter dahinter standen die vollerleuchteten Hotels. Zudem konnten jeden Moment irgendwelche Blödmänner daherkommen, die es sich in den Kopf gesetzt hatten, ausgerechnet heute abend am Strand spazieren zu gehen. Es war ja noch nicht spät.

«Hat keinen Zweck», stellte Maria fest.

Ich nickte: «Geht nicht.»

Wir schwiegen wieder, schauten aufs Meer hinaus. *Lay, Lady, lay,* sang Dylan, aber es war nicht mehr ganz dasselbe, so schön es immer noch war,

Waechter

Mondnacht am Meer

weil wir jetzt wußten, daß es noch schöner hätte sein können, und das war genau der Moment, an dem wir den point of no return überschritten.

«Weißt du was», sagte ich, «laß es uns auf dem Balkon tun, da haben wir den Mond über uns und die Palmen, und die Brandung können wir auch hören.»

«Auja!» sagte Maria und drängte sich ein bisselchen näher an mich heran. Wir warteten noch, bis die Kassette abgespult war, und gingen dann aufs Hotel zu mit Schritten, die nicht ganz so waren wie gewöhnlich, weil wir uns ungemein leicht und auch beschwingt fühlten, gleichsam den Gesetzen der Schwerkraft enthoben.

Als wir an unserem Auto vorbeikamen, fiel mir ein, daß wir nun natürlich die *Rückert-Lieder* hören müßten. Ich suchte die Kassette heraus, prüfte, um diesmal sicherzugehen, das Etikett genau und nahm auch noch unsere Reisedecke mit, die auf dem Rücksitz lag. Im Zimmer machten wir gar nicht erst Licht; ich vergewisserte mich, ob das Balkongitter wirklich mit Plastikplatten verkleidet war, wie ich vermutet hatte, und legte die Decke auf dem Boden aus, nahm von einem Bett das Kissen und warf es auf die Decke. Maria war schon ausgezogen, auch ich entkleidete mich behend. Sie kroch auf allen vieren auf den Balkon und legte sich auf die Decke. Ich machte den Recorder bereit und schaute zwischendurch vorfreudig erregt auf Marias nackten Leib, der im Mondschein auf dem Balkonboden liegend unwirklich schimmerte. Ich drehte die Lautstärke des Recorders ziemlich herunter, das mußte ich wohl tun, lau war die Nacht, hätten wir sonst hier nackt liegen können, auch bei den Nachbarn standen gewiß die Balkontüren offen. Ganz nah an unsere Ohren stellte ich daher den Apparat und legte mich neben Maria.

Sir John Barbirolli ließ es behutsam angehen, und als Janet Baker mit ihrem göttlichen Mezzosopran anhub: *Blicke mir nicht in die Lieder,* legte ich meinen Mund auf Marias rechte Brust, und sofort wurde sie mir zur Brust aller Brüste. Auf diesen Stoff konnte man sich verdammt nochmal verlassen.

Bienen, wenn sie Zellen bauen, lassen auch nicht zu sich schauen... sang Janet, und die Palmwedel raschelten dazu, manchmal ganz wenig und dann plötzlich anschwellend stärker, es kam wohl Wind auf. Ich stützte mich so auf Unterarme und Zehenspitzen, daß ich Maria kaum berührte, um sie, die auf dem harten Boden lag, möglichst wenig zu belasten; um in sie aus- und einschweben zu können, wie immer es mir Rhythmus und Vibration eingaben. Und ich konnte das lange aushalten, weil das Gras mich leicht gemacht hatte und fähig, mich nur auf meinen Penis zu konzentrieren, nur ihn zu spüren, nicht aber meine Zehen, die für einen Spitzentanz auf Betonboden natürlich nicht trainiert waren.

Ich spürte einen kühlen Lufthauch auf meinem Rücken – so lau war die Nacht wohl wiederum nicht –, aber es fröstelte mich erst hinterher. Das grüne Teufelszeug ließ es uns unendlich lang vorkommen, obwohl es nur ein Weilchen dauerte, eine Viertelstunde vielleicht. Maria und ich, wir konnten uns zuversichtlich unserer ureigenen Lust hingeben, woraus eine Gemeinsamkeit unserer Körper entstand, die aufs innigste mit der Musik, der Nacht und dem Mond harmonierte. Als die Baker sang: *Ich bin der Welt abhanden gekommen …*, waren wir es auch.

Wir fielen ihr, wie das so zu sein pflegt, viel zu schnell wieder anheim. Maria setzte sich auf, rieb sich den Rücken und stöhnte: «Verflucht hart mit so einer Decke nur.»

Meine Zehen schmerzten, Frostschauer liefen mir über die verschwitzte Brust, mein Rücken war eisig.

«Komm ins Bett.»

«War es nicht schön?» fragte ich, als wir unter der Bettdecke lagen und es kuschlig zu werden begann.

«Wahnsinnig schön war es», sagte Maria und versuchte, den malträtierten Rücken günstiger zu betten.

Ich richtete meinen Oberkörper auf und schüttelte heftig den Kopf, sagte aber noch nichts.

«Was ist denn?» fragte Maria.

«Schön, schön!» rief ich aus. «Unwahrscheinlich schön, ach was! Nicht schön genug!»

«Was ist denn nun los?»

«Weißt du doch auch: der harte Boden, ein bißchen zu frisch war es, die Musik war nicht laut genug, es muß richtig dröhnen im Ohr, daß man sonst nichts mehr hört … verstehst du? Verstehst du das?! Einmal werde ich …» Ich wußte nicht weiter.

«Was wirst du?» drängte Maria.

Ich seufzte. Mir fiel die Flasche Wein ein, die wir am Nachmittag im Ort gekauft hatten nebst einem Korkenzieher, wir hatten sie trinken wollen auf dem Balkon als Schlaftrunk. Nun war der Mond dazwischengekommen.

Ich stakerte aus dem Bett und holte die Flasche. Schrecklich kalt war sie, als ich sie, um sie öffnen zu können, zwischen meine nackten Oberschenkel klemmen mußte. Ich holte Zahnputzgläser aus dem Bad und schenkte ein.

Als ich Maria ein Glas reichte, sagte ich: «Einmal werde ich alles unter einen Hut kriegen. Einmal nur, das ist doch wirklich nicht zu viel verlangt.»

«Unter einen Hut kriegen? Was denn?»

«Musik, Sex, Liebe, Mondschein, Meer, Wärme, Brandung, dabei angeknallt sein, alles, einfach alles.»

«Ist vielleicht ein bißchen viel verlangt, meinst du nicht?»

Ich nahm einen kräftigen Schluck, und der Rotwein wirkte herrlich: erst in meinem Mund, dann in meiner Kehle, er schmeckte nicht einfach nur, ich spürte ihn als feuchte, glühende Emulsion auf meinen Schleimhäuten und bis in den Magen hinab. Unser Gras zeigte noch einmal, was es konnte.

«Nein, nein, nein», sagte ich dann, «das ist nicht zu viel verlangt. Wer bestimmt denn das, ob's zu viel ist oder nicht? Wer denn? Leckt mich doch am Arsch, ich verlang's. Ich verlange das vom Leben, ich glaube ganz simpel, daß mir das zusteht, was sagst du nun?»

Ich war sehr begeistert von den großen Tönen, die ich da hinausschmetterte, und nahm gleich noch einen kräftigen Schluck.

Maria lachte. «Sehr gut, ausgezeichnet, weiter so.»

Mir rutschte das zu sehr ins Unverbindliche ab, ich seufzte wieder. «Ich meine das ernst, Maria.»

«Na ja gut, dann laß es uns doch versuchen», sagte sie, die mich nie bremst, wenn ich am Abend zu einem Höhenflug abhebe, den ich allerdings meistens am nächsten Morgen mit einer Bruchlandung zu beenden pflege. Diesmal nicht, das nahm ich mir mit einer so ehernen Entschlossenheit vor, die schlicht und einfach unverantwortlich war. Ich begann sogleich draufloszuplanen: «Morgen ist ja auch noch Vollmond, vielleicht eine Spur weniger, geschenkt, diesmal passe ich auf, daß ich die richtige Kassette erwische ...»

«Und dann suchen wir uns am Strand ein einsames Plätzchen», spann Maria den Faden weiter, «wo sicher ist, daß uns keiner stören kann, wir haben den ganzen Tag Zeit dazu.»

«Wunderbar!» Ich sprang auf und füllte die Gläser nach, dabei entdeckte ich einen Haken.

«Aber ausziehen werden wir uns nicht können, nicht ganz wenigstens, zu riskant wahrscheinlich trotz allem.»

«Und zu kalt, denk an eben.»

Ich verzog angeekelt das Gesicht und schüttelte heftig den Kopf. «Siehst du, da gehts schon wieder los mit den beschissenen Einschränkungen!»

«Alfred», sagte Maria und schüttelte auch den Kopf, aber im Gegensatz zu mir langsam, mißbilligend, obwohl sie lächelte, «jetzt bringst du es aber, komm! Als ob das so schlimm wäre.»

Ich nagte am Knöchel meines linken Zeigefingers. «Na ja, so schlimm ist es auch wieder nicht, aber die letzte Vollendung kann es natürlich nicht sein, dieses Gewürge mit den Klamotten.»

«Ich werde einen Rock anziehen und nichts darunter, dann gibt es überhaupt kein Gewürge, genügt dir das?»

Ich stellte es mir vor und fand es passabel. «Mag angehen.»

«Siehst du.»

Wir sahen uns an und schmunzelten, ich glaubte in Marias Augen so einen gewissen Schimmer ausmachen zu können und wollte wissen, ob ich mit meiner Vermutung richtig lag, stellte mein Glas ab, beugte mich über sie und begann sie zu küssen. Als ich merkte, daß ich mich nicht getäuscht hatte, wußte ich, auch ich hatte wieder Lust. Ein Weilchen später sagte ich und versuchte dabei verschmitzt, aber doch liebenswürdig auszusehen: «Da wir ja jetzt weich gebettet sind, könnte ich eigentlich diesmal unten liegen, was meinst du?»

«Wenn das Alice Schwarzer wüßte!» antwortete Maria.

So verging dieser wichtige Tag.

Der nächste, wenn auch in anderer Weise, nicht minder wichtige Tag begann damit – Maria war schon im Bade tätig –, daß ich in meiner gewohnten morgendlichen Taperigkeit den Recorder fallen ließ, als ich uns ein Frühkonzert bescheren wollte. Das Radio funktionierte noch, wie ich sogleich feststellen konnte.

«Halb so wild!» krähte ich fröhlich in den jungen Tag hinein, wollte mich dann siegessicher vergewissern, daß auch die Kassettenwiedergabe nichts abgekriegt hatte, betätigte die dafür zuständige Taste, aber es machte nicht Klick, das kleine Schnapptürchen klappte nicht auf, wie es seine Pflicht gewesen wäre, um die abgelaufene Kassette zum Umdrehen darzubieten.

Ich drückte noch einmal und noch einmal, eilte, meine Brille zu holen, suchte, als ich sie auf der Nase hatte, die winzige Beschriftung der Tasten zu entziffern. Hatte ich die richtige gedrückt? *On, Off, Tape, Tape* ist richtig, *Tape* heißt Band, diese Taste hatte ich gedrückt, unabänderlich, Irrtum ausgeschlossen, der Kassettenteil war hin! Ich drückte trotzdem immer wieder auf die *Tape*-Taste, drückte auch auf den anderen herum, auf irgendein Wunder, irgendeinen pflichtvergessenen Japaner hoffend, der eine falsche Beschriftung angebracht hätte. Aber diese verfluchten Japse sind ja so irrsinnig präzise, diese Preußen Asiens. Es erfolgte nichts. Nur einmal, als ich die Radiotaste erwischte, sülzte mir einer der allerübelsten italienischen Schnulzenheuler – und das war der Höhepunkt der Infamie – ausgerechnet das Wort *Amore* entgegen.

Maria putzte sich derweil in aller Ruhe und ungerührt ihre Zähne. Das war typisch! Diese Frau hat kein Gespür für Katastrophen, oder nein, schlimmer noch, sie hat nur ein Gespür für ihre Katastrophen, meine kriegt sie regelmäßig zu spät mit, wo es doch eigentlich ihre Aufgabe wäre, wenn sie schon vorgibt, mich zu lieben, Katastrophen überhaupt aus meinem Leben fernzuhalten. Aber nein! Was tut sie? Sie putzt sich ihre Zähne! Dies alles fiel mir nun ein.

Ich riß die Tür zum Badezimmer auf. «Könntest du gefälligst dieses blödsinnige Zähnescheuern beenden, bitteschön?! Es ist nämlich aus. Wir können gleich wieder heimfahren.»

Maria fiel die Bürste aus der Hand.

«Was ist denn passiert um Gottes willen?» fragte sie mit entsetzt aufgerissenen Augen und weißem Schaum vorm Mund.

«Der Recorder ist hin, das ist los. Alles unter einen Hut bringen, daß ich nicht lache! Vögeln mit Musik am Meer unterm Mond! Von wegen! Aus ist es! Aus, aus, aus!»

«Wegen so einem bescheuerten Recorder einem den ganzen Morgen zu versauen! Wir gehen zum ersten besten Radiofritzen und lassen das Ding reparieren. Als ob es das wert wäre!» Das mochte ein Gesichtspunkt sein, obwohl ich erstens da nicht so zuversichtlich war und zweitens war der Recorder doch längst nicht der springende Punkt.

«Draußen ist es grau!» Ich schlürfte einen Schluck Kaffee in mich hinein und spürte, wie der Zorn in mir aufstieg. «Das ist doch viel entscheidender, kapierst du das denn nicht? Der liebe Gott, oder wer immer dafür verantwortlich ist, linkt uns doch hier auf die übelste Tour. Wir kommen runter nach Italien, ins Land der ewigen Sonne, und was ist? Graue Suppe.»

«Alfred, mein Schatz, warts doch ab, gestern war es auch den Tag über grau, und abends kam der Mond, warum soll das heute nicht wieder so sein? Vielleicht ist das um diese Jahreszeit so eine Art Turnus hier.»

Das Betrügen mit miesen, kleinen Hoffnungstricks besorge ich mir immer noch am liebsten selbst, da werden die Schlappen nicht publik.

«Äh», muffelte ich und trank die Neige aus meiner Tasse, nein, da mußte noch mehr passieren, bis auch bei mir das Eis brach.

«Laß uns weiterfahren, dieser Ort ist mir vergällt.»

Maria war es recht. So bat ich die Signora um die Rechnung. Während die Chefin sie ausstellte und später beim Hinuntergehen mit unseren Koffern wurde ich unumgänglich noch einmal mit den malerischen Hervorbringungen der Eisdielenkollwitz konfrontiert. Im Gegensatz zu gestern und vorgestern bewirkte ihr Anblick nun, daß tiefe Scham über den Verfall malerischen Anstands in diesem Staate mich übermannte.

«Wenn ich hier Kultusminister wäre», erklärte ich Maria, als wir die Halle durchschritten, «im Lande Piero della Francescas, um nur einen zu nennen, dann dürfte nur malen, wer von mir eine Genehmigung hätte. Schätzungsweise wären das zehn bis höchstens zwanzig Leute, alle anderen bekämen Malverbot.»

Mit dieser markigen Sentenz im Ohr verließen wir das Hotel, verstauten unsere Koffer im Golf und fuhren gen Westen. Dort mochte, wie ich mir schon wieder einzureden begann, irgendein Ereignis auf uns warten, das den Tag zum Heiteren hin wenden könnte.

Es wartete in Alassio auf uns. Vorher schon, auf der Fahrt dorthin, hatten wir bemerkt, daß das Meer nicht mehr ganz so eintönig grau dalag wie an den ersten Tagen. Da die hohe Brandung vom Vorabend immer noch anhielt, wirkten die einzelnen Buchten, durch die wir fuhren, schon wesentlich hübscher.

Außerdem konnten wir feststellen, je weiter der Tag fortschritt, daß die Wolkendecke dünner und durchsichtiger wurde. Immer öfter schimmerte es blau am Himmel, ein sehr weißliches Blau war es zwar, aber immerhin. Glitzernde Sonnenlichtinseln tauchten auf dem Wasser auf. «Siehst du, er foppt uns schon wieder», erläuterte ich Maria die Sachlage, «aber ohne mich, danke schön, läßt mich völlig kalt.» Und das stimmte natürlich nicht.

Jedenfalls, als wir in Alassio einfuhren, hatten wir einen hellblauen Himmel mit vereinzelten grauen Wolkenresten über uns.

Wir beschlossen, hier ein kleines Päuschen einzulegen, um uns den Ort anzuschauen, um zu begutachten, was sie hier für eine Uferpromenade zu bieten hatten, denn von der Via Aurelia aus, auf der wir eine bequeme Parklücke fanden, waren diese und das Meer nicht zu sehen. Wir schlenderten also los in Richtung Strand und stellten dabei fest, als wir die Geschäfte und Hotelpaläste bestaunten, daß es hier um einiges mondäner zuging als in Spotorno. Als wir durch eine schmale Gasse kommend die Promenade betraten, bot sich uns ein Bild dar, das uns außerordentlich verblüffte.

Reges Badetreiben. Ein bunt bevölkerter Strand. Viel bloße Haut auf Liegestühlen ausgebreitet. In der hohen Brandung fröhlich hüpfende Badende. Wie denn bitteschön dies? fragten wir uns fast fassungslos. Vor einigen Minuten war es doch noch bewölkt gewesen, wo waren denn die Nackten so schnell alle hergekommen? Und überdies und überhaupt, wieso spielten die hier so munter Sommer, wo doch in allen anderen Orten bisher auf leergefegten Stränden längst still-herbstliche Melancholie eingekehrt war. Sollten wir auf dieser Reise allenthalben zum Narren gehalten werden? «Nun sieh dir das an», sagte Maria, «die Rentner sind zugange.» Ich hatte es auch schon gemerkt, es waren überwiegend reifere Herrschaften, die sich auf dem Strand und in den Wellen tummelten. Eingehakt spazierten wir die Promenade entlang. Es war wirklich nicht zu glauben: Die Restaurants, eins neben dem anderen mit Tischen und Stühlen auf vorgebauten Terrassen, animierten zum Verweilen wie in der dicksten Hochsaison. Als wir auf unserem Bummel vor einem Geschäft ausgehängt die «Bild»-Zeitung entdeckten und den «Spiegel» und die «Süddeutsche», war unsere Freude kaum noch zu überbieten. Der Tag schien tatsächlich gerettet zu sein. «Schleyer auf Segelyacht im Ärmelkanal?» fragte «Bild» schmetternd jeden, der ihr zu nahe kam, so auch mich, der ich gleich vor dem Geschäft die Meldung zu überfliegen begann, wohl wissend, daß ich ganz sicher nur mit einer mehr als vagen Vermutung abgespeist werden würde, wie es dann ja auch der Fall war.

Herrlich, ich konnte mich wieder giften über dies tägliche papierne Gift! Heute brauchten wir keine Sorge zu haben, irgendwann am Tage nicht zu wissen, was wir mit uns anfangen sollten, wir konnten uns jederzeit mit einem Schuß geballtem Schwachsinn dopen, wenn wir es anspruchsvoller haben wollten, konnten wir uns eine volle «Spiegel»-Ladung Ereignisschutt ins Gehirn schaufeln. Wir waren wieder angeschlossen an die Leitung, wir *konnten* wieder wissen, was gespielt wurde, oder es eben *nicht* wissen, wie im Fall Schleyer, aber dann doch, bitteschön, in Gemeinschaft mit der Masse der anderen Nichtwisser und nicht etwa vereinzelt und abgeschnitten von allen, die schon voll auf dem Turn waren (was kein echter, moderner Medienkonsument je zu ertragen vermag).

Heiter gestimmt bestiegen wir wieder unseren *Golf* – nun zeig' mal, riviera ponente, was du noch zu bieten hast – und brausten weiter. Wir guckten fast gierig zum Fenster hinaus und erwarteten die große Steigerung. Ja, welche denn nun eigentlich? Einen hübschen, leeren Strand, wie in Spotorno zum Beispiel, wo wir unser Plätzchen suchen könnten, das bewußte, da es ja ganz so aussah, als wäre wieder mit dem Mond zu rechnen am Abend, aber sicherheitshalber nicht zu weit entfernt von Alassio, wo das Leben brauste.

San Remo las ich auf einem Hinweisschild. Ein großer Name, davon versprach ich mir etwas, ein optisches Erlebnis, ein gigantisches Palmenrauschen auf einer mit marmornen Balustraden bestückten Uferpromenade, irgend etwas, das mich heute zum zweiten Mal erheitern könnte, da sich diese Reise ja ganz offensichtlich zu einer Stimmungsbergundtalfahrt gestaltete. In dem Moment fiel mir auf, daß es schon wieder ganz schön griesig geworden war.

«Eigenartiges Wetter hier unten», sagte ich nur.

Es gab kein Palmenrauschen in San Remo, auch keine Marmorpromenade. Eine klotzige Kaimauer gab es, hinter der protzige Yachten dümpelten, zu nichts nutze, als unsereinen neidisch zu stimmen, ein eingezäuntes Strandbad sahen wir, einen Schienenstrang direkt dahinter und sonst nur undefinierbares Gelände am Meer.

Tief enttäuscht kehrten wir in einem Restaurant ein, das für unsere Verhältnisse eigentlich eine Nummer zu teuer war, und wurden abermals enttäuscht. In dieses miese San Remo hätte nun eigentlich nur ein mieses Essen gepaßt, das wäre eine runde Sache gewesen; aber das Essen war ausgezeichnet. Daher fuhren wir schleunigst weiter nach Bordighera und blieben dort.

Auf Marias ausdrücklichen Wunsch quartierten wir uns in einem Hotel ein, das endlich den begehrten Blick aufs Meer bot, allerdings lag die Bahnlinie noch dazwischen. Und das Meer war wieder überhaupt nicht sehenswert, weil man nicht ausmachen konnte, wo es anfing beziehungsweise aufhörte. Es war völlig wurscht, man konnte genauso gut in den Himmel gucken, der sah ebenso aus.

Später erst stellte ich fest, daß direkt vor unserem Hotel am Bahndamm Kuhzungen wuchsen. Die hatten bei Maria den Ausschlag gegeben, auf diesem Hotel zu bestehen. Im Schutze der Dunkelheit schlich sie hinaus und erntete zwei Stachelscheiben, wozu ich mich nicht äußerte, kaum die Stirn runzelte. Die Vergnügungen waren knapp geworden, dieses Erfolgserlebnis wollte ich ihr bei Gott gönnen. Es wurde ein stiller, gedeckter, in seiner Art fast harmonischer Abend.

Kurz bevor ich ins Bett stieg, beim letzten Schluck Bier, schwor ich mir, wir bringen hier unten noch die große Steigerung, Meer, Mond, Musik, Marihuana, Mordsvögeln, wir bringen es noch! Dabei mogelte ich mich geschickt über die Tatsache hinweg, daß – von dem kaputten Recorder mal abgesehen –

«Ich bin doch nicht 68 auf die Demo gegangen,
um jetzt in Millionärspipi zu schwimmen!»

der Mond mit jedem Tag, den wir warten mußten, immer mehr zusammenschrumpelte, und schlief hoffnungsfroh ein. Da ich mit einem tiefen Schlaf gesegnet bin, konnten mich die Züge nie ganz wecken, die, außer in einer kurzen Pause zu tiefster Nachtzeit, fast viertelstündlich direkt neben unseren Betten vorbeidonnerten, was sie freundlicherweise etwa fünfzig Meter vom Hotel entfernt mit einem markerschütternden Pfeifton anzukündigen pflegten.

Am nächsten Morgen fuhren wir unter grauem Himmel Richtung Frankreich. «Bella Italia», sagte ich beiläufig, als wir ein besonders häßliches Fabrikviertel in Ventimiglia passierten, und lächelte dazu höhnisch. In Frankreich, dessen Bewohner gemeinhin als vollendete Könner in der Kunst der Liebe gelten, würde man uns sicher weniger Hindernisse in den Weg legen bei unserem Versuch, Erotik zu steigern.

Machen wir es kurz, die Côte d'Azur war eine einzige Katastrophe. Diese betonumwucherte Autobahn, gesäumt von zugebauten oder umzäunten, von Privatpersonen okkupierten Stränden hätten wir uns wirklich sparen sollen. Gleich am nächsten Morgen fuhren wir oben im Gebirge auf der Schnellstraße wieder zurück nach Italien.

Gleich hinter der Grenze rauschten wir wieder hinunter auf die Uferstraße, blieben auf ihr, wußten nicht, wo wir eigentlich hin wollten, bis sich am frühen Nachmittag die Sonne einmal wieder den Alleinvertretungsanspruch am Himmel erobert hatte. Da lasen wir auf einem Schild, daß es noch drei Kilometer bis Alassio wären.

War dies ein Wunder? Gab es hier ein permanentes Wolkenloch, eine klimatische Ausnahmesituation? Oder wie war das zu begreifen?

«Wollen wir hier bleiben?» fragte Maria.

«Meinst du? Bei dem Trubel?»

«Nur für eine Nacht erstmal. Mal schauen, was hier am Abend los ist.»

Losgelassene Rentner bei Nacht beobachten? überlegte ich, die rüstigen Witwen auf dem Kriegspfad? Warum nicht, da wir beide uns ja so erschreckend rapide der Pensionsgrenze näherten, könnte es eine nützliche Lebenserfahrung werden, zu sehen, was einem in der heutigen Zeit auf seine alten Tage noch an Lustgewinn zu erhaschen bleibt.

«Von mir aus.» Ich war schon abgebogen von der Via Aurelia und stoppte vor einem der vielen Hotels. Dort mieteten wir ein Zimmer, von dem aus wir sogar aufs Meer schauen konnten, wenn wir den Kopf weit genug aus dem Fenster reckten. Wir brauchten unseren Entschluß nicht zu bereuen, beileibe nicht, es wurde ein beschaulicher Abend. Auch wenn er mit einer Auskunft begann, die uns eigentlich hätte enttäuschen müssen. An der Rezeption hatten wir uns den Weg zu einem Radiogeschäft beschreiben lassen, hatten es anstandslos gefunden und dort von einem nervösen jungen Mann erfahren, daß eine Reparatur unseres Recorders nicht unter einer Wartezeit von sechs Tagen zu bewerkstelligen sei. Hatte ich es nicht geahnt?

Ich schlenkerte meine linke Hand müde durch die laue Luft, bemerkte leichthin, «na bitte, haben wir es doch», schickte noch ein abschließendes «geschenkt!» hinterher und konzentrierte meine Erwartungen auf eine anständige Fischsuppe.

Die bekamen wir dann. Gut gesättigt machten wir uns nunmehr daran, das Nachtleben der fröhlichen Alten zu erforschen, und erfuhren, daß es weitgehend darin bestand, an den Restaurants und Cafés vorbeizupromenieren, um sich von dort Sitzenden begutachten zu lassen, die man dann später seinerseits kommentierend an sich vorbeidefilieren ließ, wenn diese genug gesessen und jene genug promeniert hatten. Dieser abendliche Brauch war nicht eben irrsinnig aufregend, aber Aufregung hatten wir ja in den letzten Tagen genug gehabt.

Wir taten also munter mit, ließen uns schlendernd begaffen und gafften Schlendernde an, wobei wir zügig Alkoholisches einlaufen ließen, bis wir die rechte Bettschwere hatten, um entspannt und relativ glücklich in unseren Mietbetten zu entschlummern. Die nächsten Tage nimmst du, wie sie kommen, sagte ich mir abschließend, keine allumfassend großen Erwartungen mehr, die sich doch nicht einlösen lassen und einen nur frustig machen und somit blind für die kleinen, erreichbaren Freuden.

Von wegen!

Am nächsten Morgen, auf einem kleinen Ausflug in die Umgebung, hatten wir den blauesten Blauhimmel über uns, das glitzerndste, von weißschäumender Brandung gesäumte Azurmeer unter oder neben uns und eine dermaßen glasklare Luft um uns, daß sie die Konturen der Berge messerscharf machte, kilometerweit. Uns gingen ein übers andre Mal die Augen über, und wir konnten uns unsere Begeisterung gar nicht schnell und oft und wortreich genug zurufen.

Was Wunder, daß gleich wieder Gelüste in mir wach wurden, auf die kleinen, erreichbaren Freuden zu scheißen und abermals nach den Sternen zu greifen. Zumal wir in Varigotti einen Strand entdeckten, auf dem wir fast allein – irgendwo hinten saßen noch zwei alte Frauen – in dieser Wunderglimmerluft mit diesem rauschenden, überschäumenden, wahnsinnig blauen und zugleich irrsinnig silbern glitzernden Meer waren. Wir zogen Schuhe

Abendstimmung

und Strümpfe aus, krempelten die Hosenbeine hoch, hüpften durch den Wellenschaum und durch die heranzischenden Wasserzungen, scheuchten eine Möwenkolonie hoch, die uns mitten auf dem Strand im Wege saß, so böse sie uns auch beäugte, umarmten uns, küßten uns, nun wiederum von den beiden Omas argwöhnisch beäugt, und waren unsagbar vergnügt.

Und natürlich, dann begann es schon wieder zu klickern in meinem Schädel. Maria lag lang hingestreckt in der Sonne, ich war noch einmal am Wellensaum entlanggetobt, ging dann sinnend zurück. Jetzt ein Zigarettchen dabeihaben, dachte ich, was sonst? Keine weitere Steigerung vorerst begehrte ich, die Musik war ja ohnehin zum Teufel, und an Vögeln war unter dieser hellerlichten Jupiterlampe Gottes auf ungeschütztem Strand ohnehin nicht zu denken. Jedoch ein Jointlein, ein winziges, das würde es jetzt bringen, da gab es keine Frage; nur steckte es in Alassio im Hotel im Koffer in der *Roth-Händle*-Packung.

Aber bevor ich mir den wunderschönsten aller erträumten Mittelmeertage mit herbem Mißmut vergällte, wie neulich jene vergleichbare Nacht, in der ich mit dem Erreichbaren nicht zufrieden hatte sein wollen, redete ich mir schnell eine generelle Verbesserung der Großwetterlage ein. Der Allmächtige hatte uns nur auf die Probe stellen wollen, machte ich mir weis, anscheinend hatten wir sie bestanden, wobei ich keinen Gedanken auf die Frage verwendete, durch welche Leistung unsrerseits wir die Gunst erwirkt haben mochten. Jedenfalls, darauf baute ich fest, würde nun an den restlichen Tagen unseres Urlaubs das ganze Füllhorn mediterran-herbstlicher Sonnenpracht über uns ausgeschüttet werden. Somit war alles wieder drin. Freudestrahlend berichtete ich es Maria.

Am nächsten Morgen erst gestand sie mir, daß sie gleich ihre Zweifel gehabt habe: Alles soll wieder drin sein? Alles? Die Musik schon mal nicht, und wie groß ist der Mond jetzt noch? Daß sie aber geschwiegen habe, um mir meine frohe Zuversicht nicht zu vermasseln. Jene Zuversicht, die so groß war, daß ich es überhaupt nicht für nötig hielt, den anbrechenden Abend für mehr zu nutzen, als uns abermals unter die Alten zu mischen.

Als Maria mir ihre Zweifel gestand, im Auto am nächsten Morgen, war das Wetter diesig, der Himmel schlierig, die Sicht beschissen und mein Gesicht von herben Zügen entstellt. Wir fuhren landeinwärts ins Gebirge. Als weit und breit keine Palmen mehr zu sehen waren, statt dessen herbstlich bunte Laubbäume wie daheim, zog ich Resümee:

«Also das Wetter», sagte ich mit einer Entschlossenheit, die Zweifel nicht duldete, «ist für mich gestorben. Kommt raus aus der Gleichung!»

Ich dachte einen Moment nach, Maria schwieg erwartungsvoll. «Und wenn das Wetter gestrichen ist, dann natürlich die Landschaft auch. Sind beides zu unsichere Kantonisten. Von denen lasse ich mich doch nicht länger verscheißern. Das Ganze findet also im Saale statt.»

«Was ist denn dann noch besonderes daran?» fragte Maria.

Ich wußte es ja selbst nicht, deshalb überhörte ich zunächst einmal diese peinliche Frage, «sieh einmal», fuhr ich statt dessen fort, «wenn hier schon absolut kein Verlaß aufs Wetter ist, wieviel weniger dann erst bei uns? Wann ist es in Deutschland denn schon mal warm? Nein, nein!» rief ich und holte zu einer so vehementen Geste aus, daß ich das Steuer beinahe verrissen hätte, «ein elendes Vabanquespiel ist das; zumal zu Hause, wo es eh nur ein paar armselige Sommerwochen gibt. Wir müssen die Veranstaltung der aufeinandergetürmten Räusche ganzjährig gestaltbar machen, das ist der Punkt.» Aufeinandergetürmte Räusche! Gestaltbar machen! Welche plastische Sprachkraft flog mir da zu? Das Bewußtsein, zu großer rednerischer Form aufgelaufen zu sein, beflügelte mich, so daß ich Maria, als sie wieder zu ihrer lästigen Frage ansetzen wollte, nicht zu Worte kommen ließ.

«Das darf man nicht dem Zufall überlassen, so viel habe ich nun hier unten schon mitgekriegt, verdammt nochmal, das muß man ganz systematisch und eiskalt planen, sonst klappt es vielleicht mal in zehn Jahren oder wann. Und so viel Zeit haben wir eben einfach nicht mehr, das brauche ich dir ja wohl nicht zu sagen.»

Diese ekle Frage, die Maria auf den Lippen brannte, begann meinen so vorzüglich sprudelnden Redefluß zu hemmen, da ich sie ja kannte und um ihre Abscheulichkeit wußte. Maria nutzte mein kurzes Zögern und brachte sie also nochmals schmetternd zu Gehör: «Was zum Teufel, wenn es nicht bei Mondschein am Meer stattfindet oder wenigstens auf einer romantischen Waldlichtung, ist denn dann noch besonderes daran?»

Waechter

Lied eines sterbenden Insulaners

Die Sommersonne sank,
ein weißes Mädchen stank
nach Veilchen.
Sie turtelte zum Meer,
wir Shakis hinterher
und küßten sie ein Weilchen.

Dann schleuderte sie Steine.
Wir ließen sie alleine
am Strand.
Nun liege ich im Pfeffer
und sterbe an dem Treffer
von ihrer weißen Hand.

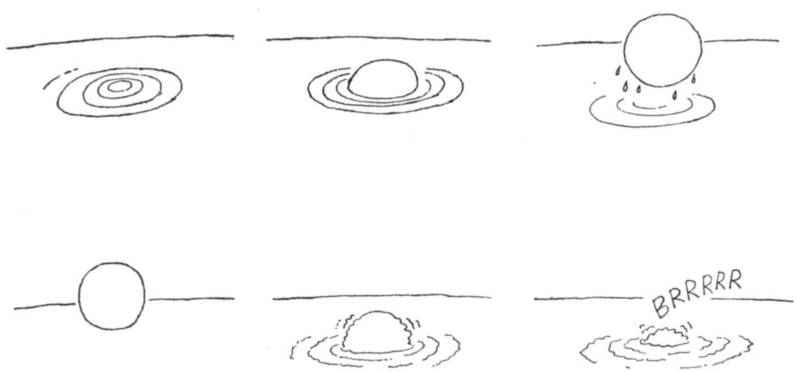

Morgen und Abend

Waechter

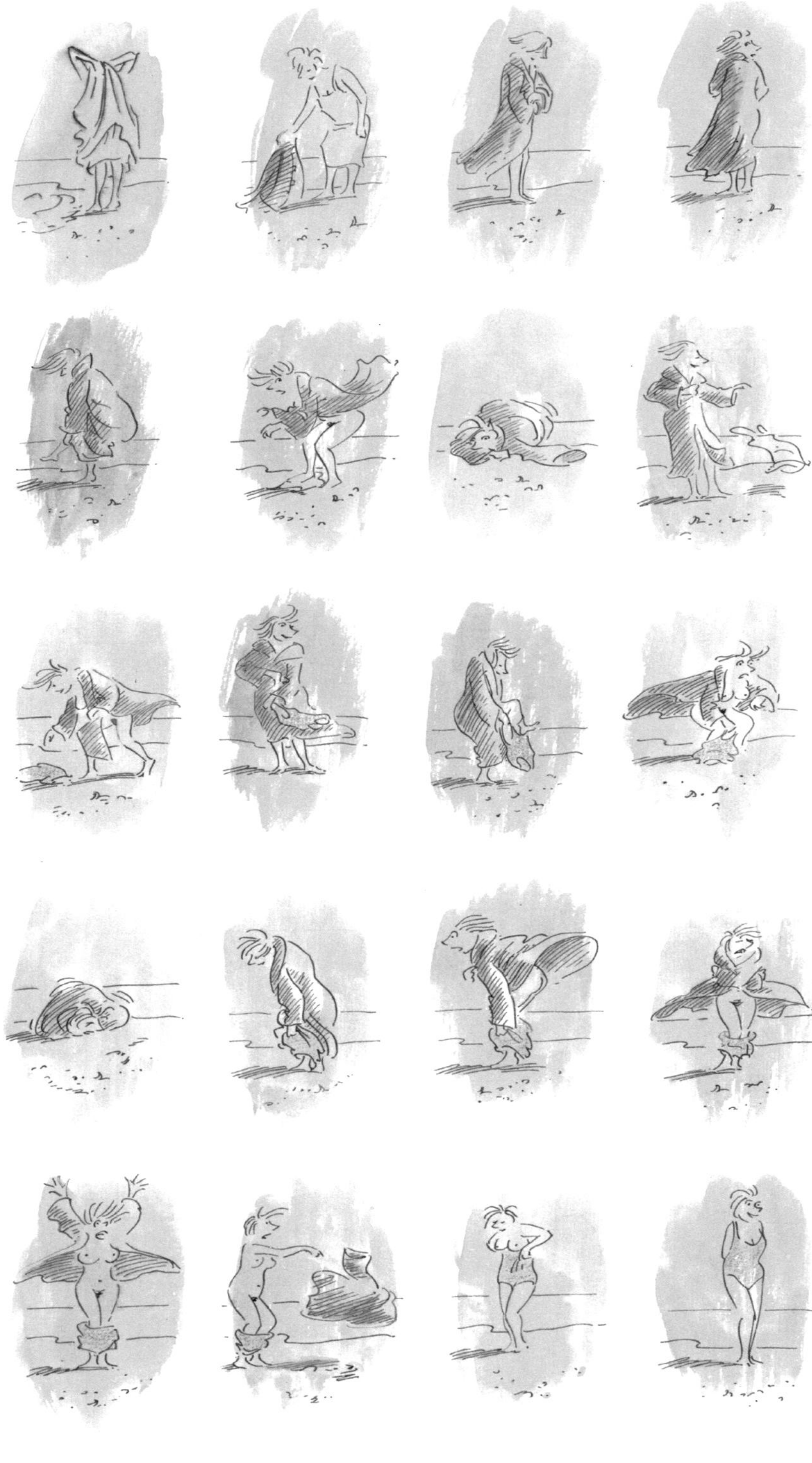

Waechter

Sommerwind

Marleens Sommer

Es ist Sommer und
Marleen fährt ans Meer.
Sie aalt sich im Sand
und zeigt alles her.
Sie gibt der Sonne
reichlich zu schaun –
Aber irgendwie wird ihr Bauch nicht braun.

Eine Woche ist um,
und Marleen weiß mehr.
Sie hat sich erholt
und macht mächtig was her.
Die Männer schaun gierig
und giftig die Fraun –
Aber irgendwie wird ihr Bauch nicht braun.

Zwei Wochen. Jetzt
braucht Marleen einen Kick.
Als der Typ sie anmacht,
lehnt sie sich zurück
und denkt im stillen:
Mach zu, du Clown –
Aber irgendwie wird ihr Bauch nicht braun.

Drei Wochen. Mehr
ist leider nicht drin.
Noch einmal hält
sie den Körper hin.
Der Sonne zuerst,
sodann ihrem Faun –
Aber irgendwie wird ihr Bauch nicht braun.

Das wars. Im Büro
fragt die Freundin: Na?
Na ja, sagt Marleen,
es war alles da.
Ich habe gepflegt
auf den Pudding gehaun –
aber irgendwie
aber irgendwie
aber irgendwie wurde mein Bauch nicht braun.

Am Strand von Palma

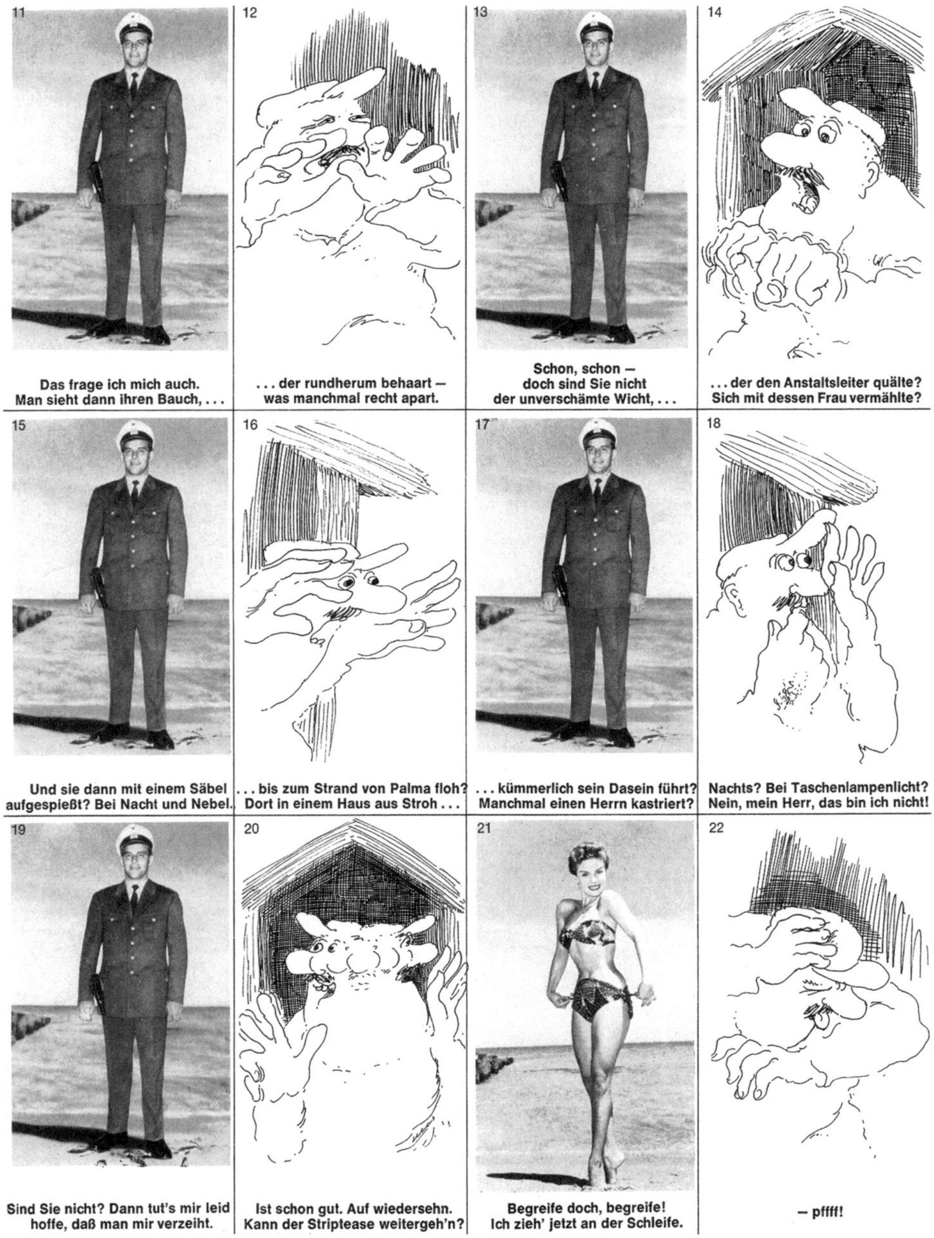
11
Das frage ich mich auch.
Man sieht dann ihren Bauch, ...
12
... der rundherum behaart –
was manchmal recht apart.
13
Schon, schon –
doch sind Sie nicht
der unverschämte Wicht, ...
14
... der den Anstaltsleiter quälte?
Sich mit dessen Frau vermählte?
15
Und sie dann mit einem Säbel
aufgespießt? Bei Nacht und Nebel.
16
... bis zum Strand von Palma floh?
Dort in einem Haus aus Stroh ...
17
... kümmerlich sein Dasein führt?
Manchmal einen Herrn kastriert?
18
Nachts? Bei Taschenlampenlicht?
Nein, mein Herr, das bin ich nicht!
19
Sind Sie nicht? Dann tut's mir leid
hoffe, daß man mir verzeiht.
20
Ist schon gut. Auf wiedersehn.
Kann der Striptease weitergeh'n?
21
Begreife doch, begreife!
Ich zieh' jetzt an der Schleife.
22
– pffff!

Gernhardt

Wie tun es die anderen?

Heute: Die Inselbewohner

Man tuts auf den Komoren
mit angelegten Ohren
Man tuts auf den Lofoten
mit schräggestellten Pfoten
Man tuts auf den Kykladen
mit abgespreizten Waden
Man tuts auf den Molukken
genauso, nur im Ducken
Man tuts auf den Seychellen
an höchst versteckten Stellen
Man tuts auf den Kurilen
nach stundenlangem Zielen
Man tuts auf den Antillen
in Trance, wie wider Willen
Man tut es auf der Insel Juist
indem man durch den Schniepel niest.

Waechter

Jochen II

Poth

1961: Klaus-Dieters erstes Mal

Zum FKK-Gelände, Stielaugen machen, stimmt's?
Nöö, wieso? Garnich
Un warum wernSe dann rot?
Un wenn? Issen dabei?
Nix. WollnSe nich Platz nehm?

Is noch ziemlich weit bis zu en Nackten?
Ungefähr 2 Kilometer
KönnSe näher ham. Wir zwei beide könn doch FKK machen
Wassen? Hier?
Hundert Meter weiter innen Dünen drin sieht uns kein Aas.

Gleich sinn wir da
Hier is weit und breit kein Mensch und windgeschützt isses auch
Los, runter mit der Hose, ich mach nur, wenn Sie auch...
Mach ja schon

Na, gefall ich dir?
Ganz toll, ehrlich
Un warum kommste dann nich näher?
Komm ja schon

Nicht unbegabt, der Knabe.
Zungenkuß is klasse, macht ganz schrecklich doll Laune.

Du hast noch nie mit 'ner Frau geschlafen, nich?
Nöö
Na, komm, dann wolln wir dich jetzt mal zünftig entjungfern
Und das zeichne ich nicht.

Aber das zeichne ich noch: Der Abend dieses Tages
Jäzz binnichen MANN!
En richtjer MANN, en richtjer MANN! Hab Elvira dreimal gegeigt, die Wuchtbrumme.
Gefickt habbich sie, richtich gefickt in ihre richtje MÖSE! Un dann der Atombusen!
wenn Mopsi Böhme nich lücht, bin ich der zweite inner Klasse, der hat.
Abber der lücht garantiert. Bin ich der Erste.

Waechter

Der Mann unsrer Träume

Pascal saß in der Mittagsglut und rauchte Kette
und kühlte seinen heißen Schwanz im Pazifik.

Waechter

Capri 85

Zitternde Schilfrohre

«Und nun tanzen wir das zitternde Schilfrohr im See!»

Das Dorf der freien Liebe

Lützel Jeman / Alice Schwarzer

Ein schwarzer Wächter hütet den weißen Liebesstrand von Agadir. Doch Alice Schwarzer und Lützel Jeman ließen sich von ihm nicht schrecken. Zu groß war ihr Verlangen, das der „Stern" in ihnen geweckt hatte. Das Verlangen nach Liebe, freier, schrankenloser Liebe . . .

pardon report contra stern reise

Neuankömmlinge im Club: „Da kommen sie. Sie, Männer und Frauen, die alle etwas suchen ...“ (Clubbroschüre)

Futtern im Club: Man ißt gut und viel. Nicht immer freilich scheint die wohlgewürzte Reizkost anzuschlagen: Keine der Damen bat Jeman darum, die Siesta mit ihr zu teilen, und auch bei anderen Gästen machte sich eine gewisse Müdigkeit breit.

Liebe im Club (auf einer Club-Anzeige): Männlein und Weiblein im Liebesrausch ...

Vorspiel in Frankfurt

„Hier Pardon-Redaktion, Rudolph. Herr Jeman, hätten Sie Ende des Monats Zeit für eine kleine Reportage?“
„Wohin soll es denn gehen?“
„Sie haben vielleicht schon gesehen, daß der Club Méditerranée, diese französische Feriengesellschaft, jetzt in Deutschland wirbt. Und da hatten wir uns gedacht, ob Sie sich nicht so ein Feriendorf ansehen wollten. In ihren Anzeigen versprechen die allerhand, ich weiß nicht, ob Sie sie schon gesehen haben ...“
An eine konnte ich mich erinnern. Auf ihr sah man eine Zeichnung mit vielen Leuten, die sich, mit einer Art Lendenschurz bekleidet, umarmen, ohne dabei vor den sekundären weiblichen Geschlechtsmerkmalen halt zu machen (siehe Abbildung). „Lauter Leute hier, die dasselbe mögen wie wir. Nous sommes heureux“, lautete der Text.
„Wir möchten Sie und Fräulein Schwarzer von der Redaktion da runter schicken. Nach Agadir. Das heißt, wenn Sie Lust haben ...“
„Doch, doch.“
„Fein. Der ‚Stern‘ hat übrigens schon etwas über Agadir gebracht. Vielleicht schauen Sie sich das einmal an. Da scheint es ja wirklich wild zuzugehen. Und überlegen Sie doch schon mal, welchen Aspekt die Sache haben könnte ...“
Als guter Ehemann informierte ich zunächst meine Frau. „Das freut mich aber für dich“, erwiderte sie, noch nichts Böses ahnend.
Als guter Journalist informierte ich mich sodann selber. Ich recherchierte ein wenig und hatte bald herausgefunden, daß Agadir an der Atlantikküste Marokkos liegt. Bald sollte ich noch mehr wissen.
„Sie fahren nach Agadir?“, fragte ein befreundeter Soziologe. „Im ‚Stern‘ war da ein Bericht: *‚Das Dorf der freien Liebe.‘* Das scheint so eine Art Riesenkommune zu sein, wissen Sie. Jeder mit jedem ... Aber was ich doch sehr interessant fand: Obwohl die Leute anfangs eine Phase von Partnertausch und Promiskuität durchleben, bilden sich am Ende doch wieder Pärchen.“ Er griff ins Bücherbord und holte den „Stern“, Nummer 6/1969. „Hier: *‚Gegen Ende jeder Woche, bevor am Sonntag viele Urlauber wieder nach Europa fliegen, werden im Nightclub die Tänze langsamer. Die Pärchen halten sich enger umschlungen und schauen einander tief in die Augen. Und am Flugplatz von Agadir, wenn die Trennung kommt, gibt es am Sonntag viele Tränen ...‘*“
Der Soziologe lächelte: „Ein aufschlußreiches Beispiel dafür, wie stark immer noch überkommene Verhaltensweisen sind ...“
Am nächsten Morgen kaufte ich mir den „Stern“. *„Das Geschlechterverhältnis verspricht viel“*, las ich. *„Auf vierzig Männer kommen sechzig Frauen. Von den Frauen kommt die Hälfte allein ...“* Ich rechnete: 30 kommen also schon mit Mann — bleiben 10 Männer übrig, auf die kommen 30 Frauen, 1:3, nicht schlecht, nicht schlecht ...
Ich erfuhr ferner: *„Nahezu alle erotische Initiative ging und geht von den Frauen aus. Die Frauen haben die Rolle der Männer usurpiert ...“* „Ein sehr informativer Bericht“, sagte ich.
„So?“, sagte meine Frau und warf das Heft in die Ecke.
Ob ich schon einen Aspekt für die Sache habe, wollte Hagen Rudolph, der Geschäftsführende Redakteur wissen.
„Das ist schwierig“, entgegnete ich. „Einen satirischen Aspekt sehe ich noch nicht. Oder haben wir etwas gegen die freie Liebe?“
„Keineswegs“, beteuerte Rudolph. „Aber vielleicht gibt es doch etwas Lustiges her, wenn Männlein und Weiblein plötzlich alle Tabus durchbrechen, obwohl ihnen vielleicht gar nicht danach ist. Sie kennen das doch auch von unseren Faschingsbällen — das organisierte, ungezügelte Treiben bekommt leicht etwas Spießiges ...“
Ich versprach, die Augen offen zu halten.
Dann kam ein Brief von der Münchener Geschäftsstelle des Club Méditerranée. Er schloß: „Mit den besten Grüßen, Ihre Ulrike.“ — Kein Nachname. Nur Ulrike. Meine Ulrike. L'esprit du Club — der berühmte Clubgeist — hier wehte er mir das erste Mal entgegen. Und noch deutlicher sagte es der „Trident“, die 130 Seiten starke Club-Broschüre: „Dann kommen sie an. Sie, Männer und Frauen, die alle etwas suchen: Die Erholung ... die Freunde ... die nicht voraussehbaren Augenblicke, die vielleicht Augenblicke des Glücks sind ...“
Es begann ernst zu werden. Drei Tage vor der Abfahrt rief mich meine Mutter an. „Weil du doch nach Agadir fährst. Ich habe da einen Bericht im ‚Stern‘ gelesen ... Ich glaube, Almut erzählen wir besser nichts davon.“
„Sie kennt ihn schon.“
„Ach so. Ich hoffe, du bist erwachsen genug ...“
Und am vorletzten Tag besuchte ich noch einen Freund, einen Mediziner.
„Was haben wir denn Schönes für dich? Hier, das ist etwas gegen Reisebeschwerden, und hier ... das ist gut gegen Darmkrankheiten ... Und das hier wirst du auch brauchen können ...“
„Gegen Erschöpfungs- und Müdigkeitserscheinungen. Belebt ... Schafft Kraft ...“, las ich.
„Also, viel Spaß. Und treib's nicht zu wild ...“
In Paris, wo ich meine Kollegin Schwarzer traf, war der Himmel noch bewölkt. „Was sagt denn Ihr Verlobter dazu, daß Sie nach Agadir gehen?“
„Ich habe ihm hoch und heilig versprechen müssen ...“
Und dann saßen wir in der Caravelle, die uns in fünf Stunden in das Dorf der freien Liebe tragen sollte.

Liebes-recherchen

Samstag, 15. März, 22 Uhr, Flughafen Agadir. Das müssen sie sein: Zwei schnieke bronzefarbene Knaben. Das sind sie: unsere

Lust im Club: Lustbereiter Dao (weißes Hemd) scheint eine merkwürdige Auffassung von den Aufgaben zu haben, die der „Stern" so blumig beschrieben hat: Dao übt mit der Damenwelt Kniebeugen.

Außenseiter im Club: Dieser Clubgast hat statt der freien Liebe ein gutes Buch gewählt. Hinter ihm sieht man jedoch einige der dreihundert berüchtigten Bungalows. „Und in allen geschieht das gleiche." („Stern")

ersten „GOs", die „gentils organisateurs": freundliche Organisatoren, wie sich die Angestellten des Clubs suggestiv nennen.

„Michel und Ali", präsentieren sich die beiden, angetreten zum Empfang der „GMs": das sind wir, „gentils membres", freundliche Mitglieder. Tja, so sind die im Club. Michel, ganz GO, bemüht sich sofort um meinen Koffer, der versehentlich in Casablanca geblieben ist. 24 Stunden wird er wohl noch unterwegs sein. Ich bin mürrisch, möchte maulen, tu's auch, will nicht ohne Nachthemd schlafen und überhaupt. „Nachthemd?", echot Michel. „Voyons! Im Club brauchst du doch kein Nachthemd. Im Club schläft man nackt." — „Nackt" mit sinnlich gezogenem Nnnn.

Ich werfe Jeman einen vielsagenden Blick zu. Da haben wir's. Ganz wie erwartet.

Als letzte steigen wir in den Bus zum Club. Nanu? Sind das die von der Club-Werbung versprochenen „glücklichen Wilden"? Die Twens der Avantgarde, zu allem bereit im Dorf der freien Liebe? Nein, vor uns sitzt — kein Zweifel — Twens Ahnengalerie. Ein Kaffeekränzchen am Tag der heiligen Agnes, eine Abiturientenklasse etwa anno 1919. Die reizenden alten Damen und Herren wollen doch wohl nicht . . .?

Im Club-Dorf angekommen im Foyer immerhin einige Gleichaltrige gesichtet. Aber auch Im Club-Dorf angekommen, im Foyer immer-Enttäuschung nur mühsam.

✻

Zweiter Tag. Noch vor dem Frühstück von Jeman abgefangen worden. Ob ich auch nicht . . .? Nein, ich auch nicht. Aber Florence.

> **Auch Florence, aus Frankreich angereist, mußte das nicht. In ihrem 2-Mann-Bungalow fand sie bereits einen jungen Mann vor.**

Soweit der „Stern" über eine gewisse Florence. Heißt man Alice, regelt der Club die Bettenzuweisung anscheinend orthodoxer. Ich fand in meinem Bungalow weder einen jungen noch einen alten Mann vor, dafür eine Mittdreißigerin namens Andrée aus Brüssel (noch nicht einmal lesbisch). Und Jeman teilt sein Zimmer mit Yves, einem Rechtsanwalt aus Lille. Mirakel. Sehen wir so teutonisch-bieder aus? Oder hat uns eine Neue eingewiesen? Eine, die mit der Clubmoral noch nicht so vertraut ist? Wir beschließen, uns mit der zweiten Erklärung zu trösten.

Unseren ersten Aktionsplan beim sehr ausgiebigen Frühstück aufgestellt. Alle Mahlzeiten im Club sind, genau wie sämtliche sportlichen Aktivitäten und Lektionen, im Preis inbegriffen (eine Person zahlt für 14 Tage 1540 DM ab Frankfurt). Jeman ist entschlossen, gleich heute Segeln zu lernen. Und Surfing. Und am Nachmittag vielleicht Judo. Ich kapituliere. Zwischen elf und zwölf werde ich beim Joga mitmeditieren. Scheint mir die am wenigsten ermüdenden Recherche.

✻

Vierter Tag. Wie live müssen Live-Reportagen sein? Muß ich für Pardon auch lieben? Jeman meint, solche Fragen wären nur von Fall zu Fall zu entscheiden.

Mein Fall heißt Dao und ist unser vietnamesischer Vorturner. Dreinschauend wie Hänsel ohne Gretel im Walde, weckt er bei seinen entschlossen den Bauch einziehenden Schülerinnen nicht nur mütterliche Gefühle. Nach den ersten langen sechzig Minuten auf der Gymnastikmatte am Morgen treffe ich Dao am Abend im Nachtclub wieder. Ein, zwei, drei Tänzchen, und Dao nimmt mich zart bei der Hand, verzögert noch feinfühlig durch einen Drink unter freiem Himmel und schlendert dann melodisch plaudernd auf seinen Bungalow zu.

✻

Fünfter Tag. Gentil organisateur Dao mag noch nicht einmal mehr Tischtennis mit mir spielen. Er mag nur noch schmollen. Weil, wie er auf meine naive Anfrage entrüstet antwortet, ich „ihm das angetan habe". Weil ich, on s'imagine!, nicht mit ihm ins Bett gegangen bin. Das scheint gegen die règles du jeu zu verstoßen. Freundliches Mitglied sein, verpflichtet. Dejeuner. Am kalten Buffet — ich kalkuliere gerade, ob ich auf meinen Vorspeisenteller neben die Krebse, den geräucherten Hecht und die Oliven noch Gänseleber packen kann — reißt mich ein englisch-französisches „allou!" aus meinen lukullischen Träumen. Peter, der Segellehrer aus London. In seinem Schlepptau, wie schon gestern abend, die ihn ohne Unterlaß befummelnde Jeanne aus Paris. Die zärtliche Jeanne ist zu verstehen, Peter sieht so verwirrend unfranzösisch aus: groß, blond und englisch-spröde. Peter war mir schon in Frankfurt ein Begriff, ihn hatte der „Stern" ganz besonders bedacht:

> **Das Bemühen, Lust zu bereiten, macht auch vor denen nicht halt, deren Lustbedürfnis in der Bundesrepublik zum Beispiel noch immer unter Strafandrohung steht. Peter, Jean-Yves, Eric und François heißen die vier Segellehrer (aller Sport umsonst) in den hautengen Hosen.**

Punkt. „Drei Wochen war der Max Scheler vom ‚Stern' hier im Club, ich selbst habe immer für ihn gedolmetscht. Ständig hat er fotografiert und alle Leute befragt", sagt Peter in klagendem Ton. Beim Steak ist er immer noch beim Thema Scheler, froh, wenigstens einer „Stern"-Leserin seine Version mitteilen zu können. Und erst beim Käse kann sich Peter zu dem abschließenden Seufzer durchringen: „Der weiß doch ganz genau, daß wir alle vier stocknormal sind. Ich kann das nicht verstehen." — Ich auch nicht. Zwar gibt ein zärt-

Freie Liebe im Club: Nach Tagen des Wartens erlebt Alice Schwarzer ihre Stern-Stunde. Udo Jürgens, Sänger und „Bravo"-Protegé, ist zu Besuch im Club. Und bei ihm scheint der Zauber Agadirs zu wirken: Er lauscht ein wenig . . .

. . . er redet ein wenig . . .

. . . er stärkt sich ein wenig . . .

. . . und dann hält es ihn nicht länger.

liches Mädchen am Arm letztlich keinen Aufschluß über die Lustbedürfnisses eines Segellehrers, ebensowenig aber tun das hautenge Hosen. Wonach es sie aber auch immer gelüstet, eines ist sicher: Peter und seine Kollegen geben zwar Lektionen im Segeln, nicht aber Lektionen in Lust. Die ist Privatsache und durchaus nicht im Gehalt inbegriffen. Sie werden als Segellehrer bezahlt, nicht als Lustknaben.

Am Bassin auf Familie T. aus Wunsiedel gestoßen. Mit Ts sind wir ein knappes Dutzend Deutsche in Agadir. Was bei mangelnden Französischkenntnissen das Variieren von Gesprächen und Gesprächspartnern ein wenig kompliziert. Ts machen in Textilien, haben daheim einen Swimmingpool vor dem Haus und Afrika-Routine. Letztes Jahr in Johannesburg, erfahre ich, war es noch viel heißer. Ts haben ihren Stammplatz am Bassin. Ts gefällt es im Club. Nur Töchterchen Cornelia mopst sich ein wenig. Mangels Flirt, was allerdings weniger an Cornelia als am beschränkten Kreis Infragekommender liegt.

Frau T. ist „Stern"-Leserin und weiß, was gespielt wird. Sie fragt neckisch: „Sind Sie wegen der freien Liebe in den Club gekommen, Alice?" Meine Gegenfrage, ob sie schon freie Liebe im Club entdeckt habe, irritiert Frau T. nur wenig. Nein, nein, das nicht. Aber wo es doch in der Zeitung stünde. Ein Körnchen Wahrheit wäre da sicherlich . . .

❋

Halbzeit. Gestern wieder drei Partien Dame gegen Jeman verloren. Bei anschließendem Arbeitsgespräch übereingekommen, daß das nicht alles sein kann. Wird im „Club der glücklichen Wilden" wirklich mehr Bridge gespielt als Liebe gemacht? Oder — verkehren wir in den falschen Kreisen?

Sollte ich mit Madame S. aus Paris, die ein Faible für mich hat, weil ich ihrer Lieblingsnichte so gleiche, und mit Monsieur S., der seit neun Jahren Beamter in Pension ist, weniger Petanque spielen? Sollte ich Advokat M. aus Brest sans gêne klarmachen, daß er mir das Schachspiel selbst nach der hundertsten Partie nicht nähergebracht haben wird? Auch wenn er vorgestern zum 60. Geburtstag, seinem 60. Geburtstag, eine ganze Flasche Champagner beim Diner ausgegeben hat? Ich sollte! Es ist beschlossene Sache. Ab sofort wird alles anders. Gleich nach dem Frühstück lasse ich die Gymnastik ausfallen, mache um den Petanque-Platz einen großen Bogen und widerstehe auch der Versuchung, mich den GMs am Bassin zu zeigen, die spätestens um 11 Uhr ihre Plätze an der Sonne eingenommen haben werden.

Ich erkunde das Gelände. 350 Meter lang, 200 Meter breit, an der Ostseite Ausgang und Tennisplätze, im Westen der Sandstrand, dazwischen Bungalows und Eukalyptusbäume. Drumherum ein hoher Zaun. Was dahinter ist, interessiert uns GMs nicht sonderlich. Wir sind Insulaner. Das einzig marokkanische am Club ist ein Teil des Personals. Der Teil, der sich die Hände schmutzig macht. Die Männer, die die Bungalows putzen zum Beispiel, und das Küchenpersonal. Ansonsten geht's sehr französisch zu. Vor allem bei den Mahlzeiten.

Unser Tagesrhythmus richtet sich weder nach Sonnenauf- noch -untergängen, auch nicht nach der Uhr, sondern nach dem petit dejeuner, dem dejeuner und dem Diner. Dreimal am Tag schlemme ich hemmungslos, jedesmal fürchtend, bei der nächsten Runde aussetzen zu müssen. Hinzu kommt, daß ich, die ewig Suchende in Sachen freie Liebe, grundsätzlich alleine ins Restaurant gehe, meist mit Franzosen am runden Tisch sitze und von ihnen unweigerlich in eine längere Diskussion über — das Essen verwickelt werde. Ein Thema, das unsere Nachbarn auch mit vollen Magen noch zu leidenschaftlichen Ausbrüchen verleiten kann. Zehn Uhr. Das allabendliche Kabarett beginnt. Die beliebtesten und witzigsten 30 Minuten eines Club-Tages.

Dann, Punkt 22 Uhr 30, senkt sich der Vorhang, davor bauen die „Blauen Teufel" flink ihre Beatinstrumente auf — und die müden gentils membres bauen ebenso flink ab. Zurück bleiben, ein wenig verloren in dem großen Saal, drei, vier Dutzend Unverdrossene, jeder zweite davon ein GO, ein Club-Angestellter. Denn GOs, das sind die besten Tänzer, GOs, das sind die Sportlichsten, die Begehrtesten im Club. GOs, das sind die Stars mit dem Ein-Mann-Bungalow. Nur sie, die Angestellten, können es, im Gegensatz zu den Gästen, bei Tag und bei Nacht toll und noch toller treiben. Kein Zimmergenosse, der sie zum Liebesplaning nötigte.

Also doch freie Liebe in Agadir? „In Maßen", meint Marie-Claire, eine der drei charmanten Hostessen. Bei einem Whisky erklärt sie mir, warum: Ein Viertel der insgesamt 78 gentils organisateurs sind miteinander verheiratet oder befreundet. Einige der Ehepaare haben Kinder. Die verbleibenden GOs beschränken ihre berufsmäßige Gentilesse auf die Arbeitszeit und bleiben unter sich. „Tu comprens", zwinkert Marie-Claire „mit den Alten hier in Agadir . . ."

Marie-Claire war vor dem Club Stewardess bei der Air-France. Ihre Kollegen kommen aus den unterschiedlichsten Berufen. Jogalehrer Jean-Marie par exemple, war Laborant bevor er über ein Buch zum Joga und damit zum Club fand.

Was aber ist entscheidend? Was muß man können, um GO zu werden? Der „Stern" weiß es ganz genau:

Sie alle sind ausgewählt nach ihren Fähigkeiten, jede Lust zu bereiten.

Dazu Jean-Marie, der Jogalehrer aus dem Elsaß: „Warte, ich will es Dir ganz genau sa-

Sport im Club:
Nach einer prüfenden Woche befinden zwei glückliche Wilde Alice Schwarzer für würdig, in die Geheimnisse des Petanque-Spiels eingeweiht zu werden.

Verwirrung im Club: Club-Chef Alan hat vor fünf Minuten von Alice Schwarzer erfahren, was der „Stern" aus seinem „schönen, anständigen Club gemacht hat: ein Bordell"!

gen: seit Anfang Dezember habe ich mit sechs Frauen Kontakt gehabt. Weil sie mir gefielen. Natürlich je Frau nur einmal — sonst wird die Geschichte zu kompliziert."

Das Du ist, zumindest für die GOs, Bestandteil der Club-Philosophie. Im Prospekt liest sich das so: „Das Feriendorf ist keine Szene in Technicolor. Es ist dazu bestimmt, gelebt zu werden, als Möglichkeit, menschliche Kontakte unter dem Zeichen natürlicher Gleichheit zu mehren, als Erfahrung einer anderen Gesellschaft."

Zurück zur Natur, seinen Rousseau immer unterm Arm. Der Möglichkeit menschlicher Kontakte gedenke ich mich an diesem Abend nicht vorzeitig zu berauben. Um elf Uhr spielt die Band wie gewohnt ihr dernière chanson, ich lasse mich nicht entmutigen, will heute das Nachtleben au fond studieren und ziehe mit einem Trupp Unermüdlicher in den einige Meter tiefer liegenden Nachtclub. Flankiert von einem langen Amerikaner mit deutschem Blick und einem kurzen Franzosen mit englischer Schnäuz. Beide umkreisen mich seit Tagen, beide lassen sich, nach kühnen Vorstößen wie Konversationen über Wetter und Wassertemperaturen durch sporadisches Auftauchen von Jeman immer wieder aus der Bahn werfen. Ein enervierendes Spielchen. Da waren meine Verehrer auf Wangeroog kühner. Zugestanden, der Flirt mit scheinbar bereits vergebenen Frauen ist auf unserer gutumzäunten Clubinsel auch weitaus problematischer als auf der Nordseeinsel. Wer mag schon bereits beim Frühstück dem Ehemann seiner Bluestänzerin vom vergangenen Abend gegenübersitzen?

Ein Uhr. Im Nightclub ist die Nacht zu Ende. Auf dem Weg zu meinem Bungalow wundere ich mich nachträglich über meine Phantasie. Was, zum Teufel, hab' ich mir nur gedacht, als ich im „Stern" las:

> zwischen 500 und 1800 Gäste, die in Strohhütten, Bungalows oder auch, wie in Agadir, an der afrikanischen Atlantikküste, in gekalkten Doppelzimmern von 14 qm untergebracht sind. Und in allen geschieht das gleiche.

Ja, was nur?

✻

Achter Tag. Heute mit Dorf-Chef Alan, einem Bilderbuchfranzosen vom Montmartre, unter vier Augen gesprochen. „Oh, non. Wie kommst du nur darauf?", stöhnt er gequält. „In keinem unserer 32 Club-Dörfer ist jemals eine Frau mit einem Mann zusammen in ein und demselben Bungalow einquartiert worden. Nie! Außer, sie hätte es ausdrücklich gewünscht. Auch ihre famose Florence nicht. Ganz sicher!"

Und wie ist das mit Rudy?

> Rudy, dunkelhäutig und an einer freundlichen Südseeküste an das Licht der Welt gekommen, animiert, was animiert werden muß.

„Aber ja doch, da hat ihr ‚Stern' schon recht", sagt Alan. „Rudy ist Animateur, verstehst du? Das heißt, er ist bei uns der zuständige Mann für Animation, er schreibt die Kabarett-Texte und spielt mit auf der Bühne. C'est tout. Das ist alles."

Animiert, was animiert werden muß — schon sehr fein gesagt. Chapeau, Kollege.

Weiter im „Stern"-Text:

> Florence aus Frankreich hatte sich bald von dem ihr zugeteilten jungen Mann getrennt. Seither klopften nachts bis zu drei verschiedene Bewerber an ihr Bungalow-Fenster.

Scheint schon ein aufregendes Mädchen gewesen zu sein, diese Florence. Nur, wie hat sie das angestellt? Ich stelle mir vor: Mitternacht. Ich liege im Bett. Da, plötzlich klopft es an mein Fenster. An unser Fenster. Denn fünfzig Zentimeter weiter liegt Andrée und schläft. Andrée ist 33 Jahre alt, Ärztin, und nach Agadir gekommen, um auszuspannen. Aus-zu-span-nen, verstehst du? Andrée kann sehr energisch werden, wenn man sie weckt. Egal, gesetzt den Fall, es klopft dennoch? Das kann nur ein Dummkopf sein, denn der weiß ja ganz genau, daß ich hier mit Andrée ... Neugierig würde ich trotzdem sein, auf Zehenspitzen zur Türe gehen, öffnen und — ganz schnell wieder schließen. Denn draußen weht ein fies kühles Windchen. Afrikanische Nächte, davon bin ich überzeugt, bringen auch die intensivste Glut zum Erlöschen.

Also: Es klopft gar nicht erst.

Weitere Variationen zum Thema Liebe in Agadir. Yves, Schlafkumpel von Jeman, fragte Jeman gestern mittag zögernd: „Hast Du heute nachmittag, sagen wir so zwischen vier und sechs im Zimmer zu tun? Nein? Bestimmt nicht? Merci!" — Gestern war Yves' letzter Tag. Jeman hat „Sie" aus dem Bungalow schleichen sehen und macht seitdem böse Sprüche wie: „Kurzschlußhandlung" und: „Meint wohl, er müßte auch unbedingt mal ..."

PS. Meine neuesten, pingeligst errechneten Zahlen: Laut täglich öffentlich aushängenden Abfahrtslisten sind gut zwei Drittel der 600 Gäste verheiratet. Miteinander. Rechne ich noch etwa zwanzig Prozent unverheiratete Paare dazu, bleiben etwa 80 freie GM für die freie Liebe. Das heißt, wenn sie nicht gerade Tennis oder Bridge oder Petanque spielen.

Jeman zeigt sich beeindruckt von meinem Klimmzug am Rechen-Reck, meint aber störrisch, Zahlen bewiesen noch gar nichts. Sündig könnte es trotz meiner 86,66 Prozent Paare zugehen. Ob ich noch nie etwas von Partnertausch gehört hätte?

✻

Neunter Tag. Endlich. Heute das Laster frei

Erholung im Club: Man kann nicht immer nur lieben. Da tut ein kleines Päuschen gut: Am Rande des Schwimmbeckens ...

... an der Bar ...

... oder ganz einfach auf dem Club-Mäuerchen.

Bungalow geliefert bekommen. Yvonne aus Paris, eine nicht unflotte Endvierzigerin. Sie liebt nur Knaben und gesteht kokett: „Die Jungen von heute sind meine fünfte Generation." Und: „Wie schön, daß unser Bungalow zwei Türen hat, da können die Männer vorne rein und hinten raus, n'est-ce pas?" Ihr Parfum: Je reviens. Ich empfehle Yvonne Giorgio. „Stern":

> Für die, die allein kommen, ist zum Beispiel Giorgio da.
> Giorgio schläft nie allein,
> sagt er allen, die es hören wollen.

„Merci", flötet Yvonne und entschwindet.

✻

Zehnter Tag. Yvonne ist mir gram. Giorgio existiert nicht und hat nie existiert, wie ihr der Dorf-Chef händeringend klarmachte. Geniert mich ein wenig. Hätte ich mir aber auch denken können. Ich gehe noch früher als gewöhnlich zum Diner. Im Restaurant ertappe ich Jeman beim fünften Gang. Wie war das noch? Schon am zweiten Tag hatte er, einen mit Vorspeisen völlig überladenen Teller balancierend, verkündet: „Ich esse ja ganz gerne mal gut. Aber so auf die Dauer... Sie werden sehen, spätestens in drei Tagen, bescheide ich mich auf zwei Oliven und ein Stückchen Brot."

✻

Elfter Tag. Sensation. Sensation. Unter den neu Angekommenen drei Transvestiten entdeckt. Sie tragen Stiefel bis zum Oberschenkel und irre Miniröcke. „Die aufregendsten Frauen im ganzen Dorf", konstatiert Jeman beifällig und verdreht sich den Hals. Madame S. aus Brest weiß von Parisern im Nachbar-Bungalow: „Die Transvestiten treten in einem bekannten Pariser Kabarett auf."
Folgt eine lebhafte Diskussion über die Lebens- und Liebesgewohnheiten der Transvestiten im allgemeinen und unserer drei im besonderen. Ob so ein Geschöpf — der oder die oder was denn nun — wohl Homosexuelle liebe, fragt sich Monsieur S., Arzt mit gutgehender Praxis. Nein, gerade nicht, belehrt Monsieur R., Beamter in Paris und passionierter Bridge-Spieler. Denn gerade die fühlten sich hundertprozentig als Frauen und liebten nur richtige Männer. Mein Einwand, ich hätte die Halb-Damen beim barbusigen Sonnenbad mit einem dorfbekannten Homosexuellen gesehen, läßt Madame S. wonniglich erschaudern.
Ach, das Herz könnt' es einem schier zerreißen. Warum nur durfte der „Stern"-Kollege das nicht mehr erleben?
Beim Beat sind wir diesmal — ich zähle — sieben Frauen ohne Begleitung. Sechs davon, ich inbegriffen, gucken verschämt mal auf ihre Schuhspitzen, mal auf die Band. Tanz im Club der freien Liebe oder Schwof in Köln-Nippes? Nur eine, die quicke Blonde, wirft einladende Blicke. Aber die gibt's ja auch in Köln-Nippes.

> Er könne, erklärte ein Clubgast, jetzt nur noch „die Mann" und „der Frau" sagen. Was ihn dazu bewog: Nahezu alle erotische Initiative ging und geht von den Frauen aus. Die Frauen haben die Rolle

Schade, das hätte ich dem „Stern" so gerne geglaubt.

✻

Zwölfter Tag. Auf einer Exkursion die ersten echten Marokkaner in freier Wildbahn gesehen. Und die Wüste auch. Mir en face im Land-Rover ein veritabler Ex-Minister mit Frau: François Missoffe, von 1966 bis 1968 unter de Gaulle zuständig für Jugend und Sport. Im Club tout simplement François und Helène.
Beim Couscous-Essen in der Oase erklärt mir ein gentil membre, warum die Franzosen die Deutschen Shleih (sprich: Schlöh) nennen. Weil die Shleih, ein marokkanisches Reitervolk, sich im ersten Weltkrieg auf französischer Seite durch besonders große Brutalität hervorgetan haben. Darum.

✻

Dreizehnter Tag. Heute einem leibhaftigen Star begegnet. Udo Jürgens. Im Club. Warum? Weil von ihm in den marokkanischen Bergen eine Woche lang viele dufte Fotos mit vielen duften Berbern geschossen worden sind. Für „Bravo". In wenigen Stunden fliegt seine Caravelle nach Paris. Zeit genug für mich, mit Udo Hasch-mich in den Atlantikwellen zu spielen. Haschen kann er, der Udo. Scheint er oft geübt zu haben. Zeit genug für Jeman, die Fotos seines Lebens zu schießen. Jürgens-Fans werden es ihm zu danken wissen.

✻

Vierzehnter und letzter Tag. Gleich nach dem Frühstück mit Jeman im Foyer verabredet. Wir gehen ein letztes Mal den „Stern"-Artikel durch. Punkt für Punkt. Zeile für Zeile. Es macht fast keinen Spaß mehr. Der „Stern" schummelt mit ermüdender Konsequenz. Sogar beim zeilenfüllenden Detail informiert er falsch. Das fängt mit der Erläuterung der Abkürzung GO (gentil organisateur, freundlicher Organisator) an. Ein GO, belehrt der „Stern", ist ein „gentil operateur", das sei, laut „Stern", ein *„liebenswürdiger Helfer"*, laut Larousse-Wörterbuch bestenfalls ein Filmvorführer, Wundarzt oder Funker.
„Und erst der Whisky-Preis", erinnert Jeman verbittert. Recht hat er. 2,40 DM schrieb der „Stern", 5,40 kostet ein Glas Whisky an der Club-Bar tatsächlich. Und bei wem nur hat Max Scheler die vielen Tränen am Flughafen fließen sehen? Bei Florence? „Als ihr deutscher Kollege da war", erinnert sich Gerard an der Bar, „hatten wir das gleiche Publikum wie jetzt. Nur waren die Gäste ein wenig älter ..." Noch älter?
Wahrlich, Nannens Mannen vom Ressort Reise

Prominenz im Club: Herr Misoffe, ein veritabler gaullistischer Ex-Minister, klärt beim Hammelbraten die Frage, warum die Franzosen die Deutschen als „Schlöh" bezeichnen.

Kamele im Club: Hier einer der seltenen Fälle, in dem ein Kamelritt die Geschlechter nicht zusammengeführt hat – die Ausnahme zu der vom „Stern" aufgestellten Regel.

sind nicht zu beneiden. Den kompletten Club Méditerranée am Schreibtisch neu erschaffen — und vielleicht nicht nur den — nein, ein Plaisir ist das sicher nicht. Jeman und ich, wir wundern uns. Warum nur wird dem Leser im „Stern" über drei Seiten hinweg etwas vorphantasiert, wo doch die Wahrheit so offensichtlich und so simpel ist?

Die letzten Stunden. Uns fehlt noch das Strandkamel. Ein nicht zu entbehrendes Motiv. Denn:

> **Auch über das, was die Geschlechter zueinanderbringt, sind die Erfahrungen gleich: Ausflüge, Kamelritte,**

Soweit der „Stern" und die Kamele.

Wir haben es eilig. Am Strand angekommen, stellen wir mißlaunig fest: das Kamel steht bereits Modell. Für Profis anscheinend. Für zwei Männer, von denen einer mit vielen teuren Fotoapparaten behängt ist. Deutsch sprechen Sie auch noch.

„Los, los, die Kamele vor die Boote. Ja. Und davor so'n alter Muselmane. Sehr schön!"

Wir staunen. Richtig rasende Reporter. So wie Leserin Lieschen sich das vorstellt. Der Ältere, Typ überreifer Playboy, braungebrannt, graumeliert, wief, sieht sofort, daß wir Landsleute sind, und haut uns lässig an: „Hallo, sind Sie Deutsche? Guten Tag. Mein Name ist Rolf Lasa. Ich mache mit meinem Kollegen eine Marokko-Reportage."

Wir staunen. Rolf Lasa? Doch nicht etwa der Lasa, der das Buch „Die sieben Weltwunder der Liebe" und die Illustrierten-Serien über Liebe im Urlaub geschrieben hat? Er nickt. „Doch, doch. Stimmt. Das bin ich. Ich bin sozusagen der Erfinder der Liebe im Urlaub." Genußvolles Päuschen. „1962 war das. Bei der ‚Neuen'. Die wollte zum x-ten Mal was über Papagalli machen. ‚Was heißt'n hier Papagalli', hab' ich dem Struwe damals gesagt. Das ist doch uralt. Papagalli gibt es in Deutschland schon ewig. Nur heißen die hier Kurschatten oder Saisongockel. Da sollte man mal was drüber schreiben! — Tja, so fing das an. Ruhpolding war die erste Station und dann — alle Strände dieser Erde hab' ich nach Liebe abgeklappert. Bis ich's leid war. Vielmehr, bis meine Frau es leid war. Jetzt mach' ich nur noch Reise."

Wir staunen noch mehr. Wirklich, der große Liebe-Lasa. Da sollten wir kleinen Debutanten die Gelegenheit wahrnehmen und ein wenig profitieren vom reichen Erfahrungsschatz des Kollegen.

Eifrig traben wir hinter ihm her zum kalten Buffet. „Halt, wart mal, bis die Alte mit dem Dutt weg ist. Mein Gott, müssen denn diese Alten hier ausgerechnet jetzt alle Fisch essen?" Und zu mir: „Könnse mir nicht ein paar hübsche Mädchen besorgen? Fürs Foto? Die Französinnen sind doch immer so hochnäsig."

Gar nicht so einfach im Club, aber ich kann. Aber wozu er denn hübsche Mädchen . . .? „Na, Sie haben vielleicht 'ne Ahnung. Mit den Mümmelgreisen hier kann ich doch keinen Blumenpott gewinnen. Die verderben mir das ganze Bild."

Wir haben uns an unsere Club-Copains gewöhnt und finden sie nicht unfotogen. Lasa seufzt ungeduldig. „Hören Sie mal. Die nimmt mir doch niemand ab. So wie die zittrigen Tanz-Berber von gestern abend. Die waren ja auch mehr als schwach. Da müßte so 'ne Fatima her. So 'ne richtig runde Fatima mit Bauchtanz und so. Und flotte Miezen müssen aufs Bild." Wer ihm denn die Fotos abnehmen müsse? „Mein Chefredakteur natürlich. Wenn ich dem mit so was komme, dann macht die nächste Reportage ein Kollege. Und ich kann sehen, wie ich die Butter aufs Brot verdiene." Das sehen wir ein.

Lasa fährt fort mit der Aufklärung über Journalisten. „Für Sie ist das hier natürlich was anderes. Sie machen Ferien. Aber ich arbeite. Verstehen Sie? Ich sehe das alles in einem ganz anderen Licht. Ich sehe nicht die Leutchen hier, ich sehe die Geschichten, die in ihnen stecken. Und die muß ich rausholen. Das ist das schwierige." Wir beginnen zu begreifen. Aber die Miezen? Wozu die Miezen, die hier doch nun wirklich nicht gerade typisch sind? „Weil das Zeug gelesen werden muß. Und ohne schicke

Rolf Lasa, Liebes-Reporter anderer deutscher Illustrierten, im Club (rechts): Unter dem Einfluß des Altmeisters („Ich bin der Erfinder der Liebe im Urlaub") wandelt sich Jeman (links) jäh zum rasenden Sex-Reporter. Leider zu spät: es ist sein letzter Tag in Agadir.

Kollegen im Club: Alt-Meister Rolf Lasa gibt Tips für Urlaubs-Reportagen. Pardon-Reporterin Schwarzer staunt, schweigt und lernt.

Mädchen guckt da doch keiner hin. Nee, nee, Miezen müssen rein. Schließlich muß ich meinen Lesern Marokko verkaufen."

Ach so.

Dr. Jemans philosophische Schlußbilanz

Was lernen wir aus alldem?

Wir sind auf den „Stern"-Artikel 'reingefallen. Wir alle: Die Redaktion, die uns ins ferne Marokko schickte, um dort die freie Liebe am lebenden Objekt zu studieren, die Freunde, die mir wissend zublinzelten, der Soziologe, der das Phänomen der Pärchenbildung so aufschlußreich fand, der Mediziner, der mir das Stärkungsmittel zusteckte. Und ich, weiß Gott, der ich noch im Flugzeug mit leisem Grusel an die drei männersuchenden Frauen gedacht hatte, die mich laut Statistik in Agadir erwarteten.

Warum der „Stern" mit dem Bericht von Max Scheler uns alle beschummelt hat, wissen wir jetzt von Schelers Berufskollege, Rolf Lasa. Er mußte Agadir verkaufen, das also ist geklärt, und eigentlich hätte man es sich ja denken können.

Es bleibt die viel interessantere Frage, warum wir uns alle beschummeln ließen. Denn das weiß man doch, daß Papier geduldig ist, daß manipuliert wird, daß es nicht umsonst heißt: er lügt wie gedruckt. Und schließlich sind wir doch keine heurigen Hasen mehr. Wir lesen die „Bild"-Zeitung gegen den Strich, und kein Bulletin der Bundesregierung kann uns so leicht etwas vormachen. Warum konnte es dieser eine Urlaubsartikel?

Ich kann nicht im Namen aller Betuppten antworten. Aber vielleicht ist mein eigener Fall in gewisser Weise typisch. Also: Weshalb meine Gutgläubigkeit? Deshalb: Weil ich im tiefsten Grunde meines Herzens davon überzeugt bin, daß es irgendwo ein Land der freien Liebe gibt. Einen Ort, ohne Zwänge und Normen, wo jeder Mann drei Frauen und jede Frau Befriedigung findet, wo es jeder ohne Gewissensbisse mit jedem treiben kann, einen Ort der ewigen Balz unter immerscheinender Sonne — ein Paradies also. Ein säkularisiertes Paradies, ein Sexparadies. Aber wo ist es zu finden? Nicht hier in Frankfurt. Nicht in meinem Bekanntenkreis. Aber irgendwo weit weg. Warum also nicht in Mallorca? Oder in Marokko? Oder — sagen wir einmal — Rawalpindi? Irgendwo weit weg, was auch sozial weit weg heißen kann. Weshalb ich mir auch gerne von den Rauschgiftorgien der Gammler, den alles in den Schatten stellenden Schülerpartys und dem hemmungslosen Underground erzählen lasse. Denn das normale Leben in Anstand und Sitte kann doch nicht alles sein. Es darf nicht alles sein.

Und deshalb glaube auch niemand, daß mich mein Agadir-Erlebnis entmutigt hat. Nun gut, es war nicht sehr viel anders als in Frankfurt. Die Frauen lagen nicht im gemachten Bett, die meisten waren schon vergeben, wer eine gute vom Rest abbekommen wollte, der mußte etwas dafür tun — das richtige Sexparadies war es noch nicht.

Aber wie sagte doch mein Bungalow-Genosse Yves, Rechtsanwalt aus Lille und Kenner vieler Clubs? „Es gibt Club-Dörfer, die tatsächlich eine Art Kurs in freier Liebe sind. Wenn ich da an Korfu denke . . ."

Und was erzählte mir ein Bekannter, den ich kurz nach der Rückkehr in Frankfurt traf? „Weißt du, wo sie es wirklich toll treiben sollen? In Falkenstein, jawohl keine zwanzig Kilometer von hier. Da finden doch diese politischen Seminare statt. Das geht über ein, zwei Wochen, und zu diesen Tagungen kommen ganze Busladungen junger Schwedinnen . . ."

Und was steht auf dem Titelblatt des ersten „Stern", den ich auf deutschem Boden in Händen halte?: „Auf Ibiza ist alles möglich."

Und das meine ich auch. Es gibt dieses Fleckchen Erde, wo alles möglich ist. Warum sollte es nicht Ibiza heißen? Oder Korfu? Oder Falkenstein? Es scheiden doch nur Agadir und Frankfurt aus . . .

Und was, wenn all diese Orte auch Windeier sind? Dann weiß ich immer noch ein Plätzchen, wo die freie Liebe gedeiht, wo das wirkliche, das blutvolle Leben pulsiert, wo wirklich alles, alles möglich ist. Im „Stern".

Und dafür sei ihm gedankt.

Im Süden!

HOTEL
Die strecken die Butter mit Margarine, ich schmecke das doch.
Klar, Gerhard, sparen, sparen. Die Eier sind auch winzigst.
Das eine sage ich dir: Wenn's heute Abend wieder diesen strohtrockenen Seewolf gibt, dann schlage ich Krach.
1

Es ist überhaupt eine Unverschämtheit, im Prospekt steht: Vielfältiges Unterhaltungsprogramm. Was bieten sie denn?
Sag ich doch, die Folkloregruppe gestern, das war doch Tinneff
Und vergiß nicht die Klospülung, das rauscht die ganze Nacht wie der Niagarafall
2

Im Süden!

Ein schwer satirisches Ausstattungsstück von Chlodwig Poth

Künstler, Schwule und Grüne: alles ein Gesokse
Empfinde ich genauso. Ist es nicht herrlich: dieser Gleichklang unserer Seelen

„Ganz schön gradeheraus, die Leute hier – findest du nicht auch?"

In Tunesien

«Wie heißt denn auf tunesisch: Wenn Sie mal Urlaub in Deutschland machen, können Sie *mir* bei der Arbeit zuschauen!»

Nichts gegen schöne, große, prächtige Boote.

Gerade vor einer so schönen Insel wie Mallorca gehören sie zum Großartigsten und Prächtigsten, was man auf das blaue Meer hinsetzen kann. Was wäre Mallorca ohne seine herrlichen Yachten und stolzen Segelschiffe! möchte man ausrufen. Aber man läßt es lieber, denn hier wird sowieso zu viel über große, prächtige Boote gesprochen. Nicht nur die Besitzer solcher Gefährte, sondern offenbar jeder, der die sportliche oder luxuriöse Art der Fortbewegung auf dem Meer schätzt, fachsimpelt praktisch durchgehend und ausschließlich über große Boote. Und genau damit ist jetzt vorübergehend mal Schluß.

Ich selbst bin nämlich Besitzer eines kleinen, 2,49 Meter langen Bootes. Das heißt, das Boot ist 4,98 Meter lang, aber mir gehört nur eine Hälfte davon. Die andere ist Eigentum eines Freundes, der auf Mallorca lebt. Das Boot selbst liegt in seiner Gesamtheit ebenfalls in mallorquinischen Gewässern und steht mir jederzeit zur Verfügung.

Leider kann ich nur selten davon Gebrauch machen.

Das offene Meer ist für ein kleines Boot, jedenfalls wenn ich es nutzen will, fast immer zu rauh und zu bewegt, als daß sich ein hochseescheuer Hesse vernünftigerweise hinaustrauen sollte.

Lädt es aber tiefblau und beruhigend glatt in der strahlenden Sommersonne zu kleinen Bade-Ausflügen in einsame Buchten, dann kann ich davon ausgehen, daß der Freund bereits mit unserem Boot unterwegs ist. Jedenfalls habe ich es zum letzten Mal vor zwei Jahren benutzt, und zwar am letzten Tag meines Urlaubes, nachdem der Mechaniker die Wasserpumpe dann doch noch ausgetauscht hatte. Mechaniker interessieren sich generell nicht besonders für kleine Boote. Mag sein, daß sie genug mit den großen zu tun haben, mag aber auch sein, daß sie kleine Boote nicht mögen. Es ist eben alles so klein und fummelig dort. Außerdem geht nie richtig viel oder etwas lohnenswert Teures kaputt.

Dabei ist mein halbes Traumschiff natürlich ein ganz wunderbares Boot. Nämlich eine «Llaut», ein mallorcatypisches Diesel-Tucker-Boot für die küstennahe Fischerei, das deswegen 4,98 Meter lang ist, weil Boote ab 5 Metern Luxussteuern kosten. – Ja nun, irgendwelche Vorteile muß auch ein kleines Boot haben! – Ich liebe und warte es, d. h., ich warte vor allem auf Gelegenheiten, es benutzen zu können.

Aber die Gefahren für kleine Schiffe mit zwei Besitzern sind leider zahlreich.

Mal baut der eine Mist. Mal der andere. Ich gehe zum Beispiel davon aus, daß der Freund mir, wenn ich komme, das Boot mit gefülltem Tank überläßt; das ist so vereinbart. Wenn dann aber weit draußen auf offener See der Motor ausgeht, weil das Benzin alle ist, dann leidet die Freundschaft. Stundenlanges Warten im schaukelnden Meer, aufziehende Wolken, verzweifeltes Winken und schließlich peinliches Abgeschlepptwerden in den heimatlichen Hafen unter den hämischen Blicken feixender Fischer können zu Verbitterung führen.

Müssen aber nicht. Nachdem ich meinerseits aufgehört habe, das Boot mit gefülltem Tank zu hinterlassen, konnten wir uns darauf verständigen, uns prinzipiell nie aufeinander zu verlassen.

Das ist in der christlichen Seefahrt eine sehr gute Basis für lang anhaltende Freundschaft.

Wir sind uns allerdings auch oft einig. Zum Beispiel darin, daß man mit einem kleinen Boot Großes erleben kann. Ich spreche jetzt nicht von läppischen Badeausflügen, sondern von wirklichen Seereisen und nautischen Abenteuern, wie sie ja auf größeren Schiffen alltäglich sein sollen.

Von so etwas können die Eigner kleinerer Boote an sich nur träumen. Wenn sie aber eines Nachts, morgens um vier, bei sternklarem Himmel und phantastisch ruhiger See auf die Wahnsinnsidee kommen, mit der kleinen Llaut auszulaufen, um einmal im Leben zur sagenumwobenen Insel Menorca zu gelangen, dann steht so etwas Großes bevor.

Der Anfang ist einfach. Man weiß ungefähr, wo die Insel liegt, fährt so lange in die vermutete Richtung, wie man hinter sich noch das Leuchtfeuer des Heimathafens sieht, und wartet, bis man vor sich das Licht des Leuchtturmes von Ciudadella erkennt. Dann hat man ungefähr die Hälfte geschafft und kann den Leuchtturm im Rücken vergessen. Es ist dies ein außerordentlich glückhafter Moment, und wenn nach siebenstündiger Seereise das rettende Ufer tatsächlich erreicht ist, kommt unbändiger Stolz auf.

Die Rückfahrt am Tage bei auffrischendem Wind, starkem Seegang, ohne die Hilfe der Gestirne und Leuchttürme ist dagegen ein fast orientierungsloser Höllenritt von circa 11 Stunden Dauer, bei dem Stolz und Glück komplett über Bord gehen. Damit uns nicht Gleiches passierte und wir von den Wellen weggespült würden, mußten wir uns festbinden, die Hände an der Ruderpinne wundscheuern und gegen Naturgewalten kämpfen, von denen die Müdigkeit die schlimmste war.

Aber ein kleines, starkes Boot kann den sträflichen Leichtsinn seiner törichten Eigner gelegentlich ausgleichen und wird auf diese Weise schließlich zum Traumschiff.

Unsere Llaut ähnelt übrigens den ägyptischen Feluken auf dem Nil. Die Form ist phönizischen Ursprungs und gilt als unsinkbar. Leider stimmt das nicht.

Wir hatten unserem Boot, als wir es vor sehr vielen Jahren kauften, den Namen «Titanic» gegeben. Das war lange vor Leonardo di Caprio und geschah einerseits aus Verehrung für die damals neu entstandene satirische Zeitschrift gleichen Namens, andererseits aber auch als der Versuch, den Mythos von der Unsinkbarkeit neu zu beleben. Diesmal allerdings mit einem deutlich kleineren Fahrzeug.

In einem der schwersten Septemberstürme seit Menschengedenken geschah es dann aber. Die tosende See, haushohe Wellen und ein wütender Orkan konnten dem stolzen Schiff zwar nichts anhaben, denn es lag, wie sich das bei so einem Sauwetter gehört, gut festgezurrt im sicheren Hafen. Aber die Schlammlawine, die sich von Land her über den vorher so idyllischen kleinen Fischerhafen wälzte, pumpte die «Titanic» bis oben hin voll mit rotbraunem Schmadder, riß sie vom Ufer los und versenkte sie keine fünfzig Meter vom Ufer entfernt im Hafenbecken.

Größere Schiffe kamen nicht zu Schaden. Mehrtägigen Hebungsversuchen folgten mehrjährige Renovierungsarbeiten, und zum Schluß hatten wir unser Boot wieder. Fast wie neu und nochmal genau so teuer.

Ich bin sehr stolz auf mein halbes Traumschiff, das nun nicht mehr zu befürchten braucht, unter meinem Kommando die Weltmeere erobern zu müssen. Der Tank ist für küstennahe Ausflüge stets ordentlich gefüllt, und ich brauche auch nicht mehr zu winken. Seit der Film «Titanic» in aller Welt gelaufen ist, winken die Besatzungen vorbeifahrender Traumschiffe nämlich zu mir und der kleinen Titanic herüber. Und das hat ja auch was.

Klaus und Jana

Klaus und Jana aus der Heldenstadt Leipzig waren von ihrem ersten Mallorca-Besuch sichtlich genervt.

Traxler

Eine Occasion

«Eine Occasion, M'sieur!
Der Vorbesitzer ist bankrott gegangen
an zuviel Verlust von Boulekugeln!»

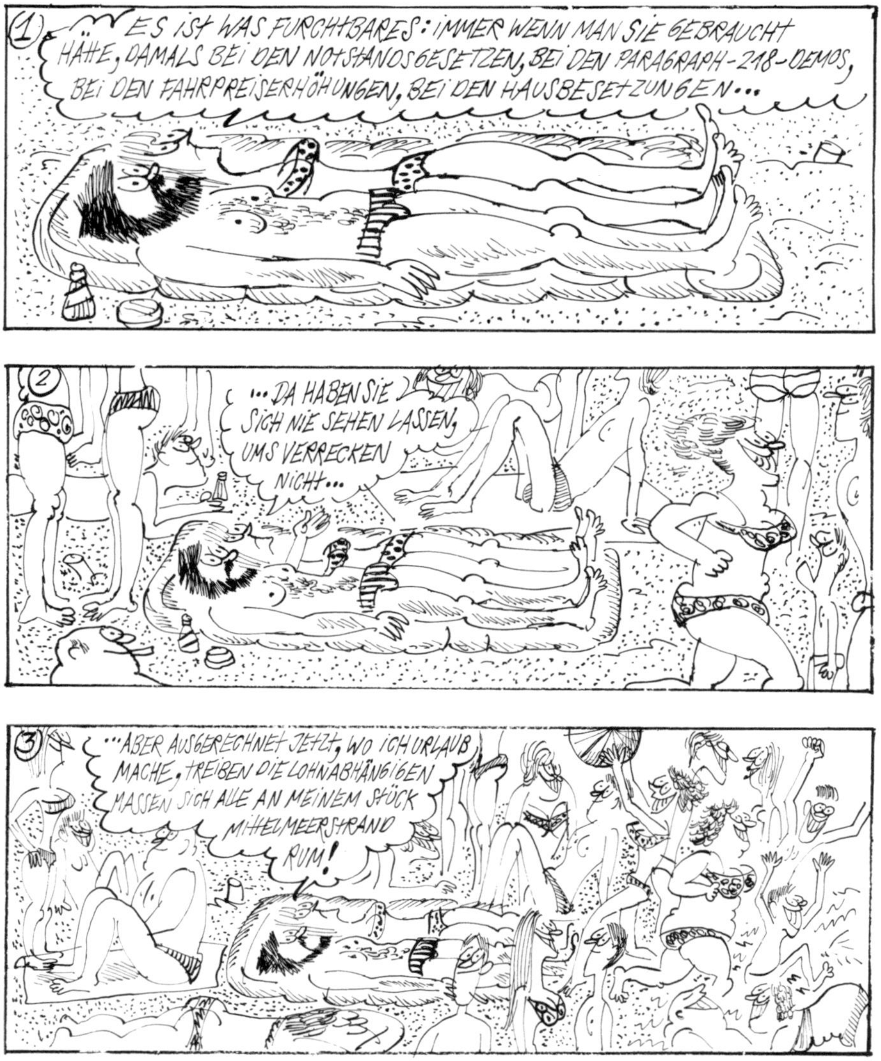

Am Mittelmeerstrand

Poth

Insel der Überraschungen

Schönen Frauen, die sich nackt auf weißen Schiffen reicher Männer räkelnd bräunen – zweifellos, um ihnen bei Bedarf in dankbarer Sinnlichkeit zu Willen zu sein –, solchen Frauen kann man auf Mallorca begegnen. Geschieht dies, hat es sich dann aber längst ausgeräkelt, und die hübschen Darstellerinnen aus Werbespots für Hautcreme und Rum geben sich nach der Arbeit äußerst stolz und unnahbar. Daran ist nichts auszusetzen. Gutaussehende Models sind Zudringlichkeiten häufiger ausgesetzt als weniger vollkommene oder nur mäßig auf Äußerlichkeiten bedachte Menschen. Natürlich fallen sie auf, ziehen die Blicke der Männer an und scheinen sich dessen stets bewußt. Männer wie du und ich lernen solche Frauen nicht kennen. Wir schauen sie uns an, wie sie sich nackt auf weißen Schiffen räkeln, und zappen oder blättern dann weiter.

Und doch, eine solche Frau, glaube ich, hat mich gestern angesprochen. Sie war schmal, groß, blond und allein. Sie saß drei Tische von dem meinen entfernt vor der kleinen Hafenkneipe, schaute mit ernstem Gesicht mal aufs Meer, mal auf die anderen Gäste, dann immer häufiger zu mir, bis sie sich schließlich erhob, mit einer anmutigen Kopfbewegung ihre Haare nach hinten warf und sehr konzentriert auf mich zukam. Dann ging alles sehr rasch.

«Sie sind Deutscher, nicht wahr? Und ich habe gehört, daß Sie Besitzer eines Bootes sind?»

Sie fragte nicht, sie wußte es. Ich nickte. Sie setzte sich. Ich sagte, daß es ein sehr kleines Boot sei. Das interessierte sie nicht.

«Könnten Sie sich vorstellen, mich mal mit aufs Meer hinauszunehmen?»

Ich zögerte nicht, mir das vorzustellen, obwohl diese allzu direkte und formlose Vorgehensweise mich irritierte. Ich lächelte sie an.

«Gerne. Wann?»

«Morgen um drei.»

Und ich sagte, ohne auch nur eine einzige Frage zu stellen: «Ja, warum nicht.»

Das war's. Sie lächelte nicht, schien aber erleichtert, vielleicht sogar dankbar, atmete jedenfalls deutlich aus und ließ ihre wohlgeformten Schultern ein wenig sinken. Dann erhob sie sich, um zu gehen.

«Ich danke Ihnen sehr. Bis morgen dann.»

«Wissen Sie denn, wo mein Boot liegt?»

«Wenn Sie da sind, werde ich Sie finden.»

Nachmittags um drei bin ich eigentlich immer an meinem Boot. Jedenfalls häufig.

Zumindest gab es keinen vernünftigen Grund, warum ich morgen nachmittag um drei nicht da sein sollte.

Und selbstverständlich bin ich da. Es ist jetzt kurz vor drei.

Die Llaut liegt in dem schmalen, seitlichen Teil der Hafenbucht, wo wegen geringer Wassertiefe nur die kleinen Fischerboote ihre Anlegeplätze haben.

Die Sonne steht hoch. Eine winzige Brise weht übers Meer herein. Es ist ein strahlender Julitag. Unter Deck habe ich das Badezeug, etwas Wasser und Proviant verstaut, auch eine Flasche Wein liegt in der Kühlbox.

«Ein kleines Strandpicknick? Das ist aber eine ganz reizende Idee von Ihnen!»

Das würde sie doch wohl sagen, wenn ich beiläufig ein kleines Strandpicknick ins Gespräch bringen würde; in einer dieser abgelegenen Buchten, die man nur mit dem Boot erreicht.

Oder will sie vielleicht lieber angeln? Das sollte sich verhindern lassen. Was ist das überhaupt für eine idiotische Verabredung?

Warum weiß ich nicht, wie sie heißt? Warum haben wir uns nicht vorgestellt?

Ich kannte die Antwort schon seit gestern abend, lange vor dem Einschlafen: Sie hatte türkisfarbene Augen, tief wie das Meer. Und sie sah so ungewöhnlich gut aus in der einfachen Umgebung der Hafenbar, daß es eben nicht die Umgangsformen waren, die ich beachtete.

Und sie doch auch nicht! Sie wollte mich! Zumindest mein Boot. Und zwar so schnell wie möglich. So sieht's doch mal aus. Was sollen diese Skrupel überhaupt?

In Begleitung solcher Überlegungen streift mein Blick über die Mole. Wird sie kommen?

Gestern trug sie hellbraune Shorts zu dunkelbraunen Beinen und ein algenfarbenes Trägerhemdchen mit extrem schmalen Trägern.

Und plötzlich sehe ich sie. Jeder sieht sie. Drei netzeflickende Fischer starren ihr mit offenem Mund nach. Ein Familienvater mit Großfamilie zu Fuß auf dem langen Weg zum Strand läßt fassungslos die Luftmatratze sinken. Vom Laster mit Hebekran wird gepfiffen.

Jaime, der auf dem Nachbarboot den Motor zerlegt, ruft zu mir herüber: «Hombre! Du bekommst königlichen Besuch!»

Das ist wohl wahr. Sehr aufrecht, sehr zielstrebig kommt sie auf mich zu.

Sie trägt ein weißes Kleid. Ein festliches, elegantes, schulterfreies, weißes Kleid. In ihren Händen hält sie einen großen Strauß weißer Margeriten.

Nun gut. Angeln will sie also nicht. Ich bin nicht ganz so beeindruckt, wie das vielleicht beabsichtigt ist. Was soll der Auftritt? Weit und breit ist kein Kamerateam zu sehen, und es liegt mir auf der Zunge zu sagen «Aber das wäre doch nicht nötig gewesen!» Doch ich verkneife es mir und strecke ihr die Hand entgegen, um ihr bei dem großen Schritt auf mein Boot zu helfen.

Sie ergreift die Hand nicht. Sie bleibt stehen, reicht mir die Blumen, schaut zurück und fragt:

«Können wir noch einen Augenblick warten? Ich kriege noch ein Paket.»

«Was denn? Hierher?»

«Ja, so ist es verabredet. Er wollte um drei da sein.»

Was bedeutet das nun wieder? Läßt sie uns vielleicht von Feinkost-Gonzales ein Lunchpaket kommen? Will sie mir zeigen, wie man eine Luxuskahnpartie mit einem Supermodel durchzieht? Eigentlich habe ich keine Lust mehr. Ich steige vom Boot, stelle mich vor. Als sie ansetzt, ihrerseits das Nötige zu sagen, fährt schwungvoll ein kleiner, beigefarbener Renault-Kombi vor. Ein älterer Herr in grauem, uniformartigem Anzug steigt aus, überreicht ihr einen länglichen Karton, läßt sich den Empfang quittieren und fährt wieder davon.

Kurz darauf legen wir ab: das Boot, die Frau, die Blumen, der Karton und ich. Sie hat sich gesetzt, mustert mich mit irritierendem Ernst und wirkt jetzt erschöpft. Langsam gleiten wir durch die Hafenbucht. Bunte Windsurfersegel kreuzen, Lachen tönt vom gegenüberliegenden Strand, von einer Motoryacht wehen Fetzen vertrauter Musik aus dem Buena Vista Social Club herüber, Millionen glitzernde Punkte flitzen über das Wasser.

Die sehr schöne Frau in dem sehr schönen, weißen Kleid reicht mir die Hand:

«Ich heiße Chloe.»

Dann beginnt sie zu weinen.

Ich weiß nicht, was ich tun soll. Mit der einen Hand halte ich den Steuerknüppel, die andere möchte ich ihr tröstend auf die Schulter legen. Aber leg mal einer fremden, weinenden Frau eine nasse Hand auf die nackte Schulter! Das kann nicht gutgehen. Gerade hatte ich noch mit dieser Hand locker über Bord fassend die Wassertemperatur überprüft, für den Fall, daß meiner Begleiterin vor dem Picknick ein gemeinsames Bad angenehm gewesen wäre – jetzt weint sie auf ihr weißes Kleid, statt es sich gutgelaunt vom Leib zu reißen.

Ich schalte in den Leerlauf und frage, ob wir umkehren sollen.

Endlich

Waechter

Nach all den Jahren – endlich allein mit Elvira! Nur noch die Sitzbank der ‚Polen' zwischen uns!!

Sie schnieft, wischt sich mit dem Handrücken die Tränen ab und bemüht sich um Fassung.

«Nein, lieber nicht», sagt sie, «ich erkläre Ihnen alles. Aber bitte lassen Sie uns weiterfahren.»

Gelächter und Rufe hallen über das Wasser. In ganz kleinen Segelbooten trainieren Kinder für die Jugendregatta am kommenden Wochenende. Sie schreien sich übermütige Albernheiten zu.

Ich steuere das Boot aus der Bucht hinaus auf das offene Meer.

«Kurt ist tot», sagt sie leise. «Er hat sich umgebracht.»

Langsam keimt Zorn in mir auf. Ich kenne keinen Kurt. Oder sollte ich?

«Er hat mir manchmal von dir erzählt. Er hat mir dein Boot gezeigt. Er kannte dich aus Frankfurt. Aus dem ‹Firmament›.»

Sie hat «Du» zu mir gesagt, und ihre Traurigkeit faßt mich an.

Ich weiß jetzt, von wem sie spricht. Meine Stammkneipe heißt zwar nicht «Firmament», sondern «Horizont», aber da gab es einen Kurt. Er arbeitete bis vor einem halben Jahr als Barkeeper dort. Er war ein einsamer, gutaussehender Mann. Ich kannte ihn lange, aber nicht gut. Er war freundlich, wortkarg und hatte unser aller Sympathie, weil er meine Freunde und mich oft noch lange nach Feierabend, wenn er die Tür geschlossen hatte, weitertrinken und schwadronieren ließ und sich meist schweigend zu uns gesellte. Ja, er kannte uns alle und auch meine Erzählungen von Mallorca und dem Boot. Dann hatte er sich eines Tages verabschiedet. Er wolle sich nach etwas Neuem umschauen; vielleicht im Süden. Ein anderer Barkeeper war gekommen. Von Kurt hatte ich nie wieder gehört.

Ziellos geradeaus fahren wir weiter hinaus aufs Meer. Der Wind ist hier frischer als in der Bucht.

«Warum hast du dieses Kleid an?» frage ich sie. Und sie lächelt. Tatsächlich, jetzt, im tränenfeuchten Gesicht der schönen Frau, sehe ich ihr erstes Lächeln.

«Das habe ich mir aus der Kollektion, die wir gerade fotografieren, einfach ausgeliehen. Ich fand es angemessen.»

Immerhin, sie ist tatsächlich Mannequin.

«Chloe?»

«Ja?»

«Warum hat er sich umgebracht?»

«Er hatte niemanden. Niemanden in Deutschland und niemanden hier. Er ist depressiv geworden in diesem Winter auf Mallorca. Er hat sogar davon gesprochen, sich umzubringen.»

«Und du?»

«Ich konnte ihm nicht helfen. Ich habe ihn geliebt, aber wir waren nicht wirklich zusammen. Ich bin ja dauernd unterwegs.»

Sie weint nun wieder. Auf gleichmäßigen, langgezogenen Wellen zieht das Boot sein schmales Band Gischt hinter sich her.

«Aber wir beide», sie schluchzt, «wir beide erfüllen ihm seinen letzten Wunsch, nicht wahr?»

Ich blicke sie fragend an. Ihr Blick wandert zu dem Karton. Ich erstarre.

Plötzlich ist alles klar. Da ist Kurt drin! In diesem Paket befindet sich eine Urne mit der Asche von Kurt. Ich weiß es.

«Dies ist eine Seebestattung, du Idiot!» Ich schreie mich an, ohne dabei den Mund zu öffnen.

«Sie benutzt dich als Beerdigungsunternehmer! Du geiler, blöder, blinder Vollidiot!»

Chloe greift zu dem Karton, nimmt tatsächlich eine metallene Urne heraus und stellt sie mit einer befremdlich praktischen Geste zwischen ihre nackten Füße.

«Er hat oft davon gesprochen, eines Tages mit dir hinauszufahren. In seinem Abschiedsbrief hat er sich dann das hier gewünscht. Wollen wir ihn jetzt beerdigen?»

Ich nicke und stelle den Motor ab. Wir sind weit draußen. Winzig der schwarzweiß geringte Leuchtturm an der Hafeneinfahrt. Das Boot schaukelt stark auf den Wellen.

Sie nimmt den Deckel der Urne ab und streut die Asche langsam seitlich über Bord. Der Wind hebt sie noch einmal an, weht einen Teil davon auf uns zurück, bevor er sie auf das Meer sinken läßt.

Hell ockerfarben, fast gelb schwimmt nun Kurts Asche auf tiefblauem Grund um das kleine Boot. Chloe wirft ihre weißen Blumen erst einzeln, dann, wegen des unsicheren Haltes, den restlichen Strauß mit einem einzigen Schwung hinterher. Asche und Blumen treiben rasch davon.

Schweigend schauen wir ihnen nach, bis ich sie frage: «Warum hast du mir das alles nicht gestern schon gesagt?»

«Ich kenne dich nicht, und er war so still. Ich hatte Angst, daß du dich nicht an ihn erinnerst.»

Während ich mir Kurt aus den Haaren streiche und von den Kleidern klopfe, weiß ich, daß das nie wieder möglich sein wird.

Gutes altes Salzfaß

»Auf geht's! einem ungewissen Schicksal entgegen, gutes altes Salzfass.«

Gernhardt

Der Abschiedsbrief des Weltumseglers Heinrich Heimaz an seine Nebenfrau

Liebe Erna, mach es gut,
im Kühlschrank liegt ein alter Hut,
den kannst Du Dir vielleicht kochen,
das reicht für ein paar Wochen.
Daneben steht noch etwas Eis,
das mach Dir auf dem Ofen heiß,
würz es mit frischem Majoran,
tu zwei, drei Pfund Gemüse dran,
schmeck es mit Chili-Soße ab
und gieß es dann auf Puschls Grab.
Iß bitte auch vom Vollkornbrot
und mach den letzten Käse tot.
Zu guter Letzt ein kleiner Trost,
in der Wanne hat's noch Most,
ich aber bin jetzt lieber still,
weil ich die Welt umsegeln will,
In Liebe, Dein Weltumsegler Heinrich
Heimaz.

Ein starker Moment

Hört mich an, meine Matrosen!
Seht ihr nicht die riesengroßen …

Seid doch still, Herr Kapitän,
niemand kann die Dinger sehn.

Steuermann, dann droht Gefahr!
Dieses Zeug ist unsichtbar!
Hört mich an, meine Matrosen!
Ihr seht nicht die riesengroßen …

Gernhardt

Von der Bedeutung der Ehrlichkeit auch und gerade bei der Stellungssuche

Zum Seemann sprach der Kapitän:
«Ich habe jetzt genug geseh'n.
Ich habe auch genug gehört.
Du bist als Seemann gar nichts wert!»
Der Seemann weinte wie ein Kind
Er war tatsächlich taub und blind
Und hatte das verschwiegen,
Um bloß den Job zu kriegen.
Lern draus: Du sollst nicht lügen!

Bernstein

Im Meer II

Lexikonvertreter

VERTRETER: Gnädige Frau, was lesen Sie gern?

KUNDIN: Alles – außer Seemannsromane.

VERTRETER: Dann habe ich hier genau das Richtige für Sie: Dr. Müllers Universallexikon – das gesamte Wissen unserer Zeit, millionenfach bewährt, Hunderttausende von Stichwörtern, Zehntausende von Abbildungen, alle mehrfarbig…

KUNDIN: Meerfarbig? Blau – wie das Meer? Das hört sich aber stark nach Seemannsroman an! Und ich hasse Seemannsromane! Da sind die Männer immer monatelang von zu Hause weg, und Frauen kommen überhaupt nicht vor!

VERTRETER: Aber, gnädige Frau, dies Buch hier…

KUNDIN: Zeigen Sie mal her. Wie geht es denn überhaupt los?… Aha, die Geschichte spielt also in Aachen … Aachen, Grenzstadt, 176 000 Einwohner, 174 Meter über dem Meeresspiegel – also doch: der Roman spielt über dem Meeresspiegel…

VERTRETER: Aber gnädige Frau…

KUNDIN: Na, immer noch besser als unter dem Meeresspiegel, so kommen wenigstens keine U-Boote darin vor – aber was kommt überhaupt drin vor … Aale! … Wandern zur Fortpflanzung ins Sargassomeer – typisch, nicht mal fortpflanzen tun sie sich zu Hause, wie die Matrosen! Wann kommen denn überhaupt die Matrosen? … Matratze … Mätresse … Matrone … Matrose – jaja, das sieht denen ähnlich: in jedem Hafen 'ne andere … ob Mätresse, ob Matrone, alles wird auf die Matratze geworfen, na, da wünsch ich viel Spaß bei der Fortpflanzung im Sargassomeer!

VERTRETER: Aber gnädige Frau …

KUNDIN: Moment, ich will eben noch nachschauen, wie die Schweinerei ausgeht … Aha … Zypern … Zypresse … und da kriegen sie eine Zyste, na siehste … Zyste … flüssigkeitsgefüllte Blasenschwulst! Das ham sie nun davon: an jeder Küste 'ne andere Zyste! Das kenn' ich zur Genüge! Mein Mann fährt nämlich auch zur See, seit 25 Jahren, und nach Hause kommt der nie! Aalt sich wahrscheinlich zystematisch mit irgendeiner matronenhaften Mätresse auf einer Matratze unter einer Zypresse auf Zypern! Und Sie haben die Frechheit, mir diesen Seemannsroman aufschwatzen zu wollen? Da haben Sie Ihren überflüssigen Blasenschwulst, Sie Matrose, Sie!

Und noch ein starker Moment

Was haben wir denn hier,
Herr Passagier?

Hier im Gesicht?
Ja, ist das nicht…

Mein Pint!
Mit dem ich Sie gezeugt.
Im Namen Eurer Mutter:
Schweigt!

MS Charlotte
Ein Hörbild

(Seemannsmusik)

SPRECHERIN: In unserer Sendereihe «Alte Dampfer erinnern sich – Höhepunkte der christlichen Seefahrt» hören Sie heute:

SPRECHER: MS Charlotte, ein Schiff wie du und ich.

(Hafen/Dampfertuten)

REPORTER: Tja, da liegt sie nun, die stolze Bruttoregistertonne MS Charlotte. Herrgott, ist das ein schönes Schiff!

KAPITÄN: Das ist kein Schiff, das ist ein Kran.

REPORTER: Herrgott, ist das ein schöner Kran! Wann stechen Sie in See, Herr Baggerführer?

KAPITÄN: Wenn der Kran zum dritten Male dreht, dann werden Sie mich verladen haben.

SPRECHER: Es ist die Trauer, die aus dem Galgenhumor des alten Käpten Harmsen spricht! Denn sein Schiff, die MS Charlotte geht heute auf letzte Fahrt.

SPRECHERIN: 182 Jahre hat sie ihrer Reederei treu und redlich gedient, doch jetzt ist sie alt und zahnlos geworden. Da gehen die Gedanken zurück ...

REPORTER: Treten.

SPRECHERIN: Wie?

REPORTER *(ruft)*: Zurücktreten vom Bahnsteig! Der Dampfer legt ab.

KAPITÄN: Na nu mal langsam, junger Mann. Noch bin ich hier der Kapitän!

REPORTER: Auch wieder wahr. Und was für ein Kapitän! Ein stolzer, ein großer Kapitän!

SPRECHER: Große Kapitäne, hat Georch Fock einmal gesagt, sind wie Briefmarken. Außen zackig ...

REPORTER: ... aber dahinter verbirgt sich ein klebriger Kern, den Spruch kenn' ich.

SPRECHER: Große Schiffe – das hat Katarina Focke einmal gesagt – sind wie große Tiere. Sie tuten zwar ...

REPORTER: ... aber sie tuten niemand etwas Böses. Ist das richtig, Kapitän Harmsen? Herrgott, sind Sie ein schöner Kapitän. Na mal ehrlich: In dieser schweren Stunde, denken Sie da nicht zurück?

KAPITÄN: Ja. Schon. Zum Beispiel vor zwei Stunden, da hab' ich noch gemütlich ein Bierchen getrunken.

REPORTER: Aha. Und weiter zurück?

SPRECHERIN: Nun, wir, liebe Hörerinnen und Hörer, denken natürlich zurück an jenen diesigen 3. Oktober vor 182 Jahren, an dem der erste Stapellauf der MS Charlotte stattfand.

(Stadionatmosphäre)

REPORTER: Ja, das sieht sehr gut aus. Die MS Charlotte liegt leicht in Führung. Gleich kommt der Wechsel ... jetzt muß sie den Stapel übergeben, jetzt ... *(Aufschrei)* Oh je, oh je, sie hat den Stapel fallen lassen. Aus! Schluß! Der ganze Stapel liegt auf der Aschenbahn! Nein, das wird nichts mehr für MS Charlotte ...

SPRECHER: Das muß aber was werden, verdammt noch mal! Frau Kögler, bitte versuchen Sie es noch mal.

(Vogelgezwitscher, Blasmusik)

SPRECHERIN: Das ist ein großer Tag hier im Hafen von Travemünde. Ein schöner und stolzer Tag, denn die MS Charlotte soll heute vom Stapel laufen. Heiter gestimmt sind Mensch und Maschine ...

SPRECHER: Na bitte, so geht's doch.

SPRECHERIN: ... doch da! Was ist das?! Störenfriede. Sie werfen ... jawohl: Attentäter! Sie bewerfen das junge Schiff mit Gegenständen. Ich kann es ganz genau sehen: Eine Flasche wird geschleudert. Und jetzt ist das scheue Schiff wild geworden, es bricht aus seinem Gestell aus! Vorsicht! Es wird ins Wasser fallen ... oh mein Gott, das ganze Schiff wird naß ... das ist ja schrecklich ...

SPRECHER: Ohne Zweifel. Ziemlich schrecklich.

KAPITÄN: Da stand kein guter Stern drüber über dem Boot. Von Anfang an nich.

REPORTER: Wieso?

KAPITÄN: Na, bald nach dem Zwischenfall kam ja der Krieg.

(Marschmusik, Geschützdonner)

REPORTER: Aber da konnte doch Charlotte nichts dafür?

KAPITÄN: Nein, aber sie wurde Panzerkreuzer.

REPORTER: Panzerkreuzer?

KAPITÄN: Ja. Panzerkreuzer Späh.

REPORTER: Aber das ist doch toll.

KAPITÄN: So toll auch wieder nich. Sie hat zwar gekreuzt und gespäht, und gespäht und gekreuzt, aber was soll ich Ihnen sagen, kein Panzer weit und breit.

SPRECHER: Doch die Pechsträhne der MS Charlotte sollte ein Ende finden. Im Kampf um das blaue Band, als es galt, gegen den Grafen Zeppelin, den Grafen Luckner ...

KAPITÄN: ... der Luckner, das war ein Teufel, ein richtiger Seeteufel war das. Der konnte mit bloßen Händen konnte der Telefonrechnungen zerreißen, als ob sie aus Papier wären.

SPRECHER: Aber das blaue Band hat er nicht geschafft. Das schafften die Leute von der MS Charlotte.

REPORTER: Wie haben sie das hingekriegt, Käpten Harmsen?

KAPITÄN: Na, es galt damals, die Queen Mary zu schlagen. Gar nich so einfach, Sie. Aber unser Smutje, der is als Paddelboot verkleidet, is der auf dem Landweg rein nach London und hat sich da – das kleine Kerlchen – in den Palast reingeschmuggelt.

REPORTER: Brav, brav. Und was wollte er da?

KAPITÄN: Na, die Queen Mary schlagen. Hat ja auch geklappt. Er hat der alten Dame eine reingesemmelt und denn nichts wie weg. Seitdem ham wir das blaue Band.

(Fanfare)

SPRECHER: Ja, die MS Charlotte wurde der Stolz der christlichen Seefahrt. Das schönste Schiff zwischen Feuerland und Landshut.

SPRECHERIN: Sie hatte Rettungsringe aus eitel Gold.

SPRECHER: In den Kajüten konnten bis zu 300 Leute schlafen.

SPRECHERIN: Die Offiziersmesse schmückten Laubsägearbeiten von Herbert da Vinci ...

SPRECHER: Und in der christlichen Seefahrt galt Charlotte als eines der frömmsten Schiffe überhaupt.

REPORTER: Wieso eigentlich, Käpten Harmsen?

KAPITÄN: Na, sie war wie 'ne Kathedrale. Das große Mittelschiff, die kleinen Seitenschiffe, dabei ständig am Kreuzen und die Messe immer voll von Leichtmatrosen.

(Shanty)

SPRECHER: Frisch war die See, fromm war das Schiff, fröhlich sein Kapitän, freilich gibt es grade in dessen Leben auch ein eher trübes Kapitel.

(Es klopft)

BEAMTER: Herein.

(Tür auf)

KAPITÄN: Tach auch. Ich wollte fragen wegen meinem Namen.

BEAMTER: Den müssen Sie doch selber wissen.

KAPITÄN: Schon, den weiß ich wohl. Aber Sie sind doch die Behörde, wo man den vielleicht ändern kann.

BEAMTER: Ach, Sie wollen einen neuen Namen. Wie heißen Sie denn jetzt?

KAPITÄN: Harmsen. Uwe Harmsen.

BEAMTER: Das ist doch ein schöner Name. Was gibt's denn daran auszusetzen?

KAPITÄN: An sich nichts. Aber ich würde gern Kinderundfrauen heißen.

BEAMTER: Wie?

KAPITÄN: Kinderundfrauen.

BEAMTER: Wozu das denn? Uwe Kinderundfrauen? So einen Namen gibt es auf der ganzen Welt nicht.

KAPITÄN: Wäre aber gut. Gerade für mich ... weil im Falle von Seenot und Schiffbruch ...

BEAMTER: Ach, ich verstehe: Kinder und Frauen zuerst. Was sind Sie von Beruf?

KAPITÄN: Ich? Äh ... Kapitän.

BEAMTER: Sagen Sie mal, schämen Sie sich eigentlich gar nicht!

SPRECHERIN: Nun, ein bißchen hat er sich schon geschämt, der Kapitän Harmsen. Aber das ist lange her, begraben und vergessen ...

REPORTER: Vergessen wir aber nicht, nun auch wieder einen Blick auf den alten Klapperkahn zu werfen, der heute seine letzte Fahrt antritt. Wo soll's denn hingehen, Käpten Harmsen?

KAPITÄN: Forschungsschiff war sie auch mal.

REPORTER: So. Aha. Aber nun ...

KAPITÄN: Im Hafen meistens. Da hat dann der Zoll geforscht. So nach Zigaretten und Schnaps ...

REPORTER: Sehr lustig, und wo soll nun die Reise hingehen?

KAPITÄN: Und U-Boot. U-Boot hätte sie auch werden können. Besonders am Heck, wenn Sie sich das mal anschauen. Richtig U-förmig, nech?

SPRECHER: Na, nun langt's aber.

SPRECHERIN: Er redet ein bißchen drumrum, wie?

SPRECHER: Kein Wunder, der Kahn fährt nämlich jetzt zum Verschrotten.

REPORTER: Jawohl! Die Reise dauert knappe fünf Minuten. 300 Meter nach da drüben zum Kai 17, und da ist dann Sense. Nicht wahr, alter Knabe? Schluß mit Wind und See und diesen Geschichten.

KAPITÄN: Tja. Wind und See! Da haben wir von gelebt. Charlotte und ich. *(euphorisch)* Wind und See! Und See und Wind *(immer angeekelter)* und Wind und See und See und Wind ... ich kann Ihnen sagen.

REPORTER: 's gibt Schöneres, was?

KAPITÄN: Weiß Gott!

Waechter

Die Kaper-Ballade

Das Kapern liegt uns so im Blut
sind wir erst mal in Kaperwut
doch stellt sich diese Wut nicht ein,
dann lassen wir das Kapern sein
Es scheint da mit dem Kapern
ein bißchen was zu hapern
liegen wir da richtig?
Erraten, ja, Gott sei's geklagt.
Wir sind zum Kapern zu verzagt. Wir haben nicht den alten Schwung.
und sind auch nicht mehr ganz so jung
Die Männer heulen Rotz und Wasser.
Wir haben manchmal einen Kaperkomplex. Dann ist alles wie verhext
Da werfen die Kapernschiffer aus Fairneß und aus Anstand alle Kapern ins Meer.
Wir werfen alle Kapern ins Meer aus Fairneß und aus Anstand

Seht nur seht, sie werfen tatsächlich alle Kapern ins Meer aus purer Fairneß und aus schierem Anstand
Der Chor tritt auf
Hier kein Kapern, da keine Kapern überall herrscht großes Hapern
gott segne eure braven Herzen
Macht doch kein Gedöhns, das versteht sich doch von selbst
Die Schiffe fahren auseinander
Ein denkwürdiger Tag, Kapitän
In der Tat
Das Kapern liegt uns so im Blut, sind wir erst mal in Kaperwut

Die kalte Klinge in meinem Herzen,

das kalte Meer, das mich empfing,

sie waren nichts gegen die Kälte ihres Lachens.

Geständnis

Ihr fragt nach meinem Lieblingssport?
Nun gut, es ist der Mord.

Ja, ich sag's laut, ich morde gern,
besonders, wenn es heiß ist
und wenn das Wasser in dem See
so klar und kalt wie Eis ist.

Dann ziehe ich die Kleider aus
und springe in die Wellen,
um dort mit Karpfen, Barsch und Aal
durchs kühle Naß zu schnellen.

Ja Bürger, lache nur getrost
und bleib in deinem Bette –
ich morde derweil frisch und froh
mit Fischen um die Wette.

Wie? Was?
Ich hör' ein Widerwort?
Der Sport heißt Schwimmen?
Und nicht Mord?
Wie war das nochmal?
Schwimmen?
Moment – ihr seht mich sehr verwirrt ...
Mein Gott – vielleicht hab' ich geirrt ...
Doch – Schwimmen könnte stimmen.

Schnuffis zweites Abenteuer

Henscheid

Blick in die Heimat

Zügig abgerissen wird nächstens schon das alte Freibad in Gunzenhausen zugunsten eines dort bald entstehenden Badeparadies im modernen Seenland-Environment mit Alround-Fun-Swimmung «total», Unterwassergrotte, Wasserfall, Whirl-Pool und Riesenrutschen-Gigantic im Zuge eines geplanten lukrativen Freizeitzentrums für 5 Mio. Mark. Außerdem ist ein separater Einstieg für Behinderte im großzügigen Landkreis-Action-Programm miteinprogrammiert. Ahoi, kann man da nur flüstern.

Gernhardt

Ein verwirrender Moment im Leben des Ferry Krawatzko

Badegottesdienst im Solbad Hall. Andächtig schaut Ferry Krawatzko zur Kanzel, die gerade vom Bäderpriester Bellmann bestiegen wird. Und noch jemand wartet auf die Worte des Gottesmannes: Ortrun Münemann, blond, fromm und gesammelt. Jetzt ist es soweit, Bellmanns Stimme füllt das weite Rund: «Liebe Schwestern und Brüder in Christo, ihr alle kennt das Gebot der Bibel: Du sollst ehebrechen ...»

Ach, so ist das! Schon schicken sich Herr Krawatzko und Frau Münemann an, das Bibelgebot zu erfüllen, da korrigiert sich Bellmann überraschend: «... Äh ... nicht ehebrechen!»

Na dann eben nicht! Eigentlich schade, aber wenn es der Bäderpriester so sieht, bitte sehr. Und trotzdem: will es jemand dem Ferry verdenken, wenn er sein «Halleluja» am Ende der Predigt einen Tick rauchiger und sinnlicher herausröhrt als gewohnt? Ich bestimmt nicht, und Ihnen möchte ich es auch nicht geraten haben. Ferry hat es nämlich nicht gerne, wenn man ihm etwas verdenkt, gar nicht gerne ...

Gernhardt

Wenn ein Bademeister Urlaub macht …

NA, HABE ICH ZUVIEL VERSPROCHEN?
NEIN, HIER IST ES HERRLICH!
GENAU DER FERIENPLATZ, DEN ICH SCHON IMMER GESUCHT HABE. EINES WEISS ICH SCHON SICHER ...
WAS DENN?
... DASS ICH MEINEN NÄCHSTEN URLAUB WIEDER HIER VERBRINGEN WERDE!

Katastrophale Zustände bei unseren Schwimmern

Friedel Scheupert berichtet aus dem Sportgeschehen

Lieber Sportsfreund!
Die Zeiten eines Herbert Klein oder Franz Pumorra sind unwiderruflich vorbei. Doch wie ist es möglich, daß bis heute kein deutscher Schwimmer auch nur annähernd die Klasse dieser beiden erreicht hat? Um dieser Frage nachzugehen, besuchte ich das Uelzener Trainingslager.

Jürgen Hottop, Klaus-Werner Jost und Holger Ruprechtsheimer hielten es gar nicht erst für nötig, überhaupt zu erscheinen. Ist ja auch noch lange hin bis zum Länderkampf gegen Frankreich! Wen ich antraf, waren lediglich Friedrich Weichsel und Norbert Gerbhardt. Wenn man beim ersten Foto, das Friedrich Weichsel unter der Dusche zeigt, noch geneigt ist, von einem unglücklichen Schnappschuß zu sprechen, so werden die folgenden Bilder eindeutig.

Schwimmer, die in internationalen Kämpfen die deutschen Farben vertreten und nur mühsam die Balance auf dem Startblock halten können, sind meiner Ansicht nach untragbar. Daß aber einer den anderen an den Füßen zurückhält, damit ja keine gute Zeit herauskommt, ist in höchstem Maße unsportlich. Kein Wunder, daß es da zu weiteren unschönen Szenen kommt.

Am Ende gibt es zwar so etwas wie eine versöhnliche Geste, die dem Betrachter jedoch keinesfalls Freude machen will, weil er meint, ein Gläschen Fruchtsaft wäre im Trainingslager passender als 18 Schnäpse.

Bis auf das herrliche Wetter und die wunderschön gelegene Schwimmanlage war es ein deprimierender Nachmittag.

Ihr Friedel Scheupert

Friedrich Weichsel unter der Dusche.
Ein unglücklicher Schnappschuß?

In allen Positionen weit von der Schwimmer-Weltklasse entfernt. Friedrich Weichsel und Norbert Gerbhardt beim Start. Ein bedenklicher Beginn. Soll Deutschland so im Ausland vertreten werden?

So geht es wohl doch nicht: Gerbhardt hält Weichsel an den Füßen fest.

Eine unschöne Szene: Gerbhardt reißt seinen Kameraden an den Haaren aus dem Bassin und stößt ihn wütend zurück ins Wasser.

Eine schöne, faire Versöhnung. Aber müssen Wacholderschnaps und Zigaretten beim Training sein?

«Komisches Gefühl, so ohne Gegenstromanlage!»

Ein Leben gegen ein Gebiß

(Romanauszug)

«Hammer! Willkommen hier in Bergamo! Erzählen Sie von der Toscana. Sie waren in Florenz? Natürlich in den Uffizien!»

Etwas war verändert an Horst Tempes. Die Gesichtshaut vornehm gegerbt – die Stimme aber wie – verzagend? Hatte er – kein Gebiß im Mund?

«Sie sind Musiker», sagte Tempes weich, «also haben Sie's längst gemerkt. Mein Gebiß. Ja, ich habe mein Gebiß verloren. Und wissen Sie, wann und wo? Wenn ich es Ihnen sage, Hammer, werden Sie's nicht glauben!»

Die letzten Worte hatte Tempes scheint's absichtsvoll quallig gesprochen. Er sog von seinem Tee, etwas vampiristisch gleich Curd Jürgens in irgendeiner ‹Tatort›-Folge rollte er die Pupillen, warf den Blick ins Leere, anklagend die Schöpfung. Dann nahm er verschärft Hammer wieder unter die Lupe; er schien nach einem pathetischen Beginn zu suchen. Erst im letzten Augenblick entschied er sich für eine andere Strategie.

«Hammer – nein, ich muß anders anfangen, hören Sie gut zu. Gut, Sie waren in der Toscana, fein. Und ich? 850 Mark im Eimer – im Eimer, weg, perdu! Ich bin – nämlich nicht versichert. Muß das Gebiß also selber zahlen. Zum zweitenmal passiert mir das! Das erste Mal war 1978.» Tempes, vielleicht versehentlich, nahm seinen Strohhut vom Tresen und setzte ihn wieder auf. «Was war 78? Sie haben es in der ‹Abendzeitung› gelesen. Es war der Tag des großen Glatteis – ein Jahrhundertglatteis. Ununterbrochen kracht es, auf der Autobahn und in der Stadt. Und was mache ich? Am 17.12.78? Ich Blödmann laufe durch München, von Tengelmann nach Hause, in meine Wohnung, ich war damals noch nicht bei Schildbach, sondern in der ‹Abendzeitung› – Quatsch, ich wohnte in der Clemensstraße, in Untermiete bei Gusti Frohbier und seiner Frau, ich wohnte im Hinterhaus. Ich versuchte also trotz Glatteis heimzukommen, mitten in der Rush-hour – und was schreibt am 18.12. die ‹Abendzeitung›? Schon in ihrem Vorspann?» Tempes sah Hammer fahl anklagend, aber auch galgenhumorig an. «Schon in dem Vorspann steht es drin!» Tempes zog einen Fetzen Zeitung aus der Reverstasche seines Tropensakkos: «Hören Sie gut zu: ‹Zahlreiche Münchner wurden gestern Opfer des schweren Glatteises.› Etcetera-pp ... hier: ‹Einige stürzten auch beim Gehen. Besonders schwer traf es die Sekretärin Anne D. und den Kaufmann Horst T., der auf dem Gehsteig der Clemensstraße auf den Hinterkopf fiel und sofort durch einen vorbeifahrenden Funkstreifenwagen ins Schwabinger Krankenhaus eingeliefert werden konnte.›» Bedrohlich, vermutlich um Hammer etwas mitzureißen, zog Tempes beide Brauen hoch. «Horst T. – das bin ich. Ich bin noch am gleichen Abend entlassen worden und hab am nächsten Tag bei Tengelmann gekündigt. Ich war dann Reisender in Spirituosen kurz. 950 Mark im Eimer, ich war nicht versichert. Frohbier hat es ausgelegt – über seine Versicherung. Und diesmal: umgerechnet 850 Mark! Hammer, passen Sie gut auf: Jetzt kommt die eigentliche Story. Bestellen Sie sich ein Viertel Orvieto – der ist sehr sehr gut hier. Und hören Sie gut zu.»

«Eigenartiger Weise», Tempes schmunzelte kurz in sich hinein, als verwundere ihn das alles selbst ein wenig, und er müsse nur noch den Schlüssel finden, der seine Sterne zwang, Farbe zu bekennen, «eigenartiger Weise hat auch der zweite Fall mit Wasser zu tun. Zuerst 950 Mark, jetzt 830. Zuerst Glatteis – jetzt flüssiges Wasser.» Tempes legte eine Kunstpause ein, der Zeigefinger schnippte gegens Ohr. «Kurz, Doktor, hören Sie gut zu. Ich fahre also letztes Wochenende mit der Witwe» – der rechte Arm wölbte sich nach unten, vermutlich in die Città Bassa – «nach Bonasola zur Sommerfrische. Liegt oberhalb von Cinque Terre – Sie kennen es, genau. Gut, bon. Zuerst ist alles klar. Am dritten Tag geht sie, die Moll, im Dorf Sachen für ein Picknick einkaufen, Picknick voll am Meer. Ich laufe derweil am Strand so auf und ab, denn ich bin nervös. Ich habe mich in Mailand verspekuliert – und Schimmelpfeng macht Troubles. Aber forget it, Hammer. Sagen Sie Giorgio nichts davon. Mit niemand auch kein Sterbenswort. Ich laufe am Strand so auf und ab – und nun, Hammer, passen Sie auf!»

Tempes nahm den Hut wieder ab und behielt ihn in der Hand.

«Der Wellengang im Meer wird plötzlich immer höher. Hoch und höher, es ist Mittag, niemand fast am Strand – und plötzlich dringt eine Stimme an mein Ohr. ‹sos! sos!› Ich denk, mich laust der Affe, ich denk, ich hör nicht recht. ‹sos! sos!›»

Tempes, die Spannung zu steigern, riß weit den Mund auf. Das Fehlen des Gebisses ward nun äußerst sichtbar, aber der Vortrag war in den letzten Minuten immer artikulierter geworden, ganz so, als käme der Beschädigte langfristig auch durchaus ohne Zähne aus.

«‹sos! sos!› Ich seh mich um» – Tempes sah sich blitzschnell um – «und sehe einen kleinen Buben in den Wellen plantschen. Er – ich erkenne es sofort – kämpft um sein Leben, tscha. Was machen seine Eltern nebenan im Liegestuhl? Sie winken ihm fröhlich zu – und er winkt auch, aber aus Angst! Aus Angst, Hammer, verstehen Sie!» Tempes griff sich an sein Herz. «Aus Angst, ich hör's sofort! Der Junge ist am Untergehn – und brüllt laut: ‹sos!›

Die Eltern denken, er macht Unsinn – daß er aus Lebenslust so schreit! Die Witwe ist am Picknickkaufen. Genau. Und mir wird sonnenklar: Der Junge, er braucht sofort Hilfe! Ich also raus aus den Klamotten – halt: war ja schon in Badehose. Und stürze mich hinein ins Meer. Ich bin ein guter Schwimmer, immer noch. Der Junge krallt sich fest an mich, krallt sich an mich» – Tempes' Pranke krallte kurz Hammers himmelblauen Jackenärmel – «notabene: alles sieht von außen aus wie Jux und Tollerei – aber ich merke sofort: der Junge ist in Todesnot! In Todesnot!» schrie Tempes laut, und Attilio horchte kurz hoch vom Malen, legte das Ohr zurück. «Er hat schon jede Menge Wasser geschluckt und krallt sich an mich – und, natürlich, eigentlich ist es ein Kinderspiel, so einen Jungen aus dem Wasser zu holen, ich war mit Egon Marquart-Loy damals Spitzenmann der Wasserwacht von Schwabach – aber was machst du, wenn er dich nach unten zieht? In seiner Todesnot? Er war vielleicht sieben Jahre alt, der Junge, aber ich muß kämpfen, kämpfen um mein eigenes Leben!» Merkwürdiger Weise war Tempes' Stimme die letzten Sätze über immer gelassener, fast schläfrig geworden, ganz so, als ob der Geist über neue Zusammenhänge schon nachdenke – «der Junge entwickelt übermenschliche Kräfte, ich kämpfe und kämpfe – und er schlingt in Todesnot Arme und Beine um meinen Bauch – und was glauben Sie, Hammer, was passiert?» Erst jetzt zog wieder Dramatik in die Stimme: «Aber echt! Plötzlich treibt und schmeißt und schleudert uns so eine Riesenwelle nach draußen auf den Strand. Zack! Der Junge blutet – und da merk ich: mein Gebiß ist weg! Zack und weg ist es!»

Gerade noch rechtzeitig sah Tempes Hammer gallig beifallheischend an. Hammer summte lautlos die dritte Tangostrophe; ihre Passage ‹E sulla bocca bella posarti mille bacioni teneri› schien ihm gut zum Geschaukle von Tempes' Wogengeschichte sich zu fügen. Er nickte Tempes besinnlich und erbarmend zu. Tempes erspürte wohl, daß seine Geschichte nicht vollends befriedigt hatte. Er nahm einen neuen Anlauf:

«Logo, ich tauche natürlich sofort ins Meer, ich tauche und tauche, ich suche und suche – und finde natürlich nichts. Das Meer ist zu groß, etwas zu finden. Nichts. Weg. Fort. 920 Mark. Natürlich brauch ich wieder eins!»

Hammer riß sich aus seinem Dämmer hoch, stellte die Beine breiter. Ob denn, frug er Tempes vorsichtig, die Eltern auch nachher nichts bemerkt hätten. Sich nicht bedankt hätten, fragte Hammer wohlig lauernd.

«Wie konnten sie?» schrie Tempes dankbar und sehr klagend auf. «Sie haben doch nichts mitgekriegt! Begrüßten fröhlich ihr kleines Jungchen – und damit hatte es sich. Für mich waren fast tausend Mäuse weg!»

Um das Unglück des fehlenden Gebisses nicht vorschnell vergessen zu machen, hatte Tempes die letzten Worte schwer gegurgelt und gequallt. Zum Beweis öffnete er jetzt noch einmal den Mund und ließ Hammer die leere Höhle bestaunen. Hammer bestellte einen Kognak. Gar zu sand-, eiter- und tropengelb hatte das Nichts hervorgegähnt.

«Kommt auch schon die Witwe wieder», fuhr Tempes eilig fort. «Macht natürlich Lärm, weil das Gebiß weg ist. Ich erkläre ihr, warum. ‹sos› rief der Junge, immer verzweifelter ‹sos›! Das Picknick ist dann ausgefallen. Ich habe es jetzt noch in den Ohren. Ein Mensch stirbt – ‹sos›!»

«Eh?» fragte Beppo, der sich zuletzt wohl angesprochen gefühlt hatte, und lockerte die Verschränkung seiner Arme.

«sos», wiederholte Tempes traumverloren, «come? Nein, ich hab noch, danke. Danke dir, Beppino. Grazie!»

Noch immer erschöpft schüttelte Tempes die langen Beine aus, klemmte die Lippen schamhaft aufeinander, schloß halb beide Augen. Ein paar Fragen lagen Hammer auf der Zunge. Ob sie nicht sommers auch am Meere war? Das Meer war zu groß, aber die Küsten – waren sie nicht abreisbar? Hammer nahm sich zusammen: Warum er, Tempes, da er schon nicht versichert sei, sich den Eltern des Jungen nicht erklärt habe.

«Wem?» fragte Tempes wie vergrault.

Den Eltern, wiederholte Hammer, fühlte sich vom Kognak ratzewohl. Die Eltern, da ihr Kind gerettet, hätten doch sicher – gern bezahlt.

«Sie nehmen mir das Wasser pardon: Wort aus dem Mund», rief Tempes etwas künstlich hektisch, «hab ich mir auch überlegt. Sofort überlegt natürlich! Natürlich, die Eltern waren haft- oder kinderpflichtversichert, sahen jedenfalls so aus. Er – eine solche Gallone über der Badehose; sie – einen Arsch wie Brei. Aber dann», Tempes' Stimme senkte sich fast übergangslos zum Wispern, «dann sehe ich, wie der Junge – sich schämt. Wie er mich bittend anschaut. Wie Anny Ondra auf dem Hochzeitsfoto – sie kennen, Hammer, es. Wie der Junge sich entsetzlich schämt. Und sich noch mehr», Tempes ergriff nun Hammers linke Hand und führte sie an Hammers Herz, «noch mehr geschämt hätte, wäre die Wahrheit rausgekommen. Was hätten Sie, Hammer, an meiner Stelle gemacht?» Fragend insistierend öffnete Tempes wieder den leeren Mund – Hammer sah beiseite. «Eben. Dem Jungen den Urlaub vermiest? Nach dem ganzen Schulstreß? Kommt nicht in die Bohne!»

Mit sich selber nicht recht zufrieden verdrückte Hammer die längst kitzelnde Frage, warum der Junge nicht wie erwartbar ‹aiuto› geschrieen habe.

Dann stellte er sie doch. Tempes schien von der Frage verblüfft, ja kurz verstört. Wand sich, fing sich schnell doch wieder.

«Auch diese Frage habe ich erwartet», er sprach wie in leichtem Zerwürfnis mit Hammer und zugleich mit sich selbst. «Sehen Sie, Hammer, ich bin 1 Meter 89 groß. Der Junge sieht also genau: Das ist kein Italiener. Compris? Der Junge sieht: Das ist ein Deutscher. Deutsch aber kann er nicht. ‹Aiuto› nützt ihm nichts. Was also tut der Junge in seiner Todesangst? Er greift zum internationalen sos-Ruf! Den kennt jeder – er und ich. Und der Junge hat voll recht. Die Rettung hat geklappt. Ein Leben», raffte Tempes, keinen Widerspruch mehr duldend, zusammen und lehnte leicht das Silberhaupt nach hinten, «gegen ein Gebiß. Ich bitte Sie, ich frage Sie! Spar ich lieber auf ein neues.»

Bernstein

Im Meer III

Die Ebbe geht,
es steigt die Flut
Der Bischof
steht im Schlick
Da singt er:
Ite Missa Est
Schon weicht
die Flut zurück.

Traxler

Bischofs Nordlandreise

Wir gedenken

Einen unheimlich nassen Tod fand Hinrich Feddersen, der Fronvogt von Travemünde, nachdem ihm bei einer Wattwanderung ein gesprächsweise geäußertes «Trutz, blanker Hans!» entfahren war. Der blanke Hans ließ sich das nicht zweimal sagen und ersäufte Feddersen mit Stumpf und Stiel. Sein Harem, der diesen Vorgang vom sicheren Port aus beobachtete (unser Bild), soll Anfang nächster Woche meistbietend verschleudert werden.

Der Untergang des Steuermannes Karl Bunkel

Karl Bunkel geht – sein Kopf tut weh –
den Rucksack voller Sprit
zur letzten Fahrt auf hohe See,
und Freund Hein fährt mit.

Hinter ihm, am Horizont,
weit entfernt und blau,
steht sein Haus und ist bewohnt
von der Steuerfrau.

Vor ihm aber dehnt das Meer
sich in weite Ferne,
das mag unser Bunkel sehr,
und er hat's auch gerne,

wenn der Kapitän ihm sagt:
«Bunkel! Hoch die Tassen!
Prost auf das, was uns behagt!
Alle Mann zum Brassen!»

Sturm kommt auf, die Zeit vergeht,
es zieht, und alle trinken,
der Käpt'n grölt ein Stoßgebet:
«Du lieber Gott, wir sinken!»

Bunkel wankt ans Steuerrad,
schaut aufs Barometer.
«Minus hunderttausend Grad!»
schreit er, und dann geht er

wie ein Panzer über Bord
und ist gleich ertrunken.
Kaum war er zwei Stunden fort,
ist das Schiff gesunken.

Doch die Steuerfrau zu Haus
sieht zur selben Stunde
plötzlich die Klabautermaus
mit dem Mann im Munde.

Später las sie, wie es war,
in der Seemannszeitung,
denn dort stand ein Kommentar
der Marineleitung:

«Tiefbewegt und tränenblind
kam uns jetzt zu Ohren:
Bunkel sank bei starkem Wind
nördlich der Azoren.»

Waechter

Der Witz des Monats III

Dreiecksverhältnis

Ein nasser Sterbefall

Endlich ist der Steuermann
auf der hohen See
wo er untergehen kann
Juppheidiheidee

Sag der Steuerfrau good bye
sag der Welt ade
Heidideidideididei
Juppheidi o weh!

Lebensende! Nasses Grab
Falleriahoo!
Zabdidabdidabdidab
Hoijotoho!

Oh!
Guggl-muggl
guggl-muggl-guggl-muggl
guggl-muggl-guggl-muggl-guggl-muggl
guggl-muggl-guggl-muggl-guggl-muggl-guggl-muggl
guggl-muggl-guggl-HILFÄ!-guggl-muggl-guggl-muggl
guggl-muggl-guggl-muggl-guggl-muggl-guggl-muggl
guggl-muggl-guggl-HILFÄ!-guggl-
guggl-muggl-guggl- HIL-
FÄÄÄÄÄ!
. . . . .
blubb
. . . .
. .

Das schwere Amt der Maria Zierling

Was bisher geschah: Nach dem Tod ihres ungeliebten Mannes Holger Zierling, der 15 Jahre lang als Weltherrscher die Geschicke des Planeten leitete, hat seine Frau Maria das schwere Erbe übernommen. Schon die ersten Tage ihrer Herrschaft konfrontieren sie mit einer Entscheidung auf Leben und Tod. Wird sie die richtige Antwort finden? Schon um neun Uhr morgens bittet ihr Großwesir um eine Audienz:

Und auch der Erzmufti von Reykjavík dringt in sie …

Doch Herrscherin Maria ist noch unschlüssig …

Da stürzt der Page Ralf in den Audienzsaal.
Instinktiv findet er den richtigen Ton:

«Es sei!» antwortet die Weltherrscherin. Und endlich darf Jakob Stiefel aus dem Wasser gezogen werden...

Das ging ja noch mal gut.
Aber wie geht es weiter?

Fortsetzung folgt!

Der verlorene Sohn

Ein Stück vom Glück

In der kleinen, aber reinlichen Wohnung der Glücklichs. Frau Glücklich bügelt. Plötzlich klingelt es an der Tür.

HERR GLÜCKLICH *(ruft aus dem Nebenzimmer)*: Du, es hat geklingelt!

FRAU GLÜCKLICH: Bei uns?

HERR GLÜCKLICH: Natürlich, bei wem sonst?

(Es klingelt wieder.)

HERR GLÜCKLICH: Da! Wieder! Mach doch mal auf!

FRAU GLÜCKLICH: Ich geh ja schon!
(Mürrisch geht sie zur Tür.)
Ich geh ja schon, ich geh ja schon.
(Klingel)
(laut) Ich bin ja schon da!
(Sie öffnet die Tür. Vor ihr steht ein junger Mann in Uniform.)
Ja?

JUNGER MANN: Frau Kampe, ich ...

FRAU GLÜCKLICH *(entgeistert, aber mit Jubel in der Stimme)*: Nein! Nein!! Das ist doch nicht wahr! Das ... Das ...

JUNGER MANN *(verwirrt)*: Frau Glücklich, darf ich eintreten, ich ...

FRAU GLÜCKLICH: Ja ... Ja natürlich, komm, komm ... Hierher ... hier ins Licht ... Laß dich anschauen ... Ja ... Ja, natürlich! Ja! Jaa! *(zwischen Weinen und Lachen)* Ich hab's ja nie glauben wollen ... damals, als die Nachricht kam ...

HERR GLÜCKLICH *(ruft aus dem Nebenzimmer)*: Mit wem sprichst du denn da, Else? Wer ist denn da gekommen?

JUNGER MANN *(auch mit erhobener Stimme)*: Entschuldigen Sie die Störung, aber ich ...

FRAU GLÜCKLICH: Ach was! Störung! Jetzt setz dich erstmal, Junge. Komm an den Küchentisch. Komm! Siehst du, dein Stuhl steht immer noch an derselben Stelle wie vor 15 Jahren ... Aber ich wußte, daß du wiederkommen würdest, ich wußte, daß du nicht mit den anderen ertrunken bist, damals, als ich die Nachricht vom Untergang deines Schiffes erhielt und ...

HERR GLÜCKLICH *(ruft)*: Wer ist denn da – zum Teufel?

FRAU GLÜCKLICH *(ruft)*: Es ist Harald, Vater! Harald ist zurückgekehrt! Und er ist Kapitän! Stell dir vor! Ach mein Junge, mein Junge!

JUNGER MANN: Nein, nein – das ist alles ein Irrtum! Ich bin kein Kapitän, ich ...

FRAU GLÜCKLICH: Dann bist du eben ein Steuermann! Ich kenn eure Seemannsuniformen nicht so genau ... Aber das ist ja auch gleichgültig! Hauptsache, du bleibst jetzt für immer hier – versprichst du mir das, Junge?

(Herr Glücklich hat das Zimmer betreten. Hinter seinem Rücken verbirgt er ein großes Küchenmesser.)

HERR GLÜCKLICH: Wo ist unser Harald? Der da?

JUNGER MANN: Ich bin nicht Ihr Harald! Ich soll hier das Gas ablesen.

FRAU GLÜCKLICH: Wie früher! Genau wie früher! Damals warst du auch so eine Leseratte! Ach Junge! Junge! Junge!

HERR GLÜCKLICH: Sei mal einen Moment ruhig, Mutter! Der da will unser Sohn sein? Hm ...

JUNGER MANN: Nein! Ich will nicht Ihr Sohn sein!

HERR GLÜCKLICH: Das ist keine Frage des Wollens, das ist eine Frage des Seins! Und ich sage Ihnen, Sie sind nicht unser Sohn! Sie sind ein Schwindler!

FRAU GLÜCKLICH: Vater! Was sagst du da? Natürlich ist es Harald! Er hat sich etwas verändert, wer würde sich in 15 Jahren nicht verändern, der Wind der Meere hat seine Haut gegerbt, das Salzwasser hat sich in seine Hände gefressen ...

JUNGER MANN: Bitte darf ich jetzt ...

HERR GLÜCKLICH: Bleiben Sie, wo Sie sind!

FRAU GLÜCKLICH: ... aber das Auge einer Mutter, das läßt sich nicht täuschen ...

HERR GLÜCKLICH: Und wo ist der Leberfleck?!

JUNGER MANN: Herr Glücklich, ich will doch nur ...

HERR GLÜCKLICH: Sie haben hier gar nichts zu wollen! Sie machen jetzt mal Ihren Bauch frei! Wird's bald!

FRAU GLÜCKLICH: Vater, leg das Brotmesser hin!

JUNGER MANN: Herr Glücklich, ich soll hier doch nur das Gas ablesen ... Hier seh'n Sie ... hier in meiner Brieftasche ... der Dienstausweis, hier bitte ...

HERR GLÜCKLICH *(ihm ins Wort fallend)*: Harald! Junge! Du bist es! An der Brief-tasche erkenn ich dich! Die schenkte ich dir zur Konfirmation! Harald – das müssen wir begießen! Warte! Ich hol uns ein gutes Tröpfchen ... *(sich entfernend)* Bin sofort wieder da!

FRAU GLÜCKLICH: Ach Junge – jetzt wird alles wieder gut, jetzt werden wir drei wieder für immer zusammenbleiben, wie in alten Zeiten … Aber sag mal – warum stehst du denn auf? Warum gehst du zur Tür? Warum schaust du mich so an? Harald! Komm zu Mutti! Komm sofort zu Mutti!

JUNGER MANN: Nein … nein, nein!

(Hastig flieht der junge Mann aus der Wohnung)

Nein!

(Die Tür fällt ins Schloß)

HERR GLÜCKLICH *(normal)*: Na? Isser weg?

FRAU GLÜCKLICH: Weg!

HERR GLÜCKLICH: Und hat er das Gas abgelesen?

FRAU GLÜCKLICH: Woher denn. Kam ja nicht dazu.

HERR GLÜCKLICH: Prost, Muttchen!

FRAU GLÜCKLICH: Prost, Vater!

(Beide lachen herzlich.)

Waechter

Jochen III

… das bißchen, was ich über dies gottverdammte Eiland wußte, vermittelte mir ein Zweizeiler:
AUF DER INSEL PLEVER,
LIEBT MAN DEN GENEVER.
Ich hatte keine Ahnung, daß ich diese Aussage dergestalt bestätigt finden sollte.“

Die Tatsache, daß die Royal Air Force ihre Piloten mit dem Schweizer Offiziersmesser samt integriertem Schlauchboot ausrüstete, rettete auch Sgt. Morsby vor dem nassen Tod.

Wir gedenken

Käpt'n Tirpitz ist zwar schon seit längerer Zeit tot, aber als Beispiel dafür, daß auch die Marine Verluste in personeller Hinsicht kennt, erwähnen wir ihn hier. Tirpitz hat zwar Großes geleistet, doch heute wär' er vergessen, gleich einem Mann wie etwa – na, wie hieß er denn, sein Name fing irgendwie mit Sch... an – Gleichviel: Eben dieses Schicksal soll dem toten Tirpitz erspart bleiben. Wir erinnern nachdrücklich an ihn. Er war ein Meilenstein für alle seefahrenden Matrosen. Und auch sein Tod – er starb bereits nach der vorletzten Ölung wie geschmiert – gilt in Kreisen, die der Marine nahestanden, noch heute als absolut vorbildlich.

Gernhardt

Salut

Der sprang so leichthin von der Fähre,
als ob sie schon gelandet wäre
und trieb doch mitten auf dem Meere:
Erweist dem Mann die letzte Ehre!

Auf hoher See

Waechter

Die Rettung

Eine ganz schön listige Bild-Ballade

Der Seemann war viel unterwegs,
der Seemannsfrau ging's auf den Keks.

Sie rannte wütend auf den Deich
und rief: «Jetzt ist mir alles gleich!»

Am Deich ergriff die Welle sie,
obwohl sie «Welle, laß das!» schrie.

Der Seemann hört's im Trockendock
und springt in seine Rettungslok.

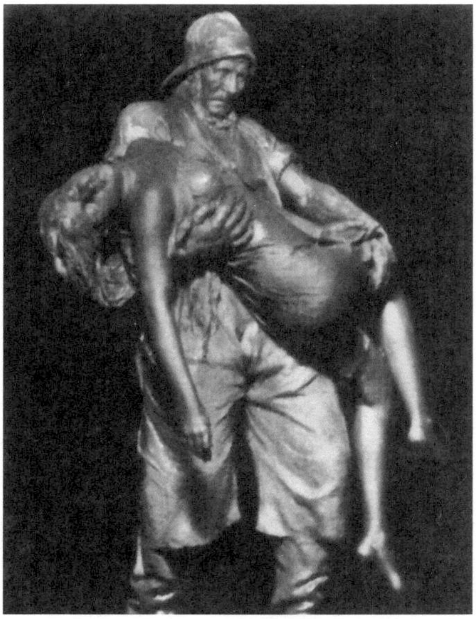

Er schafft's! Wild tobt das Sturmgebraus.
Der Seemann trägt die Frau nach Haus.

Da aber stehn schon Frau und Kind,
die beide ziemlich sauer sind.
Zumal die Frau, sie jammert: «Mann!
Wen schleppst du nun schon wieder an?!»

(Na ... auch reingefallen? Auch gedacht,
daß der Seemann seine Frau gerettet hat?
Das aber haben wir – ganz schön listig! –
nie behauptet. Wir sind Zeugen.
Also: In Zukunft etwas mehr auf die besitz-
anzeigenden Fürwörter achten – ja?
Großes Ehrenwort?)

Titanic
DAS ENDGÜLTIGE SATIREMAGAZIN
C 4352 E
Nr. 8
Neues Geiseldrama
250.000 Deutsche nach Ibiza entführt!

Der Untergang der Titanic

April 74, Mallorca

Okt. 74, Sardinien

Mai 75, Teneriffa

Juli 76, Sotschi

Dez. 76, Sri Lanka

Mai 77, Rhodos

März 78, Kenya

Nov. 78, Algarve

März 79, Djerba

Sept. 79, Lanzarote

Januar 8o, Gambia

März 83, Korfu

Das Mittelmeer-Haßblatt

LIDO
DAS
Mittelmeer
HASSBLATT
von
Chlodwig
Poth

Sylvia malte sich aus,
wie sie nach Mallorca
reisen und dort leben
würde, wenn Harald
tot wäre. So sehr
sie sich auch mühte, sie
konnte den wunsch nicht
unterdrücken, daß dies
möglichst bald geschähe.

LAST EXIT

Chlodwig Poth

Es ist ein Skandal: Über die großen Skandale in diesem Land mag sich in diesem Land niemand mehr aufregen. Womöglich – haben wir uns gesagt – vermag es da ein kleiner Skandal, jemanden wenigstens noch anzuregen – zum Nachdenken, zum Beispiel . . .

Auch bei unserem kleinen Skandal geht es nämlich um öffentliche Moral und private Unmoral, genau wie bei den großen. Es geht aber auch um die Fußgängerzone einer kleinen grauen Stadt im Hunsrück. Es geht weiter um die Faszination der großen, bunten Welt der Karibik. Es geht schließlich um eine Politikerreise der heimlichsten Art.

TITANIC deckt auf . . .

Die Herbsteiner Stadtverordneten bei der Begehung einer der naturbelassenen Fußgängerzonen an der landwirtschaftlich und klimatisch besonders vorbildlichen Nordküste Jamaicas.

Fazit: Weißer, feinkörniger Sand ist überaus sohlensymphatisch und fersenfreundlich. Probleme könnte es allerdings mit der Reinhaltung geben.

„Unsere Herbsteiner sind ja leider in aller Regel richtige Dreckstiefel." (Gernreich, CDU)

. . . und das alles von unseren Steuergeldern!

Dies ist die Fußgängerzone von Herbstein i.H. (1984). Ein typisches Stückchen bundesrepublikanischer Wirklichkeit und Unwirtlichkeit. In Herbstein ist man sich ausnahmsweise einig: Das kann man besser machen. Aber wie?

Der Stadtrat stellt gar nicht unbeträchtliche Mittel zur Verfügung. Um zu gewährleisten, daß es nicht bei bloßer Fassadenkosmetik bleibt, wird eine Kommission aus allen im Stadtrat vertretenen Fraktionen gebildet. Ihr Auftrag: vorbildliche Einrichtungen dieser Art vor Ort in Augenschein zu nehmen.

Heiße Diskussionen am Strand von Ocho Rios. Thema: Wird der Herbsteiner Dreckstiefel so eine Sandkiste als Fußgängerzone überhaupt annehmen, auch wenn der dazugehörige Ozean aus Platzgründen wohl entfallen muß?

„Es bietet sich doch an, unsere Fußgängerzone nach dem bewährten Rotationsprinzip abwechselnd mal mit Sand, mal mit Wasser aufzufüllen." (Handkees, die GRÜNEN)

Die vier Stadtverordneten vor Ort. Von links nach rechts: Knott (SPD), Gernreich (CDU), Dr. Eilenbach (FDP), Handkees (die GRÜNEN). Unter Ausschluß der Öffentlichkeit ist diese Kommission einstimmig zu dem Beschluß gekommen, ihre Fußgängerbesichtigungsreise in der Karibik zu beginnen.

Begründung: „Wie es bei uns aussieht, weiß man ja. Aber hier auf Jamaica war garantiert noch keiner von uns." (Knott, SPD)

st einheimischer Spirituosen.
rgebnis: Weißer, feinschmeckender Jamaica-Rum ist chaus gaumengängig und magenschmeichelnd. Es bestä- sich allerdings der Verdacht, daß der Genuß allzu großer ngen allzuleicht zu allzu leichtbekleidetem Rumsitzen ren kann.
Dies aber darf nicht Sinn und Zweck einer Herbsteiner Fuß- ngerzone sein – oder?" (Dr. Eilenbach, FDP)

ße Koalition geht baden.
are Sache: So ein natürlicher Whirl-Pool wäre eine Berei- ng jeder, aber auch jeder Fußgängerzone. Auch und gera- r hartarbeitende Herbsteiner hat zumindest in seiner karg ssenen Mittagspause ein Anrecht auf Erfrischung und ung.
oß hat er leider nicht so einen Klasse-Wasserfall wie wir " (Knott, SPD)

Der Ernstfall wird geprobt.
Frage: Wird das Sandkonzept der geplanten Fußgängerzone auch den enormen Belastungen des alljährlichen Herbsteiner Rosenmontagszuges standhalten?
„Kann ich beim besten Willen nicht sagen: Als ich die schwarzen Aushilfsnarren in unseren Faschingsfummeln büttenmarschmäßig um die Palmen hüpfen sah, hab' ich vor Lachen ganz vergessen, worum es eigentlich geht." (Gernreich, CDU)

Die Fußgängerzone von Herbstein i.H. (1985).
Um die ging es nämlich. Angeblich.
Wir fragten den Stadtkämmerer Dr. Eilenbach (FDP), warum sich hier so gar nichts verändert hat.
Seine Antwort: „Erstens würde das Geld kosten. Zweitens haben wir kein Geld mehr. Und drittens wäre es doch naiv zu glauben, man könnte das Modell jamaicanischer Fußgängerzonen ohne jegliche Modifikation nach Herbstein übertragen. Meine Kommissions-Kollegen und ich haben jedenfalls weder Kosten noch Spesen gescheut, uns davon persönlich vor Ort zu überzeugen. Ja, wir konnten sogar unseren daheim gebliebenen Stadträten im Rahmen eines sehr gelungenen karibischen Abends die Absurdität aller Veränderungspläne klarmachen. Und so darf ich abschließend im Namen aller Herbsteiner feststellen, daß dies eine der typischsten deutschen Fußgängerzonen ist, die man in Herbstein eben haben kann. Und das bleibt sie auch."

TITANIC meint dazu:
Das ist doch ein Skandal, oder nicht?

... und das alles von unseren Steuergeldern!

ÖRGER-TOURS

The great türkisch Reiseveranstalter präsents

KEMAL-TROPHY

Liebe kurdische Landsleute!

Lust auf einen Tapetenwechsel? Oder gibt es vielleicht gar keine Tapeten, weil das Haus mit der Wand, an der sich die Tapete befand, gar nicht mehr steht? Also nichts wie raus aus dem wilden Kurdistan! Länder kennenlernen, in denen Ihre türkischen Mitbürger nichts zu melden haben und Sie sich gar nicht erst zu melden brauchen.

Unter dem Firmenmotto **Reisespaß ohne Reisepaß** laden wir Sie ein zu interessanten und preiswerten Touren kreuz und quer durchs Mittelmeer.

Unser Coast-to-Coast-Service mit der neuartigen One-Way-Garantie bietet Ihnen **ABENTEUER PUR** und die unverbaute Aussicht auf die schönsten Küsten europäischer Wohlstandsgebiete. Buchen Sie noch heute und entdecken Sie schon morgen die reichen Länder Westeuropas!

Dieses Angebot sollte Ihnen nun wirklich Ihr letztes Hemd wert sein. Denn Sie können wählen zwischen:

- **ÖRGER** Pauschal
- **ÖRGER** Individual
- **ÖRGER** Individual Pauschal

Gut ausgebildete Animateure sorgen für ein abwechslungsreiches Action-Programm

ÖRGER PAUSCHAL

Auf einem der wenigen noch erhaltenen alttürkischen Kreuzfahrtschiffe, dem legendären SÜLÜNVERKÄUFÜR von 1890, starten Sie von Istanbul aus zu einer romantischen Reise »ins Unbekannte«. Tausende von Landsleuten werden Sie begleiten auf dieser herrlich gesunden FASTENREISE. »Ramadan bei Wasser und Brot« heißt die Devise, für gute Unterhaltung ist beim gemeinsamen Gebet zu jeder Tages- und Nachtzeit gesorgt. Piratenüberfälle oder Verfolgungen durch die Küstenwache bieten spannende ADVENTURE-HOLIDAYS TOTAL.

ÖRGER-EXTRA-TIP:
Reisen Sie mit wenig Gepäck, dann kann Ihnen bei Raubüberfällen auch nur wenig weggenommen werden.

Kleinere Exkursionen zu sehenswerten Auffanglagern in Küstennähe bringen willkommene Unterbrechungen mit fester Nahrung.

Wenn Allah und Ihr Kapitän es wollen, wird die KEMAL-Trophy an den herrlichen Küsten ITALIENS enden. Eine Mafia-Begrüßungskomission macht Sie mit den Schutzgeldzahlungsbräuchen der Einheimischen vertraut. Hilfsbereite Soldaten in aufwendig gearbeiteter Schmuckuniform geleiten Sie zu den für Sie bereitgestellten Prunkzelten. Lassen Sie sich von dem Wort »Notunterkünfte« nicht abschrecken – in EUROPA wohnt man anders. Sie sind am Ziel, lassen Sie sich verwöhnen!

Camping-Vergnügen an Italiens schönsten Stränden

ÖRGER INDIVIDUAL

Individualisten suchen sich ihren eigenen Weg! Wenn Sie nach Ihrer Ankunft in ITALIEN die deutlichen Handbewegungen unserer in allen Himmelsrichtungen geschulten ÖRGER-Reiseleiter genau beachten, wissen Sie sofort, wohin Sie sich zu wenden haben: NACH NORDEN. Verlassen Sie sich auf die Erfahrung unserer Mitarbeiter.

Die individuelle Wahl der Reiseroute, der Transportmittel, der Unterbringung und der Grenzübergänge bleibt Ihnen völlig FREIGESTELLT.

Besuchen Sie die wirklich REICHE Schweiz! Durchqueren Sie das nahezu KAKERLAKENFREIE Österreich! Und lernen Sie endlich das GELOBTE Land kennen, aus dem Onkel Ali, Tante Aische und all die anderen lieben Verwandten immer diese SCHÖNEN Briefe mit den vielen BUNTEN Marken schicken: DIE BUNDESREPUBLIK DEUTSCHLAND (BÜ-ÜRR-DÜ).

ÖRGER-EXTRA-TIP:
Für unproblematische Grenzübertritte empfehlen wir unser ÖRGER-Survival-Set: eine Riesenflasche Wasserstoffsuperoxyd zum Haare- und Schnurrbartfärben und ein alter SACK. Mit wenig Aufwand können Sie daraus ein CHRISTLICHES PILGERGEWAND schneidern, eine Verkleidung, mit der Ihnen praktisch alle Grenzen, Kirchen und Klosterküchen des GESAMTEN ABENDLANDES offenstehen.
GÜTÜN APPÜTÜT!

ÖRGER INDIVIDUAL PAUSCHAL

Bei diesem vorteilhaften Paketangebot wählen Sie Ihre komplette Reise-Route selbst und vertrauen sich nur auf Streckenabschnitten IHRER WAHL unseren Reiseleitern an. Unsere ÖRGER-Reisebüros stellen für Sie eine individuelle Vorauskostenberechnung an. Sollten Sie für die ganze Reise den Landweg wählen, so stehen an den Grenzen unsere erfahrenen ÖRGER-SCHLÜPPÜR-BANDÜN zu Ihrer Verfügung. Oder Sie legen Ihr Hab und Gut vetrauensvoll in die Hände unserer autorisierten albanischen und tschetschenischen Animateure.

Auf dem Seeweg empfehlen wir bei gutem Wetter neben unseren Kreuzfahrtschiffen vor allem den beliebten Albanien-Italien SCHLAUCHBOOT-TRANSFER. Sie können die oft erstaunlich gut erhaltenen Boote OHNE RÜCKFÜHRPFLICHT mieten. Nautische Vorkenntnisse sind nicht erforderlich!

Kinderfreundliche Atmosphäre in coolen Unterkünften

Peter Knorr

…rsicht beim Buchen: Bayreuth ist nicht Beirut!

Erstmals im Angebot:

ÖRGER-SPÜZIAL-SÜRVÜS

Die ÖRGER-TROUBLE-CARD!

Sie erhalten kostenlos diese praktische Karte aus rostfreiem, salzwasserbeständigem Kautschuk mit der fröhlichen Aufschrift unseres Unternehmensmottos: »MENSCH ÖRGER DICH NICHT«

Die sollten Sie stets zur Hand haben. Falls mal kein ÖRGER-Mitarbeiter zu Hand ist, um Sie irgendwo rauszuholen, einfach vor Wut in die Karte beißen – so einfach kann Reisen sein!

ÖRGER-TOURS

Im heißen Watt

Der Schwimmer

Ausblick

Die Klimakatastrophe – Fluch oder Segen?

Bernstein

Waechter

Unter Wasser

Himmelfahrt

Waechter

Männer auf verlorenem Posten

Von besonders schönen Damen
läßt sich Missu gern umrahmen.

Pumpi hält es mehr mit Knaben,
weil die schöne Pullis haben.

«Halt!» sagt Pumpi Wellenreiter,
«nur bis hierher und nicht weiter!»

Und sie platscht auf leisen Sohlen,
um das Spiel zu wiederholen.

Missu hat ein Schiff gekapert,
da es mit dem Kleingeld hapert.

Und so dampft sie ohne Geld
rauschend in die weite Welt.

Das fromme Krokodil

„Und bitte, bitte, lieber Gott, laß doch recht bald eins von diesen vollbesetzten Touristenschiffen untergehn!"

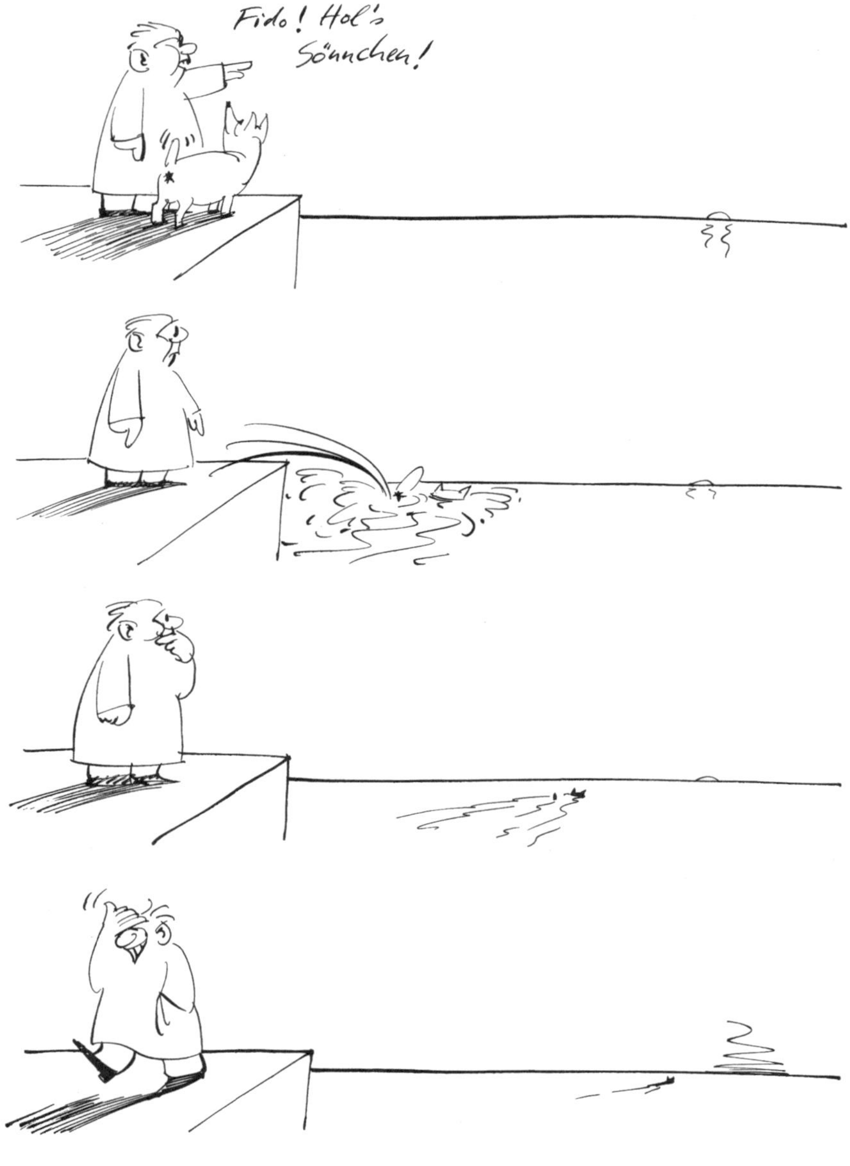

Scheiternde Hunde (Folge 17)

Gernhardt

Wir gratulieren

Zum «Engel der Wasserstraßen» wurde dieser namenlose Seehund vom Rat der Stadt Emden befördert.
Er hatte im August dem deutschen Achter ohne Steuermann, der sich verpaddelt hatte, den Weg zum Plöner See gewiesen. Doch nicht nur seine Hilfsbereitschaft, auch seine Anmut, sein feistes Lächeln und das gewisse Etwas zwischen den Flossen machen ihn unseres Erachtens zu einem vorbildlichen Fahrensmann. Seht nur, wie er planscht! Wir wollen ihn «Ferkel» nennen.

Die Probe

Gernhardt

Na bitte!

Hört ihr, wie die Robbe klagt?
„Wieso? Ich hab doch nichts gesagt!
Wo gibt's denn sowas auf der Welt...
...daß man mir Klagen unterstellt!?
Ihr Götter hört! Man hat gesagt..."
Hört ihr, wie die Robbe klagt?

Du armer Fisch

Bernstein

Ballade vom Fisch

Der Fisch streicht durch die Wellen
Im nassen Element
Kein Dichter kann erhellen
Was ihm im Herzen brennt

Er hastet durch die Wogen
Es ist schon tiefe Nacht
Sein Weib hat ihn betrogen
Sein Kind hat ihn verlacht

Vom Schmerz wird er getrieben
Der Gram wirft ihn an Land
Man fand ihn früh um sieben
Im heißen Sand am Strand

Waechter

Aus dem Tierreich II

„Laß es doch regnen — hier unter der Ente werden wir nicht naß.“

Der Fisch

Ein alter Clown rollt im Rollstuhl auf die Bühne und versucht, sein Publikum zu unterhalten, als wäre er ein junger Clown, bis er umkippt und daliegt wie ein Fisch am Ufer, der nach Luft schnappt. Ein Fisch schwimmt über die Bühne, als sei sie sein Element.

DER FISCH Quicklebendig, quicklebendig.

Der Clown verfolgt den Fisch mit den Augen, studiert seinen Kurs, nimmt all seine letzte List und Kraft zusammen, den Fisch zu fangen. Es gelingt.

DER CLOWN *läßt den Fisch über seinem offenen Maul zappeln* Füsch. Quücklebendig, quücklebendig.
DER FISCH Ein Fisch, der schmeckt, kann nie sprechen.
DER CLOWN Was?
DER FISCH Ein Fisch, der spricht, kann nie schmecken.
DER CLOWN Ich durchschaue düch, Füsch. Du wüllst nur wieder herumschwümmen.
DER FISCH Ich will herumschwimmen.
DER CLOWN Quücklebendig, quücklebendig.
DER FISCH Läßt du mich, hast du einen Wunsch.
DER CLOWN *läßt den Fisch schwimmen* Üch wünsch, üch bün wieder jung und …

Der Fisch schwimmt davon, der Clown springt jung hinterher, fängt ihn und läßt den Fisch über seinem offenen Maul zappeln.

DER CLOWN … und du schmeckst gut und machst müch quücklebendig, Füsch, wie du. *Er verschluckt den Fisch und zeigt, wie gut er schmeckt.*
DER FISCH *aus dem Innern des Clowns* Ich mach dich quicklebendig, quicklebendig. *Er treibt den Clown über den Kurs, den der Fisch zu schwimmen pflegte.*
DER CLOWN Schwümm langsam, Füsch. Mir geht die Puste aus, Füsch.
DER FISCH *im Innern des Clowns* Quicklebendig, quicklebendig.

Der Clown rast über den Kurs, bis er tot umfällt.

DER FISCH *schwimmt dem Clown aus dem Maul* Quicklebendig, quicklebendig.

Angelnder Clown

Waechter

Gernhardt

Jonas

Gernhardt

Dreh es, o Seele

Die Stirn so feucht,
das Aug’ so fahl,
so kenn ich ihn,
den Grönlandwal.

Im Nordmeer, da
ist er zu Haus,
er kommt nie aus
dem Wasser raus.

Und holt man ihn,
so sagt er knapp:
«Ihr schaufelt mir
das trock’ne Grab.»

Das Meer ist tief,
die Welt ist schlecht,
wie ihr’s auch dreht –
der Wal hat recht.

Waechter

Aus dem Tierreich III

„Eingebildetes Arschloch“

Reinhaltung der Nordsee

Die neuen Gesetze zur Reinhaltung der Nordsee
gelten demnächst auch für Fische über 15 cm Körperlänge.

Bernstein/Gernhardt/Waechter

Animalerotica

Die HERINGSFRAU, die sprach versonnen:
«So ein Wal wiegt siebzig Tonnen!»

Die FLUNDER schrie: «Mein lieber Mann,
Jetzt fühle ich dir auf den Zahn!»
Der Flunder aber sprach verdrossen:
«Geh da bloß weg mit deinen Flossen!»

Weil Vater HECHT sein Weib betrogen
Legt Mutter Flunder zwei Pfund Rogen.

Der WAL vollzieht den Liebesakt
zumeist im Wasser. Und stets nackt.

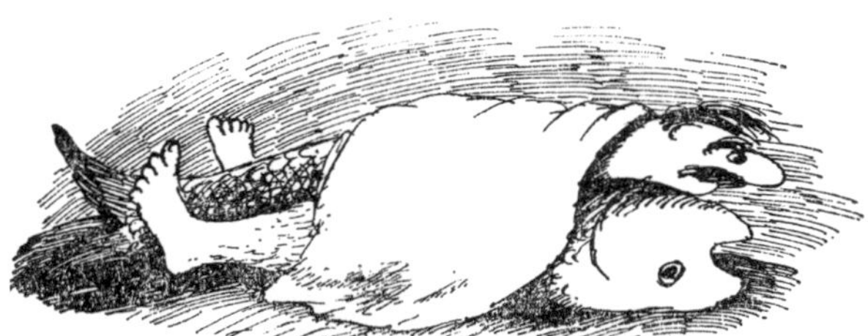

Tierliebe

Waechter

Schnuffis viertes Abenteuer

Im Haiclub

JETZT AUCH NOCH DER!
DER DINGS AM MEER.
DER SOLL EIN KÖNIG DER TIERE SEIN?
DIESE ALTE SEESAU? NEIN!
MEERBÄR, EISOCHS, WALEFANT–
DER MIT KRONE? ALLERHAND!

WEISST DU, WIE ER RICHTIG HEISST?
OB ER FLIEGEN KANN UND BEISST?
MAL IHM KRINGEL UM DEN ZAHN
ZIEH IHM HEMD & HOSE AN
MACH IHN RICHTIG KÖNIGLICH
SO WIE WIESEL, DU UND ICH!

Bernstein

Der Dings am Meer

Henscheid

Welche Tiere und warum das Himmelreich erlangen können

(Auszug)

Theoretisch ohne weiteres das Paradies (Himmelreich) erlangen könnte u. E. die häufig übersehene und verachtete Meerechse Amblyhynchus auf Galapagos, welche sich ja auch ausschließlich von Wasser und Unterwasseralgen ernährt und insofern keinen Vorwurf verdient. Auch wenn sie dabei die gesetzlich vorgeschriebenen Fast- und Abstinenztage nicht immer einhält. Desgleichen könnten erhört werden die Meerotter Enhydra sowie die Qualle – menschenfressende und überhaupt fressende Pflanzen dagegen können nicht hoffen, irgendwo muß ja nun wirklich eine Grenze (Limit) sein.

Unter den Meeresbewohnern hinwiederum möge das Walroß wie Wal und Roß separat auch schon deshalb Berücksichtigung und Begnadigung finden, um wie bronzene Löwen zur Linken und zur Rechten Gottes zu sitzen; während die wie die deutsche Nationalmannschaft schwarzgemusterten Sattelschweine im Himmel sehr gut als Ministranten fungieren können. Allein, vive la petite différence: Das gleichfalls schwarzweißgestreifte Zebra darf wegen – mitnichten eine quantité négligeable – seiner allzusehr dem manichäischem Schwarzweißdenken verhafteten Streifung gerade nicht. Oder erst eben nach, haha, längerer Abwaschung im Fegefeuer oder jedenfalls im Refrigerium, in Abrahams Schoß. Honni soit qui mal y pense.

Überdenken füglich möge Gott noch einmal die definite Berücksichtigung der Wale, deren gar zu «gewaltige Erektionen» (ZDF, 26. 2. 95) im Zuge der generell fast abnormen sexuellen Schlagkraft insbesondere der Schwertwale alles bisher Dagewesene in den Schlagschatten stellt – «Vorgänge dieser Art» (Generalvikar Eugen Kleindienst, Augsburg) können nun mal kein Beispiel geben.

Traxlers Spitzenmeldung

Angst vor Urlaubern

GALAPAGOS (FR). Den Galapagosinseln droht Gefahr. Der Leiter der dortigen Charles-Darwin-Forschungsstation warnt bereits vor einer «Bahamisierung der Galapagos». 26 000 Touristen besuchten letztes Jahr die «Wiege der Evolution», die von andernorts ausgestorbenen, harmlosen Urwelt-Drachen bewohnt wird. Nun soll ein dritter Flughafen noch mehr Touristen ins Land locken, denn Ecuador braucht dringend Devisen.

Tiefsee-Distichon

Gernhardt

Umgang mit Tieren aus der Tiefe

Und es kommen Tiere aus der Tiefe,
Tiere, die, wenn man sie riefe,
schweigend in der Tiefe blieben,
nie gesehen, nie beschrieben:

Nur dein Rufen läßt sie schlafen.
Rufe! Schrei zum Steinerweichen!
Und du wirst den letzten Hafen
ohne Zwischenfall erreichen.

Waechter

Aus dem Tierreich IV

Gernhardt

Die Macht des Maestro

Beethovens Meerfahrt

Ein Capriccio

Kurz nach seinem Wiener Ableben steht der aus Bonn gebürtige Tondichter Ludwig van Beethoven am Kai, um vom Geburtsort aus seine letzte Fahrt rheinabwärts anzutreten, die, so der Verewigte, seine erste Reise ans Meer sein werde. Über Köln, Leverkusen, Düsseldorf, Rheinhausen, Mülheim, Duisburg, Rheinberg, Wesel, Xanten, Marienbaum, Emmerich, Arnhem bis –

Halt! Stop! Volle Kraft zurück!

Arnhem, Emmerich, Marienbaum, Xanten, Wesel, Rheinberg, Duisburg, Mülheim, Rheinhausen, Düsseldorf, Leverkusen, Köln, Bonn. Und hier in Bonn erwartet den Titanen die neue Reisebegleiterin, einem Roman von Eckhard Henscheid entstiegen: Frau Stefania Sandrelli. Schneller dreht die Erde sich unter ihnen und getragen von den Wogen des Walzers «Donauwellen» von Ivanovici fährt die schwarze Barke nun durch die Donaustädte. Bitteschön, Stefania Sandrelli:

«Ulm, Neu-Ulm, Leibheim, Günzburg, Gundelfingen, Lauingen, Dillingen, Höchstädt, Donauwörth, Neuburg, Ingolstadt, Kelheim, Regensburg, Stadtamhof, Straubing, Deggendorf, Osterhofen, Vilshofen, Passau.» Der Zeitlichkeit enthoben gehts über die Grenze. Ein Kapitän der Donaudampfschifffahrtsgesellschaft singt den Geleitzug weiter: Linz, Grein, Pöchlarn, Melk, Krems, Klosterneuburg, Wien und weiter, immer weiter: Famagusta, Pernambuco, San Francisco, Bregenz, Budapest, Bordeaux, Haithabu.

Schon sieht er wie im Träumen von ferne den Atlantik schäumen – Ludwigs letzte Fahrt, die erste ans Meer.

Wo ist er hingeraten? War da nicht Wien? Dort wo er gestorben? Der Hüttenbrenner wirds später bezeugen: mit dem Donnerschlag an jenem 26. März 1827. Und nun? Allegro con brio – im Nu steht er auf einer sanften Anhöhe, man ist also an Land gegangen. Stefania? An seiner Seite. Und er im kurzen Samtmantel, Kniehosen aus gelber Seide, die Feder am blauen Barett und tief vor ihm das festliche Gestade. Hafenkonzert: Das London Philharmonic Orchestra nimmt Aufstellung. Alle Mann ans Fagott! Stimmt die Barkassen! Vertraute Laute. Immer deutlicher venimmt er die Rufe des Dirigenten: «Avanti! Andante – ma non troppo! Hundfötter, wollt ihr wohl! Takt halten! ... Das Blech! Tausend Teufel – wo bleibt das Blech? – Vier Takte vor Buchstabe B! – Taijamm taijamm ...»

Eine Bratsche unrein gestimmt: Er kann es hören! Er hört! Maelzel – zum Teufel mit Deinem Hörrohr! Froh flucht Ludwig van Beethoven: O ihr Menschen, die ihr mich für schwerhörig haltet und taub …

Meeresleuchten. Rundliche rosa Putten kugeln in As-Dur in der leuchtenden Luft. Promenade am Gestade. Unzählige selige Leute in festlichen Gewändern. Man wartet auf die 5-Uhr-Fähre ins Glück. Überfahrt zur Insel der Seligen; schon werden Hüte geschwenkt und glänzend steht Herr van Beethoven mit dem Rücken zu uns auf der sanften Anhöhe. Allein? Wir sehen die Frauen aus Beethovens Leben: Dort im grünen Gras – ists die Gräfin Erdödy mit ihrem Kavalier? Ists die Baronin Erdmann? Die Malfatti, die ihre ungemeine Haube heute nicht auf hat? Die Giucciardi? Ha – die Brentano?? Johann Baptist Lampi hat die andere, die Theres von Brunswick gemalen – aber schon wie! Klassikaner!

Lumpi? Zumpi! Da – der Zumpi! Zephesis Zumpi, kaiserlicher Hofzwerg im Ruhestand – er darf nicht fehlen!

Wir unterbrechen Beethovens Meerfahrt und Verklärung und verherrlichen kurz die k. u. k. Hofbürokratie.

Habe die Ehre, Herr Baron!

Wir erwähnen Baron Nikolaus von Zmeskall, Edler von Domanovecs. Hofkonzipist in der ungarischen Hofkanzlei unter dem Hofkanzler Karl Graf Palffy. Cellospieler und Freund des verewigten Ludwig. In drei Jahren wird er ihm nachfolgen und nicht mehr sterblich sein.

Die meisten der Glorifizierten wohnen im «Kleinen Querulanten», jenem Purgatorio, wohinein sie Fritz, der einzige Sohn des Sektionschefs Ritter Emil von Herzmanovsky-Orlando literarisch gebannt hat:

«… lauter höhere Beamte hausten dort. Da war einmal der Hofrat Unklar von Dobblworth; der Kammerkalligraph Futzler, der Rechnungsrat Kreibenzahl, die Sekretäre Zweifelschütz und Müchtelmann, endlich die Hauptleute der Trabantenleibgarde Stojesbal von Standschlaf und Quapil Edler von Sumpfritt …»

Wir dürfen mit Fug und Recht noch weitere Insassen einquartieren. So den Herrn Ruinenoberbaurat Weckenbarth samt Herrn Oberlandesgerichtsrat i. R. Rosendorfer, seinen Erfinder. Ferner Hofrat Alfred Edler von Musil, dessen Sohn Robert Musil wiederum den General Stumm von Bordwehr schuf.

Für einen allerdings hat Fritz von Herzmanovsky-Orlando, der poetische Quartiermeister, keinen Platz in der Herberge. Wir lesen in seiner «skurrilen Erzählung» «Der Gaulschreck im Rosennetz»:

«Nur einmal hat ein Musikus dort gewohnt ... wenige Tage nur. Dann litt es den unsteten Herrn nicht länger. Mit Nasenrümpfen gedachte Eynhuf des Auszuges. Ein sechseckiger, tulpenförmig geschweifter Spucknapf aus Kirschholz, mit messingnen Löwenköpfen verziert, war der ganze Hausrat jenes Künstlers gewesen. Den trug er selbst, noch dazu in der Zerstreutheit auf den Kopf gestülpt. Finster blickend ging er taktschlagend von dannen. Beethoven hatte sein Name gelautet, der hatte nicht hingehört. Jetzt war man wieder unter sich ...»

Genug verherrlicht.

Wieder am Gestade. Bewegungen kommen ins Bild. Die linden Lüfte sind erwacht, Stimmen tönen. Harfenzupf blinkt und die Violinen schlagen unter der Stabführung von Sir Georg Solti leichte Wellen. Die Damen Pilar Lorengar und Teresa Berganza nehmen den Bariton Gabriel Bacquier in ihre Mitte. Wiegend und wogend schaukelt das Terzett – Fiordiligi und Dorabella, beschwindelt nach Strich und Faden, und Don Alfonso, der den Schwindel ausgeheckt, singen sanft den Reisesegen, nehmen Abschied von ihren seefahrenden Verlobten.

Cosi fan tutte –

Soave sia il vento
tranquilla sia londa
ed ogni elemento
benigno risponda
si nostri desir.

Da:
Das Meer!

Schopenhauer
RÜHMKORF
Beckett Joyce O'Brien
Henscheid
Goethe
Botho Strauß
Kafka
Gernhardt
Proust
Grass
Brecht
Enzensberger
Handke
M. Rutschky
Adorno!
Arno Schmidt
Zwerenz
HABERMAS
Reich-Ranicki
F.K. KROETZ
Ror Wolf
LITERATENBAD

Franz Kafka verfilmt seinen Landarzt

(Auszug)

Leuchtende Felder dehnten sich so gelb und lind, daß Kafka Zähne rascheln hörte. Erst als der Kombi die Autostraße südlich der Stadt verließ, um in die schmale Landstraße, hinein in den Stiefelsporn, zu gleiten, fiel Knitter nochmals kurz in Schlaf und erwachte wieder, nachdem im Hinterteil des Autos ein Filmgerät zu Boden stürzte. Fahrtwind durchs weitauf offene Fenster bauschte das frische Hemd des Schauspielers. Kafkas Gier nach Dämmerung wuchs, schnell auch seine Hoffnung, nie am Zeltplatz anzukommen, der schon äußerst nah sein mußte. Knitter riß erneut die eingesunkenen Augen auf, ein böser Blick auf die Sümpfe des nördlichen Gargano, dann begann er sich verfallen und deshalb gleichsam demutsvoll eine Zigarette zu drehen, anschließend sog er an einer Limonade, die er aus jenem großen braunen Koffer griff, der Kafka schon seit Prag wie Tarnung großer Verbrechen anmutete. «Flachstrand ist gut», murmelte Knitter nur halblaut, «ist viel viel besser sogar für den Film. Ich hab lang drüber nachgedacht. Ich hatte mit hohen Bergen gerechnet. Aber Flachland ist für diesen Film – ich habe das Drehbuch noch nicht gelesen, aber ich kann mir's exzellent vorstellen – viel besser. Hätte nicht gedacht, daß wir schon hier sind!»

Knitter gab sich endlich Feuer. Die Sonne sank sehr schräg zur Linken. Bald würde ‹Bürstl Karin› hochauflodern. Nun ließ auch erstmals Meer sich sehen, breitgestreckt und bräunlichblau.

Der Empfang der drei Reisenden durch die schon vorher eingetroffene und seßhafte Filmequipe auf dem Zeltplatz an der Meeresküste zwischen Peschici und Vieste geriet überaus herzlich. Die drei Lehrer, Ulli, Winni und Diddi, lebten hier schon seit drei Tagen, goldbraun glänzten ihre schmächtigen Körper sehr verjüngt in Badehosen. Kafka bedrängte sofort die Frage, ob der Anblick Selbstanklage oder doch vielmehr Ehrenerklärung sei – insgeheim und schon seit Wochen hatte er doch Nacktbaden befürchtet. Ihm vorgestellt wurden jetzt auch die drei Lehrerfrauen, Eva, Verena und Helga, diese letztere sollte im Film die Rosa der ‹Landarzt›-Erzählung abgeben, sollte aber dort im Drehbuch, wie Kafka jetzt recht übereilig erfuhr, Abigail wohl heißen.

Das Geräusch eines Dieselmotors knarrte auf und starb wieder schon entfernt. Fast gleichzeitig rollte ein Volkswagen mit offenem Dach auf das Dünensandgelände und blieb in der Nähe der etwas weiter hinten aufgebauten kleinen Zeltstadt stehen – fliehenden Pulses zählte Kafka sieben unterschiedlich hohe Behausungen in meist blaugelblichen Tönen. Dahinter wieder, dreißig Meter meereinwärts, erkannte man mit Not ein halbes Dutzend Männer, vier davon bedeckt mit übereinstimmenden Badekappen, im Wasser tollen und sich einen Ball zuwerfen. Sehr verhuschte Rufe schallten.

Drei jüngere Männer sprangen nun aus dem vorgefahrenen Auto und trollten ohne Hast auf die Neuankömmlinge zu. Es handele sich, erläuterte fast überhaspelt Ulli, der, wie die beiden anderen Schullehrer auch, in offenen schwedischen Holzschuhen stak, um die drei Studenten Hiemler, Gehring und Heitler, übrigens solle der letztere das kranke Kind seiner, Kafkas, Erzählung spielen, das da sterben will und doch nicht kann. In etlichen Metern Entfernung hatte inzwischen Ferenc Knitter den runden Arm einer vierten jungen Frau mit rötlichem Strähnenhaar ergriffen, sie lief barfuß in einem sackartig fallenden Gewand und lachte oft. «Wußte ich gar nicht, daß du auch mitkommst», hörte man den Schauspieler sich freuen, «find ich echt gut! Alte Karin!»

Kafka zuckte leicht ekstatisch. Ob dies Bürstl Karin sei, fragte er Ulli.

Nein, das sei Bock Karin, sagte Ulli – Bürstl Karin habe nicht mitkommen können, weil sie nach Warschau habe müssen wegen einer Erbschaftssache.

In Kafkas Augen würgten Tränen.

Die drei Studenten waren nun etwas entschlossener hinzugetreten und schüttelten, der Bedächtigkeit ihrer sonstigen Bewegungen ungeachtet, Kafka unerwartet kernig und sonst freilich ein wenig harmvoll auflachend die Hand. Am kraftvollsten preßte Heitler, ein strohblonder Kurzhaarschädel mit friedlich früh vergreisten Zügen, der von den dreien auch am angetrunkensten sein mochte. In sehr ebenmäßiger und gerade deshalb verräterisch lallender Rede teilte er Kafka sofort und als ob er es gerne loswerden möchte, damit er es nicht vergäße, mit, er sei froh, daß er im Film nur zwei kurze Sätze zu reden habe, die etwas seltsam seien, ihm aber gefielen – und außerdem sei man jetzt schon drei Mann zum Tarockspielen in der Taverne – Heitler deutete schräg nach hinten auf einen noch recht ungewissen Bau –, ob er, Kafka, vielleicht den vierten Mann machen könne, die Bock Karin lerne es nämlich nicht – Heitlers Arm bewegte sich in Richtung auf die junge rötliche Frau, die immer noch etwas geduckt bei Knitter stand, der aber inzwischen die Jacke abgestreift und geradezu freizeitsüchtig über dem Arm hängen hatte. Bürstl Karin, kaum verhofft, sie war jetzt ein für allemal verloren.

Letztmals kämpferisch im Untergehen schmerzte Kafka leicht die Sonne, schnell wirbelte sie dann kühl ins Meer. Der Zelt- und Filmplatz war ein etwa fünfhundert Meter langer Sand- und Grasstrand, gleich einer Bügelbrettplatte, gelagert zwischen zwei gräulich schimmernde Gruppen von Felsgestein, um Kalk mochte es sich handeln. In der kleinen Zeltstadt am Nordende des Bügelbretts sah man nun entfernt drei Menschen hin und wieder gehen. Aus einem Großraumzelt trat ein hagerer Mann in Röhrenhosen, klaubte etwas vom Boden auf, trat wieder in das Zelt. Gleich darauf tauchten die Männer, die sich vorher im Wasser getummelt hatten, im Rund der sieben Zelte auf. Von Hiemler, dem bierbäuchigsten der drei Studenten, herangeführt, erkannte Kafka nun genauer die schwarzgelben, kartoffelkäfermäßig gestreiften Badekappen dieser fünf. Das seien, erläuterte Hiemler und lachte grundlos kloßig, Mitglieder der Wasserballtruppe ‹wsc Bohemia Prag›, die heute morgen mit dem Kleinbus hier eingetroffen seien, beim Filmen mitzuhelfen, der Rest des Sportclubs sei noch weiter in den Süden, die fünfe hole man auf dem Rückweg wieder ab. «Die fahren jedes Jahr wohin», erklärte Hiemler schwerer schmunzelnd.

Seitlich vom größten Zelt stieß Kafka jetzt ein gleichsam militärisch olivfarbener Jeep ins Auge mit der Aufschrift ‹Renegade›. Das sei Ulli seiner, half Hiemler Kafka aus der neuen Verlegenheit, mit dem sei auch ein weiterer Teil der Filmrequisiten herangeschafft worden. Aus einem Einmannzelt kroch gleichzeitig ein etwas älterer und überaus drahtiger Mann mit muskulösem, freiem, schon schwarzbraunem Oberkörper, ihn stellte Hiemler Kafka nun als den Darsteller des Knechts im ‹Landarzt› vor. Mario Dudlhofer-Sommariva, genannt ‹Mario del Monaco›, nach dem Sänger, dem er auch ein bißchen ähnele. Mario Sommariva sei ein geborener Südtiroler, der in der Nähe von Prag eine Kleinsägewerksbesitzerin Dudlhofer geheiratet habe und sich seither gleichfalls Dudlhofer schreibe, wegen der Kundschaft. Dudlhofer reichte Kafka recht unaufmerksam die Hand; schien Wichtigeres zu tun zu haben. Der Mann, der Kafka jetzt endlich auch an einen sehr schlanken, hochzivilisierten Gorilla gemahnte, machte sogar schlagartig den Eindruck, als ob für ihn die Filmaffaire die allerunwichtigste der vielfachen Angelegenheiten auf dem Zeltplatz sei. Er müsse, berichtete er Hiemler und Kafka in ständig arbeitsam geduckter Schulterhaltung, jetzt gleich noch mal ins Dorf, nach Peschici, nämlich Konserven und Benzinvorräte holen, außerdem habe er Winni die neuesten Tageszeitungen mitzubringen – und schließlich, radebrechte Dudlhofer in schon fast absichtsvoll kargem Deutsch und auch sonst nicht mehr recht nachvollziehbar, gelte es Revanche zu nehmen an einem italienischen Gebrauchteisenhändler, dieser habe ihn gestern beim

Bosco nagelt Fische ins Meer

Kauf von Dichtungen elend übers Ohr gehauen. Düsteres nachmurmelnd kroch Mario Dudlhofer in sein Einmannzelt.

Jenseits der Zeltstadt, am anderen Ausläufer des Sandstrands, erkannte Kafka nun sich vorwärts spähend im schon fortgeschrittenen Halbdämmer die Umrisse eines recht breiten, niederen und barackenartigen, ein wenig sogar kasernenförmigen Baus. Hiemler reichte Kafka eine große Colaflasche, nun trat auch wieder in schlohweißer Dreiecksbadehose Heitler hinzu, und beide erklärten Kafka, Sommariva-Dudlhofer sei nach Italien nicht nur als Darsteller des Knechts mitgenommen worden, wichtiger fast sei seine Aufgabe als Übersetzer und Vermittler bei allerlei Geschichten und Verhandlungen mit den Einheimischen. Er, Dudlhofer, sei es auch gewesen, der die Erlaubnis ausgehandelt habe, dort hinten – Heitlers Finger fuhr gewissermaßen über den Waldsaum westlich hinweg – in einer kleinen Bauernhausruine filmen zu dürfen, dem Haus des ‹Landarzts› also.

Nun erschienen fast gemeinsam die Wasserballer vor ihren Zelten, umgekleidet in vielfache Polohemden und farbig glänzende Shorts, die nicht nur äußerst kurz, sondern allesamt seitlich auch noch und schon beängstigend, wenngleich zierlich, geschlitzt waren. Wieder übernahm Hiemler die Bekanntmachung. Auf Anhieb leuchteten Kafka vorerst nur die Namen Wimmer, Kümmel, Schriml Werner und Heinz Körperich ein. Es waren dies alles, mit Ausnahme des Mädchens Claudia Kümmel, das aber auch zum Club gehörte, Männer um die 30 Jahre, sportlich noch, wenn auch zum Teil ein wenig abgestanden und gebläht vom rasch wechselnden Leben zwischen den Ländern. Der massige Wimmer schien der Anführer oder Kapitän, Kümmel seine Geliebte zu sein, beide trugen gleiche marineblaue Hemdchen mit der Aufschrift ‹Adidas›.

«Hallo, Engel! Mensch, mich laust der Affe!» Etwas außerhalb der Zeltstadt begrüßte Ferenc Knitter ohne Umstände übermütig eine nicht mehr ganz junge Frau, die Kafka als Marianne Ach vorgestellt worden war und die über dem rosapunktierten Badehöschen ein weißes Hemd anhatte, das seinerseits die Aufschrift ‹Peace› trug. Schon patschte das Meer blaugrau bedächtig über den äußerst feinkörnigen Flachstrand, Wind wälzte lau sich nach dem Norden. Wimmer, der Chef der Wasserballer, fuhr nun gar zu achtlos die schmalen braunen Schultern Claudia Kümmels entlang; auf die Kümmel, erläuterte Gehring Kafka, der ein bißchen hilflos noch immer seinen Hut in der Hand hielt, sei er manchmal ziemlich scharf. «Und mein Zelt, steht schon?» hörte man unsichtbar Knitter staunend rufen, «exzellent! Was? Ach, der Heini baut es gerade? Dann ist es ja gut, na also!»

Eine kleine Traube Menschen hatte sich bei einer Feuerstelle etwa in der Mitte des Zeltstadtplatzes formiert. Etwas verschüchtert, aber tapfer an sie gelehnt, lernte Kafka nun endlich auch Oskar Baron, einen Sattler, den Freund Marianne Achs, kennen, den womöglich bejahrtesten Teilnehmer der Expedition, einen vierschrötigen Grau- und fast Langbart, der eine Art gestricktes Judenkäppchen trug, angeblich neben der Filmarbeit Ölbilder malen wollte und sich anscheinend schon mit den Wasserballern ein wenig überworfen hatte. Aus einem sogar weißen Zelt stieß mit kleiner Verspätung noch ein vierter Lehrer hinzu, ein besonders aufgeschwemmt glatter und unerlöster Mensch namens Ferdi Weininger oder auch Wahninger – so oder so wurde Kafka schon von dem Namen recht verkohlt vor Augen; Weininger rieb sich abwartend das fette Zwerchfell. Wenig bedrängend waren Kafka die restlichen Wasserballer – Pielnhofer, Schuller Herbert und Josef Grün, unbeschwerte Sportmenschen allesamt, denen vor allem auch am Knipsen von Momentaufnahmen gelegen zu sein schien; vor allem Josef Grün – kaum einer kam ihm aus.

Aleppokiefern, krüppelig gebeugt über die Kuppen der beiden Felsformationen, welche den Sandstrand begrenzten, schauten schwarz und ängstlich, silberglänzend noch im Dämmerschein die Rinden. Kafka mied vorerst Knitters Nähe. Der Alte war mit Zelteinräumungsarbeiten stark beschäftigt, trippelte mal hierhin, mal dorthin, mal flog der braune Koffer ins Zelt rein, mal wieder raus; Knitter schien bezaubert von all dem. Gehring, Hiemler und Heitler warfen sich lachend hinterm Zeltstadtplatz einen Tennisball zu; im Schneidersitz zusehend räkelte Karin Bock ihren Rücken; nicht ohne Gewalt und endgültig vertrieb Kafka die sanfte Trauer um das Fehlen von Bürstl Karin, das Kapitel war erledigt, es hatte nicht sollen sein. Offensichtlich neidvoll sah der Wasserballer Schriml den drei Studenten zu, er war wohl auch für einen Wasserballer etwas zu kurz geraten und schien recht leutscheu, tändelte mit einem dicken Stecken in der Hand, warf ihn endlich gleich einem Speer dem Strande zu.

«Der Möseneder kommt morgen oder wann vielleicht doch noch!» rief Winni wie leicht entschuldigend Ulli zu. Ulli nickte kaum düpiert, griff sich an den Schopf und rannte in das Großraumzelt. In der Art von Halbinseln züngelten flache, bleiche Felsausläufer vor ins Meer. Der Himmel schwebte taubengrau, verweht beinahe alle Bläue. Abgeschattet klangen Rufe Knitters, ob einer eine Sprühdose habe, das mit den Schnaken sei sehr lästig, alle gingen offenbar auf ihn nur los. Er krabbelte ins Zelt, des Landarzt-Darstellers Stimme klang aus ihm hervorgewürgt, sargartig hohl, doch wenig später erschien er schon frisch im Freien in blutorangener Badehose. Mit Ausnahme des kräftig aufgeblasenen Bäuchleins war der Schauspieler recht gut beieinander, fast noch muskulös, sehr fidel sprang er aufs Meer zu. Wie erlöst die Arme weitend fiel er umstandslos hinein.

Landeinwärts nach Westen säumten dunkle Streifen Laubwald, östlich sah man etwas Karstland, flache Hügel, unbedeutend. Im Meer erschien ein winzig heller Punkt, es mochte ein vergessener Wasserball sein. In Wahrheit war es Knitters Kopf. ‹Und ich bestehe nur aus Angst›, dachte Franz Kafka und machte seine Schultern schmal, ‹doch sie ist ja vielleicht mein Bestes.›

Keine halbe Stunde später hatte Schmer sein Zweimannzelt für sich und Kafka aufgerichtet, vier Meter neben Knitters niedlichem Einmannbau. Kafka blies die Luftmatratze auf, breitete den Schlafsack darüber, beides noch in Prag gekauft. Morgen, so hieß es dann in einer Art Rundruf der Lehrer, gehe es schon am Vormittag zur Sache, gegen Mittag werde dann wahrscheinlich noch der Fotohändler Peter Hindelang eintreffen, der PR-Mann des Filmunternehmens und Kontakter Jürgen Meisters. Außerdem werde bis dahin auch van der Moulen zurück sein, dieser sei heute zum Einkaufen nach Neapel gefahren, billige Strümpfe, er werde aber garantiert bis dahin wiederkommen.

«Moulen?» wunderte sich ein wenig Knitter, der aus dem Meer zurück war und sich abrubbelte, «der ist auch da? Kriegt von mir noch 40 Eier!»

(...)

Ein Rauschen rollte leer über den Zeltplatz. Am Himmel glimmten siebzehn Sterne, dazu noch eine Handvoll Lichter, trüb wohl aus dem Hinterland. Kafka hielt Schmer am Zelteingang die Taschenlampe. So sah er es. Zwischen beider und einem Großraumzelt flackerte leicht die böhmische Nationalflagge, blau-weiß-rot und zwei mal fast drei Meter groß, der Doppelschwanz des Löwen in der Mitte. Etwas Handgroßes spurtete über den Sand, sicher eine Echse. In großer Entfernung, aber überdeutlich hörte man nun, wie sich auch Knitter aus dem Tomatenzelt verabschiedete und, hörbar gerüstet mit einem Führer, die Sanddüne zu überqueren ansetzte. Kafkas stilles Kichern war sicher reichlich unvorsichtig. Ein Käuzchenruf kam auf, erstarb. Gleich drauf ruhten beide Zeltbewohner. Schmer schnaubte kraftvoll neben Kafka. Kafka nahm sich mit großem Ernst vor, das Drehbuch der Lehrer, wenn es irgend ging, zu meiden und niemals zu lesen.

Jetzt kehrte Knitter heim. «Wo ist mein Zelt!» Die Stimme tönte rauh und schabend. «Ach, da ist es!» Dann hörte Kafka es hellwach. In seinem

Von den Untugenden der Küstenbewohner I

Dort droben auf dem Turm erhebt sich ein Kringel, und der Sturzengel warnt vergeblich die ausrückende Jägerei, die das Meerungeheuer Origami heimholen will. Vergeblich ihr Mut; schon der Vorsatz ist aus erheblichen Beweggründen strafbar.

Zeltchen noch etwas kruschend und werkelnd, sang Knitter halblaut ‹Marina, Marina, Marina› vor sich hin, halb sang, halb summte er das Liedchen. Dann brach es mürbe ab. Ein Empfinden wie gewichtlose Blödigkeit umhalste Kafkas Herzgemüt. Vertrauend hingegeben an den Schlaf schwätzte der Dichter sich noch ein, daß alles gar so schlimm nicht sei. Recht unübersichtlich nur. Knitter war schon ‹Right man› zum ‹Landarzt›! Dann schlief auch Kafka ein.

Mit einer Probe für die anwesenden Komparsen setzten am Morgen gegen elf Uhr die Filmarbeiten ein. Ein heißer Tag war aufgezogen. Vor allem die drei Lehrer tummelten sich schon eine Stunde vor Beginn sehr aufgescheucht zwischen den Zelten herum. Sie trugen wieder Badehosen, dazu auch ihre Schwedenschuhe, doch diesmal bunte Socken darin. Kafka hatte sich am Meer naßrasiert und später die Jacke seines Anreiseanzugs zur Schonung im Zelt zurückgelassen. Er war, den Beamten in sich einmal und probeweise Lügen zu strafen, im weißen Hemd mit sehr einsatzbereit hochgerollten Ärmeln erschienen, die langen blassen Zehen streckten sich aus leichten Strandsandalen. Sein Nachbar Knitter stürzte in bläulicher Unterhose kurz aus dem Zelt, verschwand dann nochmals drin und kam endlich voll angezogen wieder hervor. Knitter trug, wie Kafka, schwarze Anzughose, mit einem heute titanweißen Hemd um die atmend starke Brust, die Ärmel aber nicht gestülpt. Die Sonne sengte steil. Hiemler, nahe der Heimatfahne, hieb spielerisch ein paar rechte Schwinger in den äußerst prallen und aufregenden Morgen; Heitler schien schon ein bißchen getrunken zu haben und kicherte recht fiebrig; Gehring und Karin Bock hielten sich bekümmert an den Händchen. Schon stoben die Wasserballer nah am Meer herum, es hieß, man warte noch auf das Eintreffen Möseneders. Van der Moulen war noch nicht zu sehen. Plötzlich, kurz vor halb zwölf, hatten es die Lehrer mächtig eilig, alle an die Arbeit zu treiben. Die Wasserballer schwärmten aus dem Wasser. Augenblicklich kam auch van der Moulen im Laufschritt aus dem Tomatenzelt über den Dünenplatz gerannt.

Es handelte sich um eine Stellprobe. Kafka und all die anderen Statisten sollten sich zuerst locker über die sehr flachen Felsenklippen an der Küste nördlich der Zeltstadt verteilen, einzeln oder in Gruppen zusammenstehend – dies würde, den Erläuterungen von Winni, Diddi und Ulli nach zu schließen, die bäuerlich spätproletarische Landbevölkerung des Mezzogiorno vorstellen, die an den Vorgängen rund um das ‹Landarzt›-Geschehen am Bett des kleinen Jungen, wie Winni sehr behend erklärte, «voll magischen Anteil» nehme.

Die Luft hing etwas rauchig über dem muldenreichen Land. Kafka zählte elf Landbewohner als Statisten, sich eingeschlossen; insgesamt gab es jetzt wohl neunzehn Personen auf dem Film- und Lagerplatz. Knitter stand recht auserlesen bei den Lehrern, sein Einsatz fiel erst später an. Auf einmal tippte er Ulli an der Schulter, wies über das Uferpanorama, machte den Lehrer womöglich auf eine besonders ertragreiche Perspektive aufmerksam. Heitler, nahe Kafka, kicherte noch immer böse, ließ die Zunge aus dem Mund. Wimmers Mannen standen sehr geschlossen, so als verließen sie sich im Zweifelsfall stark aufeinander. Meerblau und Himmelsblau verschwammen grünlich. Der gelbe Sand kitzelte Kafkas Zehen, noch nie wohl war sein weißes Hemd so offenherzig aufgeknöpft gewesen. Glitzerndes Kalkgestein ragte übers Tomatenzelt, von Kiefern, Mastixbäumen rauh bekleidet. Rechterhand im Landesinnern grüßte mürber Karst. Im Sandstrand sah man wenig Ginster, Kalksporn ragte weiß ins Meer.

Noch standen alle Statisten in ihrer Freizeitkleidung, das Mädchen Kümmel trug eine Käferbrosche über dem Bikinioberteil. Van der Moulen schnitt etwas unglücklich fröhliche Grimassen zu ihr hin, er stand in einer Art blütenweißem Tennistrikot. ‹Silbereisen›, dachte Kafka eilig und überlegte, ob es nützlich sein möchte, hier Tagebuch zu führen, aber das war ja eine gar zu entsagungsvolle, schon widrige Beschäftigung. Nein, besser nur erdulden, ohne Widerhall.

Dann wurde es erstmals ernst. Nach dem durch ein rotes Megaphon gerufenen Signal «Action!» sollten alle Landbewohner sternmarschförmig, matt und ärmlich und vor allem, das müsse klar werden, rief Ulli letztmals und übernervös den Statisten zu, «wie kriechend und von Hitze geschlagen auf die Kamera da zugehen, praktisch wanken!» Winni und Ulli, während Knitter beschaulich die Beine breit stellte, rannten nun noch ein paarmal um die schwarze Kamera auf dem Stativ herum und dann rief Winni Diddi, der jetzt plötzlich doch Bluejeans an und einen karminroten Schal um den Hals geschlungen hatte, fast zaghaft eine letzte Meldung zu. «Geht in Ordnung!» schrie Diddi hell zurück und winkte trotzig ab. Dann war es soweit, doch schon nach den ersten Sternmarschschritten pfiff Ulli alles zurück und ordnete an, man solle sich noch lockerer verteilen und nicht so schnurgerade auf die Kamera zukommen, sondern «trotz der Hitze locker, quasi zögernd, aber irgendwie magnetisch!»

Winni trug einen ledernen Djangohut auf dem Kopf, Ulli hatte, jetzt erst sah es Kafka, eine Messingschildkröte an der Badehose baumeln, es mochte sich um ein Maskottchen handeln. Knitter stand im Augenblick etwas im Hintergrund und – hatte auf einmal einen Packen weißes Papier in den Händen. Erscheinung der Erscheinungen! Es mußte das Drehbuch sein! Fast geblendet sah Kafka das gebündelte Weiß. Geheimnisse der Unterwelt! Die kaiserliche Botschaft! Zum Lesen hatte sich Knitter jetzt tatsächlich eine Brille aufgesetzt – Kafkas Herz schlug mäßig schneller. Weiß wie viel Schuld blinkte der Packen, Knitter schien im spröden Urteil jetzt die Stirn zu furchen, die drei Lehrer machten einen sehr aufgeregt verratenen Eindruck – doch plötzlich, sei es, daß schon die ersten Worte das Verdikt besiegelt hatten, sei es, daß er sich mit dem Lesen trotz Brille gar zu hart tat, hieb Knitter den Papierpacken Winni kalt wieder in die Hand und kratzte sich am Arm. Kafka schnaufte hörbar durch.

Nach Winnis drittem Megaphonruf «Action!» schien es endlich zu klappen. Kafka kämpfte sich trotz eines unangenehmen kleinen Schwindels mit den anderen tapfer nach vorne – da aber kam auf einmal ein schmutzfarbener Fiat quer über den Zeltplatz gekurvt, links an den Landbewohnern vorbei – ihm entstieg, neugierig und zugleich breit wissend lachend, der Wirt Carlo – worauf Ulli recht verzweifelt die Kamera schwenkte, dann aber wohl aufgab und Winni zornig zubrüllte, so gehe es natürlich nicht, er, Winni, sei klar und unmißverständlich auch für die Absperrung des Drehorts, «und das heißt des Sets» verantwortlich.

Das habe er nicht wissen können, verteidigte sich Winni aufgescheucht, daß dies auch für die Stellproben gelte. Und übrigens, fuhr er humoristisch fort und ruckte an seinem breiten Hut, komme in ‹Ben Hur› beim Zirkus-Maximus-Rennen auch ein Straßenkreuzer herein, solche Anachronismen seien gar nicht verkehrt. Kafkas Schwindel war vorüber, mit seinem Seidentaschentüchlein tupfte er die heiße Stirn. ‹Nur den Posten nicht aufgeben›, dachte Kafka und hüpfte sogar ein bißchen lustig auf sein Felsplateau zurück, dann war noch immer Hoffnung. Die Lagerfahne wehte munter.

(…)

Abermals erspähte Kafka jetzt ein Bündel fast loser, nur durch eine große Heftklammer zusammengehaltener Blätter, unvorsichtig geschwenkt von Winnis fachierender Hand. Zweifellos, es war das Drehbuch. Lüstern blinkten seine Seiten. Kurzfristig wurde Kafkas Auge von einem grünvioletten und gallertartigen Zacken mitten in der sirrenden Luft genarrt, er war nicht sicher, ob es ein Drudenfuß oder ein Judenstern gewesen war. «Wir machen's nach Pudowski», sagte Winni äußerst stolz, «nach ‹Theorie des Films›, genau!»

Am Meer

«Du kannst so sagen: Wie Polanski und beim Brecht verfremdet», ergänzte Ulli immer wacher und zündete sich endlich seine Zigarette an, nachdem sein Feuerzeug schon längere Zeit vor seinem Mund herumgetanzt und sogar ein paarmal vergeblich Feuer entfacht hatte, «Entfremdungstheorie auf filmisch umgesetzt, wie bei den Amerikanern! Mensch, der Ding, der...» Ulli klopfte sich fast anklagend mit der Faust wider die schwitzende Stirn, offenbar versuchte er sich an einen bedeutenden, zuletzt leider und zu Unrecht etwas in Vergessenheit geratenen Filmtheoretiker zu entsinnen, «wie heißt er denn? Der Buñuel probiert's dann später öfter auch aus ...»

«Genau! Und dann gleich noch Slow motion drauf!» Diddi straffte seine Brust, als wäre er gerade einem Bergsee entstiegen. Heitler krümmte sich vor Lachen über etwas Unbekanntes.

«Neulich im Fernsehen, in Pilsen», jetzt war auch Knitter eng an die Lehrer getreten und setzte etwas überstürzt seine Brille ab, «ich sitze daheim und weiß nicht, was ich tun soll. Hab ich Fernsehen, hab ich ‹Die Bibel› gesehen. Das war doch auch so ähnlich, oder?»

«Aber wo!» Ulli parierte recht unleidlich, ja wie unverdient geprügelt, Knitters Einwurf schien ihn nicht so sehr aus der Fassung zu bringen als aus höheren Eingebungen zu reißen. «Der John Huston macht's ganz anders!»

«Oder Pudowskin», sagte Winni leicht zu Diddi und nahm den Djangohut jetzt ab, «ist ja gleich.»

«Also», wollte Heitler wissen, «ich komm dann morgen wieder dran als Knabe. Und dann richtig Nahaufnahme?» Er wirkte richtig noch verschlafen.

«Übermorgen», klärte Winni.

«Übermorgen, prima!» Heitler schneuzte sich begeistert. «Klappe bitte, Mittagessen!» Das war Winni.

«Evi», rief in Eile Diddi Ullis Frau zu, «kümmer du dich um die Mühle! Und vergiß nicht nachmittag! Du bist heute Schminkgirl! 14 Uhr! Geht's los!»

«All okay!» rief Eva glockig. Sie war längst umgezogen. Mit einem Kupferzierband um den Hals, einem Sonnenrock unter dem papageiengemusterten Bikinioberteil, einem Plexirennfahrerschild an der Stirn und veroneserrot glitzernden Plastiksandalen dünkte sie Kafka ein wenig sehr überfordert, zumal sie jetzt auch noch schnell einen mit Palmen und Kokosnüssen bedruckten Frotteebeutel aus dem Zelt holte. Doch der Hals gefiel Franz Kafka.

«Wer kommt mit zu Carlo vor?» Knitter schien neu aufgetaut. «Wimmer! Hiemler! Kommt ihr mit?»

Terry van der Moulen war es, der sich als erster froh anschloß. Der Lehrer Ferdl sagte zu, er komme sogleich nach.

Das Meer lag stark ermattet, im Lager flimmerte Kirchhofstille. Beim nahen Landarzt-Haus, jenseits der grünen Hügel, sollten am Nachmittag die ersten Einspielungen mit den drei Hauptdarstellern statthaben. Ausland heißt Elend, dachte Kafka flüchtig, und rieb sich unverfänglich seine schmale Hüfte. Courage zu bewahren war nicht leicht, sagte er sich unter Sonnenqualen. Das Pärchen Wimmer-Kümmel turtelte ein wenig händchenhaltend vor sich hin. Hiemler, Heitler und Gehring hatten jetzt ihre Luftmatratzen ins Freie gelegt, schliefen betäubt vom frühen Wein der Mittagsstunde. Kafka spähte rund um sich, dann klaubte er seine grünblau karierte Badehose aus der Reisetasche und entschloß sich, einige Kilometer weit ins offene Meer hinauszuschwimmen, vielleicht würde er dabei getötet werden, das wäre dann die Rettung auch.

Das Meer leuchtete jetzt sehr grüntürkis. Sanddünen tönten farblos. In durchaus angenehmes Sinnen versunken, schritt Kafka auf die Wellen zu. Nur kurzzeitig hatte er ein wenig die Befürchtung, daß van der Moulen hinter ihm herstrich, um ihm einen Schabernack zu spielen. Linkerhand sah er jetzt deutlicher die große Felsengrotte, hier könnte er sich ja verstecken, ein für allemal. Der Drehbuchtitel war das eigene Todesurteil, der Text seine Begründung – er durfte beides niemals sehen. Kafkas Augen wanderten, zum Schlitz verengt, den Sand entlang. Der Schimmel dieses Sonnenschimmers macht mich schummrig, plauschte Kafka glimmernd. Eine helle Maus rannte den Strand entlang, ein dicker glänzendschwarzer Käfer kreuzte sie. Die Maus scherte, vielleicht deshalb in kurzer Panik, fast rechtwinklig zum Meer hin aus, besann sich aber scheinbar rechtzeitig und schlug wieder ihre ursprüngliche Tendenz ein. Der Käfer war derweil verschwunden. Nicht ohne Wollust bekräuselte Kafka das Gefühl, im Sand auf eine Tellermine zu treten, drum machte er sich ins Meer. Bald lag das Ufer einen Kilometer hinter ihm. Im Ernstfall, dachte Kafka, könne er sich ja mit Hilfe Silbereisens zum Fisch wohl auch verwandeln. Noch im Kraulen unternahm er den Versuch, möglichst verraten und verkauft zu seufzen, ja, das tat äußerst gut. Die jetzt wieder blaue glatte Wasseroberfläche, sie war eindeutig nur Bosheit, phosphorisch strahlend vor erhabener Böse. Ein Aeroplan ließ Kafka lang und lungenschwach nach oben blinzeln. So gewahrte er starr hinter gelblichen Hügeln eine Wolke wie Atompilz flauschiggiftig schien sie sich von Sekunde zu Sekunde weiter auszudehnen, bis zum großen Platzen hin. Kraulend probierte Kafka ein Lächeln unbeirrbarer Alarmbereitschaft. Silbereisen im Verein mit Brod ließ ihn ja sicher nicht verhungern. Die Niedertracht des Zeitverrinnens schwelte schal. Aus großer Entfernung tönten jetzt wieder vereinzelt Rufe vom Zeltplatz her, wie aufgabebereit, ja vollkommen erledigt, Kafka glaubte vor allem Hiemlers klebriges Meckern zu erhören. Ohne jeden Wind schaukelte sehr zart die böhmische Nationalflagge. Hätte er, Kafka, sagte sich der Dichter, jetzt einen Wunsch freigehabt, der ganze Zeltplatz wäre rauchend in die Luft geflogen. Schon war er nur mehr als sehr schmaler, fast wirkungsloser Streifen sichtbar. Stimmen muckten schwächer hin und wieder. Kafka kraulte nochmals ein paar hundert Meter volles Tempo, dann ließ er's gut sein, schwamm zurück.

Mürbe weste Karst im Westen. Einsamkeit, sie war die alte größte Lockung. Ein fliederlila Glücksstrahl streifte Kafka schwimmend an den Lenden. Jawohl! Heute abend, wenn alle bei Carlo in der Taverne saßen oder um das Lagerfeuer, so wäre es ein sicher Müheloses, trotz allem das Drehbuch aus Ullis Zelt zu stehlen, einen Blick hineinzuwerfen und vor Übel still zu vergehn! Jawohl, das war die Lösung und das Ende! ‹Kaufpreis für die Fahrt›, sprach es in Kafka – das war der Henkersblick ins Drehbuch! Pinzette und ein Kerzenlicht! Durch Kafka rieselte es auf und ab, Züngeln einer Himmelsflamme. Hinter Milchglasluft erspähte der Schwimmer Hiemler, Heitler, Karin – etwas zur Seite kaute Schriml. Sie schienen mit Papierfliegern zu spielen, Kafka überflutete die Gewißheit, daß in diesem Augenblick kein Funken Geist den Strand beseele, vielleicht das ganze Land, und auch nicht seiner. Rettendes lag deshalb sehr nah. Das Drehbuch war Gesetz, das neue: ‹Wie ziehe ich sie unterm Pferdeknecht hervor – respektive unterm Playboy?› ‹Dudlhofer, ich liebe dich – deine Rosa-Abigail!› Schneefall. Mondlicht. Krankenlager. Keine Luft im Krankenzimmer. ‹Säue werden in die Pferde fahren und nichts Grünes fand die Taube, schlupfte wieder in die Arche, dunkel, dunkel, äußerst dunkel ...›

Kafka mußte ohne Bedauern lachen und legte sich im flachen Wasser kitzlig auf den Bauch. Über Grasbüschel und Sand hinweg sah er die nahe Zeltstadt. Quietschend vor Vergnügen balgten sich Gehring und Karin, allzu hastig schenkte Heitler sich neu aus der großen Weinkaraffe ein, beugte gar den Kopf zum stärkeren Trinken weit nach hinten. Dem Lager fehlte einwandfrei der Kommandeur. Warum wohl, dachte Kafka wieder äußerst glimpflich, die Menschen Lustigkeit erfunden hatten? Um Knitter Schonfrist zu gewähren, den Gnadenstoß ihm zu erleichtern? Damit Wimmer Kümmel zottiger noch in die Weichen kniff und griff? Damit das Heckmeck das Gericht noch unterhielte, ein bißchen verzeihender auch stimmte? Am

Von den Untugenden der Küstenbewohner II

Achtung, Achtung – hier spricht Ihr Strandwart: Mehrere Großwogen haben das Vertrauen in die Küstensicherheit nachhaltig und erheblich untergraben. Insbesondere sind öffentliche Einrichtungen der Kurverwaltung mehr als nach den Umständen erforderlich und unvermeidbar belästigt und beschädigt worden.
Und noch was – sag ich aber nicht.

Ende gar noch, trunken, übertölpelte! Nein! Nein! Er, Kafka, durfte dieses Drehbuch nicht stehlen, durfte dieses Skript nicht lesen! Sonst käme alles auf – und van der Moulens Regiment begänne grausig! Hohläugig herrschend, Zacken in der Krone! Nein! Nicht dies Drehbuch! Niemals! Nie!

Kafka kletterte aus dem Wasser, legte sich lang gestreckt in den Sand. ‹Unübersichtlichem gegenüber sofort niederfallen.› Sein Anblick war zu klagend, Schindmähre für die Zeltbewohner. Kafka erwog, ob er sich morgen eine Sonnenbrille kaufen sollte, damit er dunkelnd alles sähe und dennoch aus dem Schneider wäre. ‹Zwei Zahnreihen in Evis Wange – ich bin ein brünstig wildes Tier.› Kafka ließ sich etwas gehen. ‹Das Prager Fernsehen wird sich wundern, errichtet wird ein Schweinestall, in den höchsten Chefetagen. Was soll mir Kiefer, was Wacholder. Ich möchte rammeln, all okay.›

Die Rilkes

Bernstein

Der Kragenbär

Am Ufer stand ein Kragenbär,
ich schiß ins leichtbewegte Meer,
und meine Liebste weinte.

Sie schleuderte ihr Ringlein fort,
der Bär verließ den alten Ort,
und ich fing an und reimte.

Gernhardt

Duett zwischen Schiller und Stralsund

Schiller: Hafenstadt im Abendlicht!
Stralsund *(liegt still da und rührt sich nicht)*
Schiller: Perle an der Ostsee Strand!
Stralsund *(denkt)*: Halt doch den Rand!
Schiller: Immer werd' ich von dir schwärmen!
Stralsund *(seufzt)*: Was soll das Lärmen?
Schiller: Niemals will ich von dir lassen!
Stralsund *(brummelt)*: Nicht zu fassen!
Schiller: Ich erkläre frei und frank …
Stralsund *(schreit)*: Mach mich nicht krank!
Schiller: Gott, ist diese Stadt nervös!
Stralsund *(schweigt und schaut nur bös)*
Schiller *(lacht beim Weggang schrill)*
Stralsund *(übergibt sich still)*

Waechter

Der Witz des Monats II

„Da hört sich doch alles auf"

Magritte am Meer

In einer Zeit, die so viele Werte in Frage stellt, ist dem abendländischen Menschen bisher eines geblieben: der Glaube an die unsterblichen Werke seiner Kunst. Einige davon hat er besonders liebgewonnen und ihnen den Rang einmaliger und unwiederholbarer Ereignisse verliehen. Wie Felsen stehen der «Bamberger Reiter», Michelangelos «David», Barlachs «Mann im Sturm» und Dürers «Betende Hände» im unsicheren Strom der Gezeiten.

In dieser Situation muß das Lebenswerk Pastor Donaths wie eine ungeheure Provokation wirken, sowenig eine solche auch von dem scheuen Gelehrten beabsichtigt war. Donath unternahm nichts Geringes: Er wandte Charles Darwins Theorie «Von der Entstehung der Arten» auf den Bereich der schönen Künste an und kommt zu dem Schluß, Kunstwerke wie die «Uta von Naumburg» oder die «Sonnenblumen» von van Gogh müßten überall dort entstehen, wo die Umweltbedingungen dafür günstig seien.

Wenn man seinen Dokumenten glauben will, ist diesem Außenseiter der Kunstgeschichte sogar der Beweis für seine Theorie gelungen. Wir geben den Bericht über dieses Forscherschicksal mit all dem Vorbehalt wieder, der nach Ansicht der herrschenden Lehrmeinung angebracht ist.

Die betenden Hände auf dem Meeresgrund

Am 10. Juli 1930 liegt ein Sturmtief über der Deutschen Bucht. Es regnet Fäden. Pastor Donath steckt zwei Bleigewichte in den Gürtel, zurrt das Haifischmesser fest und schiebt die einfenstrige Taucherbrille über Nase und Augen. Dann wirft er einen gespannten Blick in die niedrighängenden Wolken, als erwarte er ein Zeichen des Himmels, das ihn zurückhielte. Das Zeichen bleibt aus; es regnet immer noch.

Donath streift die Flossen über, hebt die Hände hoch über den Kopf und läßt sich rücklings über den Bootsrand fallen. Er schlägt platt mit der Sitzfläche auf, dreht eine Rolle und kommt flach vom Boot ab. Das Wasser ist milchig grün. Wenn er den Kopf nach oben dreht, kann er sehen, wie der Regen auf den Wasserspiegel schlägt und immer neue Kreise zeichnet. Bei zehn Metern ist das Wasser ganz klar, viel heller und fast völlig still. Donath stellt seine Tauchzeituhr und vollführt mit seinen Flossen einen Looping. Nun steht er kopf und gleitet halbschräg in die Tiefe. Querab zieht eine Flotille Islandheringe vorüber, der Meeresboden ist noch nicht zu sehen.

Um 15.33 MEZ biegt er in einen unterseeischen Hohlweg ein, kreuzt in 30 Metern Tiefe einen gut erkennbaren Steinwall, zieht über einen festungsähnlichen Turm hinweg, beschreibt einen Halbkreis und setzt auf einem plattenverzierten Geviert auf. Er stößt sich noch einmal mit den Füßen ab, kreuzt den Platz und fängt sich sanft mit den Händen an einer glatten, hohen Mauer. Donath zieht das breitklingige Messer heraus und beginnt, die dünne, harte Sandschicht von der Mauer abzukratzen. Er hat etwas weniger als eine Viertelstunde gearbeitet (am Sauerstoffvorrat merkt er später, daß er sehr hart gearbeitet hat), da erscheinen auf dem Putz der Mauer zwei betende Hände.

Donath nickt befriedigt, zurrt die Unterwasserkamera vom Gürtel und beginnt, eine Serie von Aufnahmen zu machen. Das wiederholt sich an diesem Nachmittag mehrere Male, ohne daß er dabei gestört würde. Seine Bewegungen locken eine Sippe neugieriger Quallen an, aber sonst bleibt alles ruhig. Donath stößt sich wieder vom Meeresboden ab, verursacht eine Sandwolke, der Sauerstoff entweicht im Rhythmus seiner Atemstöße. Er kehrt langsam, die Auftauchzeiten beachtend, zum Kutter zurück.

Als das weiße Gesicht seiner Frau am Bootsrand erscheint, hebt er die Faust mit dem senkrechten Daumen hoch und lächelt, ein wenig triumphierend fast. Dann schaut er wieder in die Wolken. Der Regen hat mit einem Mal ausgesetzt. Von der offenen See, von England her, überziehen sich die anwandernden Wellen mit leuchtendweißen Schaumkronen.

In den nächsten Wochen erreichte ein Sturm das Festland, fegte über den Kontinent hinweg, den wir das Abendland nennen, und richtete ungeheure Verwüstungen an. Mit urtümlicher Macht heulte das Unwetter durch die Treppenhäuser ehrwürdiger Universitäten, brachte Lehrstühle ins Wanken, tobte weiter durch die Aktsäle und Gipskabinette der Kunstakademien, schüttelte furchtlos an den hohen bronzenen Portalen gotischer Dome und barocker Bischofssitze.

Auf seiner Schreckensbahn blieben entthronte Lehrmeinungen zurück, Dissertationen und Kunstgeschichten, bunt durcheinandergewirbelt und bis zur Unkenntlichkeit zerfetzt.

An dem Tage, als Prof. Wauermann, der greise Dürerexeget, sich aus dem Dachfenster der Alma mater Carolinensis warf und drei Stockwerke tiefer auf dem Pflaster zerschellte, eine Schar ratloser Doktoranden und Assistenten zurücklassend, sprach bereits die ganze akademische Welt von Pastor Donath und seiner unterseeischen Entdeckung.

Was war es nun, das die Nerven so sehr erhitzte, daß der Kulturpolitiker einer angesehenen Wochenzeitung schreiben konnte: «Was Dschingis Khan, Herrn Goebbels und dem Dadaismus nicht gelungen ist, dazu scheint Pastor Donath auf dem besten Wege: Die Zerstörung des Glaubens an die Abendländische Kunst.» Er hatte hinzugefügt: «Wehe uns allen, wenn dieser Landpfarrer aus Sillerup recht haben sollte. Galileis einst welterschütternde Thesen werden nur ein frommes Denkspiel gewesen sein gegen das, was da vom Grunde der Deutschen Bucht auf uns zukommt.»

Das ewige Auf und Ab in den bildenden Künsten

Franz Ferdinand Donath kam am 14. Juli 1890 auf einem Tiroler Bauernhof zur Welt, doch waren beide Eltern Nordfriesen, auf der Hallig Hooge geboren. Bei den schweren Frühjahrsstürmen des Jahres 1889 war Donaths Hof mit Land, Gerät und Vieh untergegangen, als der Övelshövener Deich riß und der blanke Hans (so nennt man die Nordsee dort herum) sich mit braunen Fluten ins Land ergoß. Nur das nackte Leben konnte man retten.

Sobald er und die Seinen in Sicherheit waren, hatte der alte Donath – ein jäher, zum Extremen neigender Mensch – mit einer zornigen Bewegung den Seesand von seinen Füßen geschüttelt und war ins Passeiertal gezogen. Dort war er, der Halligbauer, zwar völlig fremd und kreuzunglücklich, konnte auch in den folgenden fünfzig Jahren nie heimisch werden, aber der gierigen See hatte er doch ein für allemal eine lange Nase gedreht, und das wars, was ihn in dem unwirtlichen Alpental hielt. Später gelang es ihm aber doch wenigstens, den holsteinischen Apfel in Tirol heimisch werden zu lassen, in einer Gegend, die vorher keinen Obstbau gekannt hatte, aber vorzüglich dafür geeignet war, wie sich bald herausstellte. Heute ist dieser rotwangige Tiroler Tafelapfel ja bis nach Bozen und Meran hinein zu finden, fehlt auch auf keinem gepflegten Tisch nördlich der Alpen, ohne daß über die Rolle des Züchters je berichtet worden wäre.

Das alles wird hier so ausführlich dargestellt, weil es auf Donaths Entwicklung charakterisierenden Einfluß nahm. Kurz vor Ausbruch des Ersten Weltkrieges, im schwülen Sommer des Jahres 1914, bezog Franz Ferdinand die Münchener Universität, um Kunstgeschichte zu studieren (Abb. 1).

Hier geriet er unter den Einfluß der Thesen Prof. Schletzingers, eines geistvollen, wenn auch etwas sprunghaften Gelehrten. (Seine eigenwillige Deutung der Mosaiken von Ravenna ist heute noch viel umstritten.)

Ganz besonders beschäftigte ihn Schletzingers Wellentaltheorie. Obwohl diese Lehrmeinung heute längst in den Besitz der Allgemeinbildung über-

Abb. 1 Eine Aufnahme Franz Ferdinand Donaths aus dem Jahre 1914. Als Student der Kunstgeschichte an der Münchner Universität löste er im September d. J. einen Skandal aus, der in den «Schwabinger Krawallnächten» seinen ersten Höhepunkt fand. In Fortführung der sog. «Wellentaltheorie» seines Lehrers, Professor Schletzinger, postulierte Donath: Rembrandts Mann mit dem Goldhelm, Dürers Betende Hände, das alles ist schon einmal dagewesen. Die akademische Welt war entsetzt und verwirrt.

gegangen ist, sei sie hier noch einmal kurz skizziert. Prof. Schletzinger (wer jemals in den Jahren zwischen den beiden Kriegen die Münchner Leopoldstraße entlangpromeniert ist, erinnert sich an das durchgeistigte, vielleicht ein wenig zu große Gelehrtenhaupt mit dem mächtigen weißen Haarkranz), Schletzinger also sagt etwa folgendes: *Die Kunst entwickelt sich nicht in einer stetig ansteigenden Kurve, vielmehr verläuft sie in der Form der rollenden Welle, die sich immer wieder neu gebiert. Am Fuße des Wellentals steht die Archaik, auf dem Scheitelpunkt die Klassik, die dann abfallend über Manierismus, Rokoko und abstrahierende Darstellung nach einer Atempause zu einer neuen Archaik erblüht.*

Dieses schöne Symbol der ewig anbrandenden Woge mußte dem Sohn eines Halligbauern besonders gut gefallen. War hier doch das ergreifende Bild der immerwährenden Gezeiten und Ströme aufs glücklichste verwoben mit dem Sinnbild der End- und Ziellosigkeit menschlichen Tuns.

Franz Ferdinand war aber nicht nur ein Friesenstämmling schlechthin, er war auch der Sohn eines Vaters, der, wie wir weiter oben erfahren haben, dem Maßlosen in seiner Natur gern freien Lauf ließ. So kann es niemanden verwundern, daß Schletzingers milde These den jungen Querkopf letztlich nicht befriedigte.

Wie einmalig ist van Gogh?

Anfang September 1914 hielt Franz Ferdinand im kunsthistorischen Seminar sein erstes Referat. (Man sieht, wie schnell er es verstand, sich einen Platz im akademischen Leben zu sichern.) Das Thema «Dürer auf dem Wellenberge», eine deutliche Anspielung auf Schletzingers Lehrmeinung, konnte schon einige Neugierde provozieren. Der Hörsaal des alten Schwanbergerbaus war denn auch bis auf den letzten Platz gefüllt. Erwartungsvolle Stille erwartete den jungen Referenten, als er sich durch die sogar das Podium belagernden Kommilitonen zum Pult schlängelte.

Donath begann recht konventionell mit der üblichen Lobrede auf seinen Lehrer. Schletzinger, so führte er aus, habe mit ordnender Hand in den amorph dahinfließenden Strom der Kulturen eingegriffen. Ohne Scheu habe er Aufsteigendes und Absteigendes beim Namen genannt. Das sei zu rühmen. Um so mehr bedaure er, Donath, daß der verehrte Lehrer auf halbem Wege stehengeblieben sei. Zwar wisse man nun, daß es auch in der ägyptischen Kunst eine Renaissance und in der römischen ein Rokoko gegeben habe, wo frühere Lehrmeinung im einen Fall nur eine Lust, im andern eine Laune des betreffenden Künstlers gesehen hatte. Das alles sei verdienstvoll, gewiß, aber doch nur die halbe Wahrheit. Bei diesen Worten ging eine Welle der Unruhe durch den weißgoldenen Saal des Auditoriums. Die vor ihm sitzenden drehten den Kopf zu Schletzinger, der rot angelaufen war.

Donath fuhr fort: «Wenn wir schon erkannt haben, daß in den verschiedenen Stilepochen eine immanente, gleichsam unpersönliche Kraft wirksam war, wenn wir sehen, wie Gotik und Barock sich immer wieder wiederholen, warum geben wir dann nicht gleich zu, daß auch das einzelne Kunstwerk wiederholbar ist, einem Gesetz der Serie unterliegt?

Um es unmißverständlich auszudrücken: Woher nehmen wir die Stirn, zu behaupten, die ‹Mona Lisa› sei ein einmaliges Kunstwerk? Müssen wir nicht vielmehr annehmen, daß sie, daß auch der ‹Mann mit dem Goldhelm›, daß Correggios ‹Leda mit dem Schwan› überall dort entstanden, wo die Umweltbedingungen ihr Entstehen begünstigten? Warum soll es in der vorgeschichtlichen Zeit nicht Dutzende von Epochen gegeben haben, in denen van Goghs ‹Sonnenblumen› und Cezannes ‹Äpfel› möglich waren, also gemalt wurden? Um einmal mit Darwin zu sprechen ...»

Donath konnte nicht mit Darwin sprechen. Ein unbeschreiblicher Tumult brach aus. Schletzinger sprang von seinem Stuhl hoch, stieß mit senkrechtem Zeigefinger Beschimpfungen gegen den Referenten aus, wurde in dem einsetzenden Lärm nicht verstanden und verließ den Raum. Die Studenten stiegen auf Stühle, klapperten mit den Pultdeckeln, andere applaudierten, pfiffen oder johlten. Hier war es auch, wo zum ersten Mal das Wort vom Kulturbolschewismus fiel.

Donath nahm all seine Energie zusammen, schaffte es für einen Augenblick, Ruhe zu bekommen, und sagte drohend leise, aber mit fester Stimme: «Sie glauben, ich könne nicht beweisen, was ich daherrede. Nun gut. Sie haben recht. Noch haben Sie recht. Gestatten Sie mir dennoch einen Hinweis: Der italienische Astronom Galilei errechnete vor 400 Jahren rein mathematisch-theoretisch, der Planet Jupiter müsse von Monden umkreist sein. Niemand konnte diese Monde sehen. Galilei wurde verlacht, so wie ich heute verlacht worden bin. Als er aber das Fernrohr erfunden hatte und jedermann die Jupitermonde mit eigenen Augen sehen konnte, da mußte man zugeben, daß er recht gehabt hatte, und man schämte sich. – Ich», rief Donath mit erhobener Stimme, «ich werde Ihnen *meine* Jupitermonde bald zeigen!»

Franz Ferdinand nahm sein Kunstgeschichtsstudium nicht wieder auf. 1923 schrieb er sich an der theologischen Hochschule in Erfurt ein. Es wäre aber irrig, dies als ein Schuld- oder Reuebekenntnis auszulegen. Die wahren Gründe lagen viel einfacher. Sein Vater hatte ihm jegliche Unterstützung gesperrt, so daß Donath auf ein Studium ausweichen mußte, das keine finanziellen Anforderungen an ihn stellte. Nun waren zu dieser Zeit einige Stipendien für die theologische Laufbahn ausgeschrieben. Franz Ferdinand bewarb sich und wurde angenommen. 1925 heiratete er Birgitta, die Tochter eines Husumer Bademeisters. Zwei Jahre später bezogen sie das malerische Silleruper Pfarrhaus (Abb. 2). Eine Zeit des gesicherten Bürgerglücks konnte beginnen.

Stilles Behagen und neuer Beginn

Aus einigen angelsächsischen Kriminalromanen kennt man das dramatische Moment des zu Unrecht verfolgten, vermeintlichen Mörders, der sei-

Abb. 2 Im idyllischen Silleruper Pfarrhaus verbrachte Franz Ferdinand Donath die Jahre bis 1930. Es hätte eine Zeit des stillen Bürgerglücks sein können, wenn nicht das Kainsmal des von der akademischen Welt Verfemten die Stirn des Pastors gezeichnet hätte. Hier kam ihm an einem grauen Apriltag jene Eingebung, die zu seiner Rechtfertigung führte.

nen Häschern für eine knappe Zeitspanne entfliehen kann. Nur diese Zeit steht ihm zur Verfügung, seine Unschuld zu beweisen. Er weiß, daß er nur eine einzige Chance hat: Er muß den Geschworenen den wahren Schuldigen präsentieren.

In eben dieser psychologischen Situation befand sich Pastor Donath in der Mitte der zwanziger Jahre. Gewiß, er hatte einen beschaulichen Schlupfwinkel gefunden, mit wuchernden Geranien vorm Fenster, einer begabten Köchin zur Frau und einer Schar rotwangiger Kinder, und er hatte auch mehr Zeit zu seiner Verfügung als sein Schicksalsgenosse im Detektivroman. Und doch: Der Druck war der gleiche. Und was seine Lage fast aussichtslos machte: Wo in aller Welt sollte er den Beweis dafür suchen, daß er nicht der mutwillige Meuchelmörder der abendländischen Kunst war? Hatten nicht Spatenforscher seit 100 und mehr Jahren ganze Landstriche über Kreuz und in die Quere durchwühlt? Und hatte bei dieser kostspieligen und zeitraubenden Tätigkeit je einer auch nur den geringsten Beweis für

Donaths Kunsttheorie gefunden? Das mußte nachdenklich stimmen. Und schließlich: Wie sollte er, ein karg besoldeter Landpfarrer aus Sillerup, die immensen Mittel aufbringen, die eine solche Expedition erfordert?

In solch trüben Gedanken kehrte Franz Ferdinand an einem grauen Apriltag nach der Morgenandacht in sein Pfarrhaus zurück. Schon als er über den Kiespfad schritt, der Gottes- und Hirtenhaus verband, durch Zierobstspaliere und Kletterrosendach, ahnte er dumpf, daß etwas Besonderes in der Luft lag. Wie in Trance versunken, schritt er an Frau und Kindern vorbei, achtete nicht des Bratendufts, übersah den festtäglich gedeckten Tisch, ging in sein Arbeitszimmer, ließ sich an seinem buchsbaumgedrechselten Sekretär nieder und barg sein Gesicht in den Händen. Als er die Augen hob, fiel sein Blick auf den Abreißkalender, ein Neujahrsgeschenk der Bodenstedter Kreditbank. Als hinge sie an einem Faden, hob sich seine Hand zum Kalenderblatt, riß das Blatt ab und drehte es um. Auf der Rückseite, in roten Unzialen, das Wort des griechischen Denkers Kleobulos: «Alles Leben aus dem Wasser». Nichts weiter. Nur: «Alles Leben aus dem Wasser»! Donath schauderte. War das die Lösung?

Hatten darum all die Landgräber, Maulwürfe vom Schlage eines Schliemann, Carter, Woolley und Layard nichts finden können? Deshalb nichts finden können, weil sie gruben, wo sie hätten tauchen müssen?

Auch in späteren Jahren wies Donath immer wieder darauf hin, dies sei der entscheidende Moment in seiner Laufbahn gewesen; dabei vergaß er nie, auf eine Besonderheit hinzuweisen: Fast alle Entdecker vor ihm betonen in ihren Lebenserinnerungen die Rolle des Zufalls. Ohne ihn wäre, schenkt man ihren Worten Glauben, weder Amerika entdeckt noch die Benzolformel gefunden worden.

Hier nun war mehr und Höheres im Spiel. Man kann natürlich Spekulationen darüber anstellen, ob das mit dem besonderen Verhältnis zum Überirdischen zusammenhängt, das einen Pastor ohne Zweifel auszeichnet. Mit letzter Sicherheit läßt sich darüber nichts aussagen, ebensowenig, wie man das Ergebnis dieses Eingriffs leugnen kann.

Schon wieder diese Hände ...

Wie es angefangen hatte, so zielsicher ging es auch weiter. Nur wenige Tage später machte Donath mit Frau und Kindern – er hatte sie, vielleicht doch in einem Akt innerer Abbitte, auf die Namen Albrecht, Leonard(o), Peter Paul und Caspar David getauft – einen lange geplanten Ausflug. Ihr Ziel war das dänische Esbjerg mit seinem kleinen, aber vielgerühmten vorgeschichtlichen Museum. Während die Buben sich hier mit der Replik eines alten Wikingerschiffs vergnügten, war Donath mit Birgitta in eines der oberen, selten besuchten Stockwerke gestiegen. Und wieder zog es ihn, fast unwiderstehlich, zu einer unscheinbaren gläsernen Vitrine, die dort seit Errichtung des Museums im Jahre 1889 ein wenig beachtetes Dasein fristet. In dieser Vitrine liegt seit eh und je eine Gravur oder Ritzzeichnung auf Kieselgur (Abb. 3). Sie zeigt, in etwas unbeholfener Manier, zwei Hände, wie flehend erhoben, mit zusammengelegten Fingerspitzen. Das Ganze ist nicht größer als 22 mal 35 cm. Was merkwürdigerweise keinem Museumsbesucher aufgefallen war, sah Franz Ferdinand auf den ersten Blick: Diese Hände glichen, bis auf wenige Details, den beliebten und in millionenfacher Reproduktion verbreiteten sogenannten «Betenden Händen» von Albrecht Dürer (1471–1528, Abb. 4).

Im Museumsführer war die Kratzzeichnung nach ihrem Fundort als «Husumer Kultstein» verzeichnet. Vom Kustos war zu erfahren, daß Strand-

Abb. 3/4 Der «Husumer Kultstein». Daneben Albrecht Dürers Studie «Die betenden Hände». Die Übereinstimmung war jahrzehntelang unentdeckt geblieben. Auf dem Kultstein erkennt man zwischen den drei (!) Fingern dünne Schwimmhäute, unterhalb des Handgelenks schuppenartige Gebilde. Dies und die Tatsache, daß der Kultstein angeschwemmt worden war, führten Pastor Donath zu dem Schluß, der Künstler müsse einer untergegangenen maritimen Kultur angehört haben.

läufer das Fragment 1869 nach einem schweren Sturm am Husumer Strand gefunden hatten.

Mit nachtwandlerischer Sicherheit, ja mit einer gewissen Verbohrtheit, wie man sie bei Entdeckern oft antrifft, sah Donath in seinem Fund einen sicheren Beweis für seine Theorie. Dieser Stein, dessen war er gewiß, konnte nicht das Werk eines Wikingerkünstlers sein, als das man es in Esbjerg bisher angesehen hatte.

Von wo aber war er angeschwemmt worden? Daß er nicht vom Festland stammte, das stand für ihn fest. Franz Ferdinand begann sich in alte Chroniken zu vertiefen. In Mercators Weltchronik aus dem Jahre 1610 fand er die ausführliche Beschreibung einer Naturkatastrophe, die sich um 1380 vor der deutschen Nordseeküste ereignet hatte. In einem Seebeben, das eine 30 Schuh hohe Flutwelle auslöste, war am Himmelfahrtstag dieses Jahres eine Insel von der Größe der Grafschaft Waldeck ins Meer gerissen worden und nie wieder aufgetaucht. Von den Bewohnern hat man keine Spur entdecken können. Waren sie, durch tagelanges Grollen und Rumoren des Seebodens gewarnt, rechtzeitig geflüchtet? Der Chronist weiß es nicht. Das rätselhafte Schicksal Doordeboers, so hieß das Eiland, fand über Jahrhunderte hinweg seinen Niederschlag in der Literatur. Die Erschütterung, die diese Tragödie auslöste, reichte bis hin zu Hebbel und regte ihn zu seinem (unvollendeten) Singspiel: «Die Leute von Doordeboer» an, das sich in seinem Nachlaß befindet (Werkverzeichnis Seite 404–448). Auch Oskar Loewes Ballade vom Nöck scheint hier ihre geistigen Wurzeln zu haben, ebenso wie Heines bekannter Vierzeiler aus dem «Buch der Lieder»:

Ich weiß eine alte Kunde,
die hallet tief und schwer:
sie liegen am tiefen Grunde,
die Leute von Doordeboer.

Soweit die Dichtung.

Das wahre Atlantis

In einem Segelhandbuch der kaiserlichen Marine begann Franz Ferdinand nach den Spuren der untergegangenen Insel zu suchen. Und er brauchte nicht lange zu suchen. Etwas westlich der Bäderschiffahrtsroute, ungefähr 25 Seemeilen nordnordöstlich der Insel Spiekeroog, fand er eine Untiefe verzeichnet, vor der ausdrücklich gewarnt wurde. Zum einen sei dies eine konstante Kalmenzone (windstille Gegend, d. V.), zum andern aber drohe hier eine reißende, spiralförmige Strömung, die schon manchem Sportsegler zum Verhängnis geworden sei. Das sonst so sachliche Standardwerk scheut hier nicht den poetischen Vergleich mit der homerischen Scylla und Charybdis. Übrigens ist diese nautische Falle den Teilnehmern der alljährlichen Emdener Woche nur zu gut bekannt und wird von ihnen wie die Pest gemieden. Vor wenigen Jahren erst wurde der aussichtsreich im Rennen liegende Drachensegler J. P. Övelgaard von der Strömung erfaßt und im Handumdrehen vor die ostenglische Hafenstadt Lowestoft versetzt.

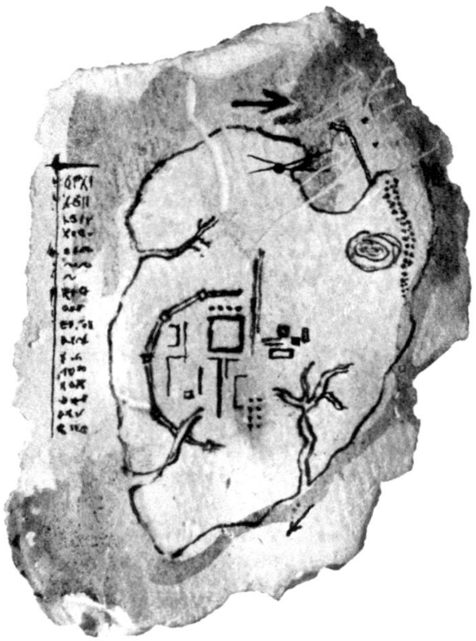

Abb. 5 Die Rückseite des Husumer Kultsteins. Was man für eine Krakelüre gehalten hatte, entpuppte sich als die Karte des versunkenen Doordeboer. Deutlich erkennt man oben rechts den künstlichen Hafen mit der Kaimauer, links daneben den Leuchtturm. Auf dem großen Geviert innerhalb der Ringmauer in der Mitte der Karte landete Donath bei seinem ersten Tauchversuch.

Noch etwas Merkwürdiges ereignete sich an diesem Tage. Als Donath den Kultstein noch einmal genau untersuchte, entdeckte er, daß auf der Rückseite etwas, was er für eine Krakelüre gehalten hatte, in Wirklichkeit eine eingeritzte Land- und Seekarte war (Abb. 5)! Der Vergleich mit dem Segelhandbuch legte die Vermutung nahe: Dies war eine Karte Doordeboers aus der Zeit vor dem Untergang. Straßen, Plätze, Ringwälle und ein künstlich angelegter Hafen waren deutlich zu erkennen. Auf dem Rand des Steins fand sich eine Gezeitenkarte. Nun war alles einfach. Donath fuhr zum Ozeanographischen Institut in Kiel, Rechentabellen wurden zu Rate gezogen, und bald stand das Ergebnis fest: *Die Gezeitenkarte stammte aus dem Jahre 30567 v. Chr.* Ein Irrtum schien kaum mehr möglich.

Später sagte Donath, er hätte an diesem Tage insgeheim gewünscht, die Ozeanographen hätten sich verrechnet, so gewaltig schien ihm die Zeitspanne, so unheimlich die sich daraus ergebenden Folgerungen. Aber nun gab es kein Zurück mehr.

Auch die Vorderseite des Steins wies eine Besonderheit auf, die dem besinnlichen Pastor einen gelinden Schauer über den Rücken jagte. Am vorderen, linken Unterarm, unterhalb des Knöchels, waren deutlich trapezförmige, fischähnliche Schuppen zu erkennen. Waren sie symbolisch gemeint? Offenbar nicht. Da die Zeichnung sonst sehr realistisch ausgeführt ist, durfte man mit Fug schließen, der anonyme Künstler, wer immer er war, habe sich auch hier an die Natur gehalten. Das aber würde, mit aller gebotenen Zurückhaltung ausgedrückt, bedeuten, daß zumindest das Modell einem bisher unbekannten Abzweig des Homo sapiens angehört haben muß, ein lebendes Fossil gewesen sein muß, das die Jahrhunderttausende überdauerte, so wie der madagassische Lungenfisch oder das australische Schnabeltier die Jahrmillionen überdauerte. Denn soviel war sicher: Die Abzweigung vom Hauptstamm seines haartragenden Bruders mußte lange vor dem Jahr 30000 erfolgt sein. Wie abenteuerlich diese Gedanken auch waren, spätestens seit dem Tage, an dem in der Lombardei das erste Etruskergrab geöffnet wurde, wissen wir, daß hochzivilisierte Völker zuweilen auf rätselhafte Weise kommen und gehen, ohne mehr zu hinterlassen als tönerne, erzene, steinerne oder hölzerne Zeugen.

Bei allen Skrupeln, die ihn befielen, gab es doch nur einen Weg für Donath: Er mußte Doordeboer finden, koste es, was es wolle.

Die ersten Tauchversuche

Es kostete ihn genau 380 Goldmark. Für diesen Preis erwarb er bei dem alten Leerter Hafentaucher Düvelbeek, der sein Gewerbe aufgeben mußte, eine zwar ungefüge, aber doch sehr zuverlässige Taucherausrüstung, die es ihm gestattete, ohne Gefahr des Leibes bis in Tiefen von 40 Metern vorzudringen. Dazu erstand er auf einer Auktion einen bronzenen Taucherhelm, den er zu einem wasserdichten Gehäuse für seine betagte Mignon-Kamera umbaute. Damals, in den Kindergartentagen der Unterwasserfotografie, war dies die einzige Möglichkeit.

Im Juli 1930 begannen die ersten Tauchversuche. Zuvor hatte er wochenlang über seinen Seekarten gebrütet, hatte vermessen und verglichen, um das Tauchgebiet möglichst einzugrenzen. Schließlich wählte er eine Stelle, die auf dem Kultstein als Hafenanlage verzeichnet war.

Da erreichte ihn vom Direktor des Heimatmuseums Hindelang (einem Studienkollegen aus der Zeit der Schwabinger Krawalle) ein Anruf: Tiefbauarbeiter, die den Auftrag hatten, das Fundament für ein neues Kriegerdenkmal zu legen, waren in geringer Tiefe auf ein Relief gestoßen, das sich als genaues Duplikat des Husumer Kultsteins erwies.

Hatten die Doordeboerer doch Verbindung zur Außenwelt gehabt? Wenn ja, warum hatte man bisher nie eine Spur ihres Wirkens gefunden? Donath ließ sich nicht bluffen.

«Ich sehe nur, daß es möglich war, Doordeboer zu verlassen. Aber nichts beweist, daß man hingelangen konnte! Meine Theorie von der Autarkie der Doordeboerer ist unwiderlegt.»

In sein Tagebuch schrieb er freilich: «Waren diese seltsamen Steine mit den flehenden Händen Flaschenposten der Inselmenschen, die damit auf sich aufmerksam machen wollten?» Diese Spekulation mußte vorläufig unbeantwortet bleiben.

Die lange Drift

Am 10. Juli rüstete der Pastor seinen Kutter «Seute Deern» (Abb. 6) aus und stach in See. Birgitta begleitete ihn. Als sie in das Suchgebiet kamen, herrschte völlige Windstille, dennoch mußte das Boot schwer gegen die Drift ankämpfen, die es immer wieder nach der holsteinischen Küste hin zu versetzen drohte. Als Franz Ferdinand sein Ziel erreicht hatte, warf er den Schleppanker aus und machte sich fertig zum Tauchen.

Die See war eigentümlich glatt, fast schwarz und zähflüssig wie Blei. An manchen Stellen aber schien sie zu kochen, warf Blasen und leuchtete schwefelgelb vom Grund her. Ein paar Quallen trieben im Kreise, gleich Pilzen aus Gelatine. Der Wind war vollkommen eingeschlafen. Ein senkrecht hochgeworfenes Blatt Papier fiel ins Boot zurück, über dem Mast stand ein Albatros in der stillen Luft und äugte unverwandt auf die Insassen.

Donath streifte die gelbe Tauchermütze über, schulterte das Tauchgerät und schwang sich in die Tiefe. Augenblicklich wurde er abgetrieben, erst langsam, dann immer schneller zog es ihn hinaus aufs offene Meer. Frau Birgitta sah ihn, schon weit draußen, auftauchen und wild mit den Armen rudern. Sie warf den Diesel an, nahm sich nicht die Zeit, den Anker zu lichten, kappte ihn vielmehr und zog das Boot im nächsten Moment in einer weiten Kurve hinter dem schon am Horizont verschwindenden, verzweifelt kämpfenden Pastor her. Wiewohl die Strömung nun auch den schwerfälligen Kutter erfaßt hatte, blieb der Vorsprung, den der treibende Pastor vor seinem Fahrzeug hatte, unüberwindlich. Die Drift schien eine weite, sehr flache Spirale zu beschreiben. Bald näherten sich der dem Meer ausgelieferte Donath und seine Retterin bis auf Sichtweite der Küste, trieben auf der Höhe von Norderney vorbei, passierten Baltrum, Langeoog, Spiekeroog, Wangerooge und schließlich den Leuchtturm Roter Sand. Am frühen Nachmittag drifteten sie am Feuerschiff «Elbe 1» vorüber, wurden aber nicht von der Besatzung, sondern nur vom Bordhund Sultan bemerkt, dessen lang-

Abb. 6 Der Kutter «Seute Deern», von dem aus F. F. Donath im Juli 1930 seine unterseeischen Forschungen aufnahm. Fast hätten sie ein fatales Ende genommen, als der Pastor von einer mächtigen Drift erfaßt und in weitem Bogen bis vor Husum getrieben wurde. Diese abenteuerliche Treibjagd durch die halbe Nordsee – vorneweg der treibende Donath, hinter ihm seine Frau Birgitta am Steuer der «Seute Deern» – verhalf ihm indes, hinter das Geheimnis des versunkenen Doordeboer zu kommen. Ohne es zu wollen, hatte Donath die Beweismethode Thor Heyerdahls vorweggenommen, der nach dem Zweiten Weltkrieg auf einem primitiven Floß über den Stillen Ozean gedriftet war, um zu beweisen, daß die Osterinseln vom südamerikanischen Kontinent her besiedelt worden waren.

gezogenes Kläffen aber vom heulenden Sturm weggerissen wurde. Drei Stunden dauerte nun schon die Jagd, und der Abstand schrumpfte nur quälend langsam. Schließlich, als die Sonne schon lavendelblau im Westen untergegangen war, gelang es Britta doch, nahe genug an den Treibenden heranzukommen. Sie packte ihn mit dem Bootshaken und hievte ihn über die Dolmen. Dann steuerte sie das Blinkfeuer an, das den nächsten Hafen signalisierte. Wer aber beschreibt das Erstaunen der beiden, als sie feststellen mußten, daß sie Husum angelaufen hatten, eine knappe Meile von der Stelle, an der im Jahre 1869 der Husumer Kultstein angetrieben war?

Hier war nun der thriumphale Beweis für Donaths Doordeboer-Theorie. Ohne es zu wollen, hatte er die Beweismethode des berühmten Thor Heyerdahl vorweggenommen, der 20 Jahre später mit seinem primitiven Floß «Kon-Tiki» zu den Osterinseln gedriftet war, um so deren Besiedlung vom südamerikanischen Festland aus zu beweisen. Donath aber war es ums Gegenteil gegangen: Er wollte nachweisen, daß Doordeboer eben nicht von außen zu erreichen war. Später bestätigten ihm alte Fahrensleute: Doordeboer war auf Grund seiner nautischen Besonderheit weder mit Rudern noch mit Segeln zu erreichen, man mußte schon einen kräftigen Motor haben, um sich durch den Strömungsgürtel kämpfen und die widrigen Wasserkräfte überwinden zu können.

Ein Pastor taucht unter

Franz Ferdinand gönnte sich nur wenige Tage der Erholung. Eine Woche nach der Schreckensfahrt war er bereits wieder an der Untiefe. Diesmal umkreiste er sie, alle paar hundert Meter einen gelben Korken über Bord werfend. Die Korken entfernten sich, wie von Geisterhand weggerissen, exzentrisch von der Stelle, an der die untergegangene Insel lag. Damit war bewiesen: Ganz Doordeboer war, wie eine Burg von ihrem Festungsgraben, von einem Strömungsgürtel umgeben.

Am Nachmittag des gleichen Tages – eine Regenfront war aufgezogen – ging Donath zum zweiten Mal über Bord. Und diesmal hatte er Glück. Nachdem er die schnellfließende Oberflächenströmung durchstoßen hatte, geriet er in klares, ruhiges Wasser. Es muß eine überraschende Erfahrung für den Taucher gewesen sein – über ihm Sturm und klatschender Regen, dann das Boot, die tückische Drift; und hier, nur wenige Meter tiefer: Wasser, so still und hell, daß man den Grund erkennen konnte. Der Taucher befand sich im Herzen des Hurrikans.

Man kennt das aus manchen Filmen: Ein Fallschirmspringer steigt aus der kleinen Maschine, die ihn hochgetragen hat, er läßt sich fallen, breitet Arme und Beine, liegt waagerecht in der Luft, öffnet aber den Schirm noch nicht. Ein paar Kilometer unter ihm ziehen Wälder, Gebirge und Flüsse vorbei, werden nur langsam größer, während er auf sie herabzusinken scheint. Franz Ferdinand beschrieb später das Erlebnis: «Unter mir breitete sich eine buchstäblich märchenhafte Landschaft aus. Unterseeische Gebirge, Flußläufe und Täler kamen unendlich langsam auf mich zu. Und dann sah ich etwas Unvergeßliches: Eine riesige Wanderdüne, wie ich noch keine gesehen hatte, setzte sich langsam in Bewegung, wanderte ab und gab nach und nach den Blick auf eine gigantische Siedlung am Meeresboden frei.» (Abb. 7)

Auch dem unbefangenen Leser mag sich an dieser Stelle der Eindruck aufdrängen, der Himmel sei dem Pastor Donath zu Hilfe geeilt, indem er just zu diesem Zeitpunkt die Düne abwandern ließ, die wer weiß wie lange über Doordeboer gelegen haben mochte. Erinnert das nicht an einen eleganten Zauberkünstler, der, nach entsprechender Vorbereitung, sein schwarzes Tuch mit einem schnellen Ruck beiseite zieht, schnuppernde Kaninchen, flatternde Tauben und schwellende Blumensträuße dem «Ah!» und «Oh!» der Zuschauer preisgebend?

Hier also Doordeboer.

War das nun das sagenumwobene Atlantis, ebensooft entdeckt wie dementiert, zuletzt noch von einem Amtsbruder Donaths?

Die Antwort ist ein schlichtes Nein.

Anders als Atlantis oder Haithabu reicht Doordeboer weit über alle Eiszeiten hinweg in die Vorgeschichte, in die Kindheitstage der Menschheit.

Wenige sind auserwählt

Am 10. Juli 1930 fand Donath Doordeboer.

Man kann nicht einmal sagen, wie sonst in der Geschichte der Spatenforschung: «Er stieß auf die ersten Spuren von Doordeboer.» Nein, Doordeboer, vom jahrtausendealten Leichentuch aus Sand befreit, lag fast vollständig und unberührt zu seinen Füßen. Man muß sich einmal vor Augen führen, was das bedeutet. Etwa 1748, in den Tagen Karls von Bourbon, begann man damit, Pompeji aus der dicken Bimssteinschicht zu graben, die siebzehnhundert Jahre vorher vom Vesuv herabgeregnet war. Seither gräbt man dort, mit nur wenigen Unterbrechungen, ohne viel mehr als die Hälfte der Stadt freigelegt zu haben. Nicht anders in Griechenland, in Kleinasien, in

Abb. 7 F. F. Donath über den Ruinen der Insel Doordeboer am 10. Juli 1930. Nur zwei Tage blieben ihm, um die sagenumwobene Kulturstätte auf dem Grunde der Nordsee zu fotografieren. Dann wanderte von Nordwesten eine riesenhafte Düne heran und begrub Straßen und Plätze für immer unter sich. Rechts oben im Bild: Die idyllische Agora Doordeboers, davor eine Säulenhalle im dorischen Stil.

Mesopotamien. Mühselige, entbehrungsreiche Gräberei über Jahre und Jahrzehnte hinweg, in Hitze und Trockenheit, umschwirrt von Insekten und giftigen Nomadenpfeilen. Und hier: Müheloses Streifen durch kühle Fluten und plötzlich – die Entdeckung. Wer wollte es da Franz Ferdinand verargen, wenn er sich als Auserwählten sah und verstand?

Doordeboers Untergang muß, wie der Untergang Pompejis, sehr schnell gekommen sein. Doch scheinen die Inselbewohner klügere Leute als die Pompejaner gewesen zu sein: sie flüchteten. Als Donath an diesem Julimorgen des Jahres 1930 die Straßen und Gassen, die Plätze und Gärten, die Kolonnaden und Tempel der untergegangenen Stadt durchstreifte, stieß er weder auf Mensch noch Tier. Es schien, als seien sie alle übers Meer geflohen.

Wohin aber wurden sie getrieben? Sind sie untergegangen wie vor ihnen die Etrusker? Oder haben sie sich assimiliert und leben, auf geschickte Weise ihr Flossenkleid verbergend, mitten unter uns? Offene Fragen. Donath jedenfalls fand nur die steinernen Zeugen einer Hochkultur. Aber was war das für eine Hochkultur! Fast unversehrt bot sich den Augen des einsamen Tauchers ein überwältigender Querschnitt durch alle Stilepochen der abend- und morgenländischen Baukunst. Da strebten Pyramiden und babylonische Türme, ragten gotische Pilaster, duckten sich romanische Gewölbe, jubelten

Rokokoterrassen, leuchteten weiße Marmorkapitelle mit dorisch-ernstem Knauf.

Über die Erschütterung, die den Taucher überfiel, gibt ein Brief Auskunft, den er an seine Nichte Doerte Oostergaard-Bretzlav richtete:

«Ich wünschte, Du wärest hier gewesen und hättest sehen können, was meine Augen sahen. 3000 Jahre Geschichte der Architektur auf einem Areal von der Größe unsres Kreises Schwiebus. Frisch und unberührt seit dem verhängnisvollen Tage, an dem es die Doordeboerer verlassen mußten, um vom Malstrom wer weiß wohin katapultiert zu werden. Weißt Du noch, liebste Doerte, wie wir einst in Neuruppin zusammen mit Cousine Malchen auf dem Jahrmarkt waren, Arm in Arm alle drei? Und erinnerst Du Dich, wie Du unbedingt und stantepede auf dem Teufelsrad fahren wolltest? Das war eine kreisrunde, hölzerne Scheibe von etwa sechs Metern Durchmesser, angetrieben von einer rußenden und fauchenden Dampfmaschine. Im nächsten Moment saßest Du auch schon obendrauf, und mir blieb nichts übrig (wollte ich Kavalier bleiben), als Dir zu folgen. Da begann das Teufelsding auch schon zu rotieren, drehte sich schneller und schneller, daß uns ganz benommen im Kopf wurde. Nun war das physikalische Prinzip folgendes: Nur wer in der Mitte der Scheibe saß oder lag, konnte hoffen, oben zu bleiben. Die anderen, die etwas zur Peripherie der Scheibe hin saßen, wurden bald, sie mochten schreien, wie sie wollten, von der Fliehkraft im weiten Bogen in die Sägespäne geschleudert, zum wahren Gaudium der Gaffer. Ich sehe noch Deine schamroten Wangen vor mir, als Du's für einen kurzen Augenblick nicht verhindern konntest, daß auch Deine Dessous hochgewirbelt wurden.

Nun, ein solches Teufelsrad ist auch der Malstrom um Doordeboer gewesen. Wer nicht in der Mitte, also auf der Insel saß, wurde unweigerlich hinaus aufs Meer versetzt. Nur so läßt sich die völlige Abgeschiedenheit, die Inzucht der Bewohner vor allem erklären.

Jedoch – was ist in dieser Inzucht entstanden! Alles, worauf sich unser berechtigter Stolz als Kulturnation gründet, war hier, vor Jahrzehntausenden bereits, zur vollen Reife entwickelt.

Verstehst Du jetzt, daß ich, mag auch mein Forscherstolz es anders wollen, der Entdeckung so recht von Herzen nicht froh werden kann?»

Abb. 8–11 Die Kultur der Doordeboerleute umspannt viele Jahrtausende abendländischer Stilentwicklung. Das erste Dokument (Abb. 8) ähnelt unverkennbar dem Bison von Altamira. Nur die Flossen auf dem Rücken des Tiers wirken befremdend. Das guterhaltene Fresko eines von der Flut bedrohten Doordeboermannes (Abb. 9) entschlüsselte Donath mühelos als einen Vorgänger des Minnesängers W. v. d. Vogelweide aus der Manessischen Handschrift. Ein frappierendes Beispiel für die frühe Hochkultur Doordeboers ist auch die junge Frau mit Tauchermütze und Schnorchel (Abb. 10). Über 30 000 Jahre später schuf Domenico Veneziano eine Replik davon, die heute im Dahlemer Museum hängt. Im Selbstbildnis eines unbekannten Doordeboerkünstlers (Abb. 11), der damit Dürer vorweggenommen hat, fällt besonders auf: Zwischen Zeige- und Mittelfinger der rechten Hand erkennt man deutlich eine Schwimmhaut.

Wie kommt der Goldhelm nach Doordeboer?

In der Frühe des nächsten Morgens, es war der 11. Juli 1930, tauchte Donath von neuem hinab nach Doordeboer. Er hatte eine Unterwasserkamera bei sich, ein unhandliches Gerät, das er sich vom Dorfschmied aus dem Taucherhelm, einem Ziehbalg, der Rollfilmkamera und einem Gummiballauslöser hatte anfertigen lassen. In aller gebotenen Eile ging er an die Arbeit. Zuerst wollte er die Fresken, Sgraffiti und Ritzzeichnungen aufnehmen, die in unübersehbarer Fülle Außen- wie Innenmauern, Säulen, Türme und Gehöfte der untergegangenen Stadt bedeckten.

Wieder berichtet er an seine Nichte: «Ich glaubte zu träumen, als ich zum ersten Mal durch den Sucher blickte. Narrte mich eine Fata Morgana? Litt ich schon unter den Anzeichen der gefürchteten Taucher-Euphorie? Ich zwickte mich in den Arm, rüttelte an den Sauerstoffschläuchen, zwinkerte mit den Augen: Es half alles nichts. Die Erscheinung blieb. Was ich da an den Wänden, befreit von der Sandschicht, also ohne Verwachsung durch Moos und Algen, sah, kam mir mehr als nur bekannt vor. Es war, als hätte sich ein genialer Fälscher einen Bubenstreich erlaubt.

Der mürrische Alte, der mich von der Säule da drüben fixierte, glich er nicht auf ein Haar Rembrandts ‹Mann mit dem Goldhelm›? Und diese beiden Hände, deren Fingerspitzen sich in andächtiger Gebärde berührten, war das nicht eine treffende Replik von Albrecht Dürers Studie ‹Die betenden Hände›? Und dort drüben, auf der anderen Seite des Platzes, schaute da nicht der Meister selbst durch den dorischen Säulengang (Abb. 11)? Ich war wie von einem Rausch erfaßt. Fragte nicht mehr, wie dies alles möglich sei, registrierte nur noch blindlings und in höchster Eile.

Uta von Naumburg, Nofretete, Mona Lisa – ich fotografierte, was das Zeug hielt, schwamm durch Türen und Tore, durch Säle und Gänge, gleich einer Elritze im klaren Gebirgsbach. Es war so hell hier unten, daß ich keinen Scheinwerfer benötigte.»

Pastor Donath tat recht, sich zu beeilen. Er hatte kaum eine halbe Stunde mit fliegenden Händen gearbeitet, als er innehielt, um eine neue Kassette in die Kamera zu schieben. Da erblickte er Schreckliches: «Von Nordwesten, von England her, kam eine riesenhafte, gelbe Wand auf mich zu. Sie bewegte sich im Schrittempo, jedoch stetig, und hatte den Hafen von Doordeboer fast erreicht, als ich sie bemerkte. ‹Die Düne kommt zurück›, schoß es mir heiß durch den Kopf. So muß sich einst das Polareis über Land geschoben haben.

Nun ging es um Minuten. Schon rieselten die ersten Ausläufer über die Agora, den alten Marktplatz, schob sich der Fuß der Düne über den korinthischen Tempel, den ich eben erst verlassen hatte. Wie ein winziger Pilotfisch im Maul des Rochens schwimmend, so schwamm ich vor der riesenhaften Düne her, wie besessen weiter fotografierend. Mir war klar, daß nach mir keiner mehr sehen würde, was mir zu sehen vergönnt war.

Die letzten Fresken mußte ich bereits mit beiden Händen vom anrollenden Schwemmsand befreien, dann stieß ich mich ab und kehrte mit einem letzten Blick des Bedauerns an die Oberfläche zurück.

Unter mir vollendete sich ein lautloses Drama, verschwand Doordeboer unter einem Gebirge von feinem, gelbem Sand.»

Die Erfindung der Ölmalerei

Donath entwickelte alle Aufnahmen selbst, ängstlich bedacht, seine Entdekkung vor unbefugten Blicken zu schützen. Im Pfarrhaus von Sillerup sah er sich inzwischen die ersten Aufnahmen an.

Schon während er durch die Straßen und Gänge der unterseeischen Stadt geglitten war, hatte Donath an den Wandbildern eine technische Besonderheit wahrgenommen: Die Doordeboerkünstler hatten als Malmittel immer nur Öl benutzt. Temperabilder und Aquarelle suchte der Pastor vergebens. Warum, grübelte er, hatte sich eine sonst so hochentwickelte Kultur die Leuchtkraft des Pastells, den Schmelz der Wasserfarben entgehen lassen? Ein befreundeter Marinemaler aus Niebüll gab die gesuchte Erklärung: Doordeboer lag vor seinem Untergang nur wenig über dem Wasserspiegel, die höchste Erhebung ragte, das war bekannt, um nur 30 Holsteiner Ellen über die Nordsee. Da hat es denn wohl, wie auch jetzt noch fast jeden Winter, oftmals «Land unter» geheißen. Bei solch stetiger Bedrohung durch das nasse Element brauchten die Inselmaler eine wasserfeste Technik – und das war eben die Ölmalerei. Wie oft mögen sich die schönsten Aquarelle in Wasser aufgelöst haben, mögen Gouachen, noch pinselfrisch, zerronnen sein, bis ein unbekannter Kollege des Marinemalers auf das Öl stieß?

Der Reiter auf der Robbe

Die zweite Besonderheit betraf die Dargestellten selbst. Es zeigte sich, daß die Schuppen, die Donath seinerzeit an den Unterarmen der «Betenden Hände» des Husumer Kultsteins entdeckt hatte, keine Laune des Künstlers waren. Das unbestechliche Filmnegativ bestätigte, was sein Auge am Grund der Deutschen Bucht gesehen hatte. Was aber dort, in der nervösen Hektik des Entdeckens, schließlich unter der Drohung der tödlichen Düne nur beiläufig notiert wurde, hier, in der Stille des ländlichen Laboratoriums, konnte er es ausgiebig betrachten.

Donath notierte:

1: Fast alle figuralen Darstellungen weisen verblüffende Übereinstimmungen mit bekannten Werken der Kunstgeschichte auf. Damit ist meine Theorie, daß unter gleichen äußeren Umständen die gleichen Kunstwerke entstehen, bestätigt.

2: Die Doordeboerkünstler transponierten oftmals die Technik. Dürer z. B. zeichnete die Studie der «Betenden Hände» mit Kreide. Sein Vorgänger benutzte aus den angeführten praktischen Gründen die Öltechnik.

3 – und dies ist der wichtigste Punkt: Alle Bilder und Plastiken weisen maritime Symbole auf. Ich fand einen Vorläufer des berühmten «Bamberger Reiters». Der Reiter selbst gleicht seinem Nachfahren bis in die Einzelheiten des Faltenwurfs. Doch sitzt er nicht auf einem Pferd, sondern auf einem – längst ausgerotteten – Meeresbewohner, nicht unähnlich dem See-Elefanten, der sich in den Bassins unserer zoologischen Gärten tummelt, aber, anders als dieser, mit einem unbestreitbaren Adel in Haltung und Ausdruck.

So oder ähnlich war es auch mit allen anderen Bildern. Dürers feierliches Selbstporträt von 1500, das in der Münchner Pinakothek hängt, zeigte hier, zwischen gespreiztem Zeige- und Mittelfinger, ganz deutlich Schwimmhäute. Ein älterer Mann, in dem der Gebildete sofort Dantes Porträt wiedererkennt, trug an Stelle der venezianischen Gugelmütze eine Art Taucherhelm.

Eine wichtige Entdeckung machte Pastor Donath, als er das Wandbild eines unbekannten Doordeboermalers betrachtete, der in einer hochimpressionistischen Epoche gelebt zu haben schien. Dieser Künstler (im Katalog als «Meister der vollen Formen» bezeichnet) hatte den französischen Maler Renoir (1841–1919) vorempfunden. Spektakuläre Abweichung: Die Füße der Aktmodelle endeten in gutentwickelte Schwimmflossen.

Wie überlebt man auf Doordeboer?

An einen Studienkollegen schrieb Donath: «Mit jedem Bild, das ich aus dem Fixierbad nehme, wird eines deutlicher: Der Doordeboer-Mensch unterschied sich vom Neandertaler weitaus gründlicher als dieser vom Pekingmenschen.

Tatsächlich ist er keine Vorstufe des Homo sapiens und ganz gewiß nicht das gesuchte *missing link*, das Bindeglied zwischen Mensch und Affe. Betrachtet man die Schwimmhäute zwischen den Fingern, die Zehenflossen und die trapezoiden Schuppen, hat man alle Merkmale einer Sonderformation, die auf Grund der glücklichen Lage der Insel überdauern konnte.

Der Doordeboer-Mensch mußte mit dem Meere leben, wie wir mit der Bombe leben müssen. Darwin hat ja an dem berühmten Beispiel der Galapagosfliege nachgewiesen, wie die Natur in solchen Fällen verfährt. Diese Fliegen, unserer gemeinen Stubenfliege nicht unähnlich, wurden über Tausende von Generationen hinweg immer wieder von den kahlen Felsklippen des unwirtlichen Eilands in den Pazifischen Ozean geblasen, wo sie jämmerlich ertranken. Eines Tages muß diesen Tierchen, bildlich gesprochen, der Geduldsfaden gerissen sein. Ihr Instinkt sagte ihnen, daß ihre Flügel dem stetig wehenden Landwind eine zu große Angriffsfläche boten. Also entwickelte das listige Insekt seine Flügel zurück, bis schließlich nur noch kleine Stummel übrigblieben. Nun hatte es zwar die Flugfähigkeit eingebüßt, aber die Kraft der Saugnäpfe unter seinen Füßen reichte aus, sich am Fels festzuklammern. Die Galapagosfliege überlebte.

Ähnliches nun muß sich vor Jahrhunderttausenden auch in Doordeboer abgespielt haben. Die Inselmenschen, in stetiger Umklammerung mit der Nordsee, die man seit eh und je aus gutem Grund ‹die Mordsee› nannte, paßten sich an. Das ist natürlich – auch Darwin sagt das – ein Vorgang, der sich über lange Zeiträume erstreckt. Wir werden nie erfahren, wie viele Insulaner von der abziehenden Flut hinaus ins Nordmeer abgetrieben wurden oder durch Unachtsamkeit beim Baden in den Flutgürtel gerieten, bis sich die Natur zum Handeln entschloß.

Eines Tages aber war es soweit. Zwischen nackten Fingern wuchsen kleine Schwimmhäute, Zehen verlängerten sich und bildeten Flossen aus, Schuppen überzogen die Epidermis und verdrängten das angestammte Haarkleid. Bis zur Kiemenatmung ist die Evolution allerdings nicht gediehen. Kleine kreisrunde Öffnungen unterhalb der Ohrläppchen geben Kunde von diesem abgebrochenen Versuch der Natur.

Nun konnte der Doordeboermensch, war er erst einmal in die tödliche Drift geraten, tauchen und, unterhalb der Oberfläche im stehenden Gewässer schwimmend, wieder festen Grund erreichen. Die Art blieb erhalten.»

Der Pastor schließt: «In stillen Nächten hänge ich der Frage nach, ob es denn gar keinem Mitglied dieser Familie gelungen sein mag, der großen Katastrophe zu entgehen. Ist es denn wirklich ausgeschlossen, daß eines dieser rätselhaften Wesen, die es in Jahrzehntausenden gelernt haben, sich im nassen Element zu bewegen, doch die Nordseeküste erreicht hat? Wäre es einem einzigen Doordeboermann gelungen, die Liebe eines Festlandmädchens zu erringen, wie hätte der unser Erbgut verwirren können! Ich weiß nur zu gut, wie abenteuerlich das klingt.

Dennoch ist da eine Tatsache, die mir zu denken gibt: In fast allen Chroniken des 16. und 17. Jahrhunderts kann man lesen, es seien an verschiedenen Orten immer wieder Neugeborene mit Schwimmhäuten zur Welt gekommen. Allerdings sind die Bedauernswerten, sobald ihre Gebrechen offenbar wurden, von der Inquisition als Teufelsbankerte angesehen worden, und Du weißt ja, was dann mit ihnen geschah – leider. Feuer und Wasser scheinen zusammengeholfen zu haben, um die letzten Doordeboerer vom Erdboden zu vertilgen. Welch ein Verlust für die Wissenschaft!»

Doordeboer – ein Trost für uns Heutige?

Auch der wohlwollende Leser mag an dieser Stelle fragen, wie es geschehen konnte, daß Donaths Entdeckungsreisen auf dem Grund der Deutschen Bucht einem weiteren Kreise nicht bekannt geworden sind. Dafür bietet ein Blick in die Zeitgeschichte hinreichende Erklärung: 1914, bei seinem denkwürdigen ersten Referat in der Münchner Universität, tobte der Erste Weltkrieg. Damit, wir sagten es schon, war für das Generalkommando die Voraussetzung geschaffen, eine totale Nachrichtensperre zu verhängen. Prof. Wauermanns Freitod wurde auf eine beleidigend harmlose Weise erklärt. Der Gelehrte habe sich, als er den Vorbeiflug eines halbstarren Parzeval-Luftschiffes beobachtete, zu weit vornübergebeugt, hieß es. Schweigen wir darüber.

Bis 1930 arbeitete der Pastor im Verborgenen. Und nach dem Zwischenfall mit dem ungetreuen Mesner gingen die Wogen zwar hoch, doch verstanden es die akademischen Ordnungshüter, die Presse auszumanövrieren.

1933 dann war es auf Grund der bekannten politischen Veränderungen für die neuen Machthaber ein leichtes, jegliche Diskussion abzuwürgen. Daß Donaths Thesen für sie ein rotes Tuch waren, versteht sich von selbst.

Während sich über Europa das große Schweigen senkte, trug jedoch ein emigrierender Kunstgeschichtler die Kunde von Doordeboer nach dem fernen Lima. Er erhielt eine Dozentur an der Universidad Nacional und entfachte sofort einen erregten Meinungsstreit, der auch jetzt, zweieinhalb Jahrzehnte später, immer wieder aufflackert. Noch heute gibt es dort zwei große akademische Gruppen, die mit südländischem Feuer die Partei für oder gegen Donath ergreifen. Die für ihn sind, nennen sich «Prodonati», seine Gegner «Adonati». Die Wochenpresse der Hauptstadt beteiligt sich genüßlich an der schwelenden Affäre, und so kommt es, daß fast keine Woche vergeht, ohne daß der bescheidene Landpfarrer aus Sillerup in Peru fette Schlagzeilen macht. Man munkelt sogar, daß die Militärrevolte vom August 1942, bei der Präsident Arnoldo Armendariz – übrigens ein fanatischer Prodonato – ins spanische Exil flüchten mußte, ein Werk der Adonati war, die besonders in Kreisen der chilenischen Marine eifrige Verfechter haben.

Man kann von Glück sagen, daß Pastor Donath von alledem nichts erfahren hat. Seine Skrupel wären dadurch nur noch gestiegen. Er hat es ja bis zum Erscheinen dieses Buches überhaupt abgelehnt, seine Aufzeichnungen in Druck zu geben. Auch hier gleicht sein Handeln dem seines großen Mentors Charles Darwin, der 20 Jahre lang die Veröffentlichung seines Lebenswerkes «Über die Entstehung der Arten» hinauszögerte. Er hatte erst dann nachgegeben, als Kollegen ihm zuvorzukommen drohten.

Wir aber glauben, daß der Zeitpunkt, das Schweigen um Doordeboer zu brechen, richtig gewählt ist. Die Wahrheit ist unteilbar. Möge dieser Bericht dazu beitragen, den Hochmut des Abendländers zu dämpfen, möge er aber auch andererseits jenen zu denken geben, die immer wieder den Untergang des Abendlandes prophezeien. Vielleicht wird die Absicht des Berichterstatters am besten verstanden, wenn er mit dem Wort des Kunstkritikers Wilhelm Knurrhahn schließt, einem Freunde von Franz Ferdinand Donath:

«Überall ist Abendland,
überall ist Doordeboer!»

Das sollte uns Trost und Ansporn sein in der schweren Krise, die die Kunst in unseren Tagen durchläuft.

Gedanken im Schaukelstuhl

Ocean Drive

I
Muß dort ein Seegang herrschen!
Der Horizont gezackt,
indes sich hier am Strande
die Welle seufzend bricht,
und zwischen hier und hinten
der Pelikan im Flug
nur handbreit überm Wasser
mitreißend segelt.

Dahinten wär ich ungern.
Hier, wo ich bin, ist's fad.
Daß ich nicht der dazwischen sein kann,
weiß ich, und doch schmerzt es.

II
Wer hat angesichts des Meeres
nicht schon selber tief empfunden:
Angesichts des Meers erlebst du
deines Daseins höchste Stunden,
da sich angesichts des Meeres
auch das Herz der Seele weitet
und den Mantel der Gefühle
über die Begriffe breitet
und sie eint: Es sind das Helle,
Dunkle, Fahle, Harte, Weiche,
Schöne, Fade, Platte, Tiefe
angesichts des Meers das Gleiche.

Schweinchens Problem

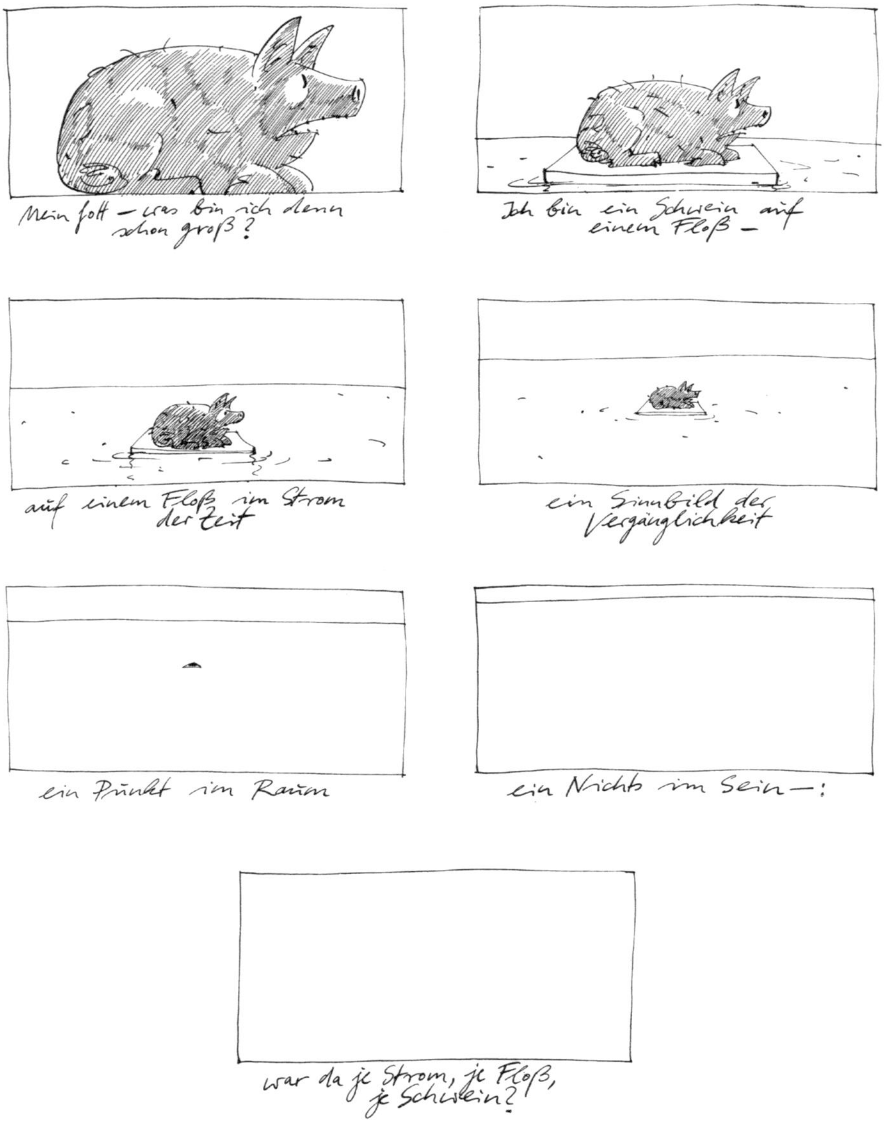

Gernhardt

Rom – New York

Als ich des Atlantiks
doch sehr großes Wasser
im Flug überquerte
im vergleichesweise
doch sehr kleinen Flugzeug,

Da legte sich letzteres
sanft auf die Seite,
und mir kippten entgegen
das gehämmerte
Meer und darüber

Unzählige kleine
– wie anders? – weiße
Wolken. Sie warfen
tiefblaue
Schatten derart aufs Wasser,

Daß das Auge jeglichen Halt verlor,
daß sich kippend mischte Dahinter-Davor,
daß der Mann am Fenster im Fluge beschwor:
Das da müßte man flugs festhalten können!

Waechter

Schöner Morgen

Auf Rügen

Abends

Das Meer bricht sich matt am Strand.
Vom Land bläst ein kräftiger Wind her.
Tiefblaue Schauer eilen über das Meer
und verlieren sich auf dem Weg zum Horizont.

Die Dämmerung läßt sich viel Zeit.
Immer dunkler wird das erschauernde Meer.
Zag blinkt ein Licht von weit her.
Wer noch am Strand ist, beschleunigt seinen Schritt.

Bald wird das Meer tiefschwarz sein.
Schon ist der Strand fast menschenleer.
Ohne Licht macht das Meer nicht viel her,
macht nur noch «slosch», wenn es sich matt am Strand bricht.

Morgens

Rechts fabelhaftes Glänzen.
Es ist nicht anzusehen!
Dann lieber links das Blau im Blick,
vor dem schwarz Menschen gehen.

Sie werfen lange Schatten,
teils einzeln, teils zu zweien.
Ihr Weg führt sie durch Naß und Sand,
was Möwen laut beschreien.

Im Flug vier wilde Schwäne!
Es ist kaum auszuhalten:
Für einen Augenblick scheint ganz,
was heillos sonst gespalten.

Septembersee

– Du hast also schon vor Beeren gekniet?
– Ja, ich hab schon vor Beeren gekniet.
– Erkläre dich deutlicher!

Denk dir einen Waldsee, denk dem
See ein steiles Ufer, denk dir
dieses Ufer dicht bewachsen.
Denk ihm Binse, Minze, Weide,
denk das alles schön gespiegelt –
hast du's?
– Ja.

Denk dir Mittagssonne. Denk das
Wasser leicht gekräuselt. Denk den
milden Wind. Denk der Libellen
stetes Unstetsein. Denk dazu
hoch den schrillen Schrei des Bussards –
hörst du's?
– Ja.

Denk dir einen Schwimmer. Laß ihn
mit dem Licht durchs Wasser gleiten.
Denk, wie er sich denkt: Was hängt da
derart dunkel, derart glitzernd,
derart lockend in die Fluten –
siehst du's?
– Nein.

Denk dir eine Brombeerhecke.
Denk sie zwischen Schilf und Weide.
Denk sie hart im Licht des Mittags.
Denk sie derart voll von Beeren,
daß die bis ans Wasser rühren –
siehst du's jetzt?
– Ja.

Denk den Schwimmer. Denk die Beeren.
Denk ihr Locken. Denk sein Nähern.
Denk sein Knie. Denk wie's auf Grund stößt.
Denk sein Knien. Denk, wie vom Wasser
aus er zugreift. Denk sein Schwelgen.
Spürst du's?
Ja?

– So also hast du vor Beeren gekniet?
– Ja, so hab ich vor Beeren gekniet.
– Das erklärt natürlich einiges.

Wiedersehen und Abschied am 27. Juni 2004

Es tut mir in der Seele weh,
wenn ich dich seh, Badía-See.

Einst warst du rings von Wald umsäumt,
im Schilf versteckt, im Grün verträumt.

Heut liegt dein Ufer bloß und nackt.
Da haben Menschen zugepackt.

Einst warst du voll Gesumm, Gesang,
Getier, Gefrosch, Gelurch, Geschlang.

Heut summt nichts mehr, heut fliegt nichts mehr.
Dank Menschen bist du tiereleer.

Einst sprang ich nackt in dich hinein:
Hier war ich Mensch, hier durft ichs sein.

Heut lohnts nicht mehr, sich auszuziehn.
Wo Menschen wüten, muß Mensch fliehn.

Einst schlug mein Herz, wenn ich dich sah.
Heut geht mir deine Nacktheit nah.

Grad, daß mich keine Träne näßt.
Wir Menschen sind schon eine Pest.

Liebespaar (1)

„Schau, es wird wieder gut, die Fischstäbchen springen."

Der Wanderer

Viel hätte nicht gefehlt,
er hätte aufgeschrien.
Da lag das Meer vor ihm,
auf das die Sonne schien.
Und fliegende Fische!

So lange unterwegs,
daß er zu träumen meint.
Da liegt das Meer vor ihm,
und eine Sonne scheint
auf fliegende Fische.

Zu schön, um wahr zu sein,
er hat rasch kehrtgemacht.
Als er dann innehielt,
war Berg um ihn und Nacht.
Und heulende Hunde.

Hokusai

Hokusai, Gott soll ihn strafen,
ist vorm Holzschnitt eingeschlafen.
Und in höchst verweg'nen Träumen
sieht er den Pazifik schäumen.

Komodo
(Auszug)

Als er elf Tage später zurückkehrte, aufgewühlt, mußte Christian an sich halten, um nicht sogleich im Reisebüro vorstellig zu werden. Statt dessen nannte er dem Taxifahrer Franz' Adresse, der empfing ihn mit reservierter Herzlichkeit: «Dich gibt es also auch noch!»

Christian breitete entschuldigend die Arme aus. Er habe anrufen wollen, doch bereits von Lombok aus sei es nicht mehr möglich gewesen, nach Jakarta durchzukommen.

«Ich denke, du warst in Bali!»

Christian zuckte die Achseln. «Sind denn hier wenigstens alle gesund und munter?»

Franz nickte. Er wisse nichts Gegenteiliges. Ingrid und Sari seien allerdings noch auf den Thousand Islands, sie kämen erst übermorgen abend zurück. Und er selber führe seit einer Woche ein vorbildlich ruhiges Leben, ungestört von Frauen, unbehelligt von Widersachern, noch jedenfalls, toi, toi, toi...

Auf all das ging Christian nicht ein. Er habe eine Wahnsinnsreise hinter sich, sagte er, ob es zufällig irgendwo ein Bier gebe. Nein, Wahnsinnsreise sei eigentlich nicht das richtige Wort, er sollte lieber: eine wahnsinnig wichtige Reise sagen, noch richtiger: «Eine für mich wahnsinnig wichtige Reise.«

«Ach ja?» Franz überlegte einen Moment. «Ich schlage vor, daß du erst einmal dein Gepäck raufbringen läßt, dich erfrischst und daß wir dann hier etwas essen. Ich sag der Köchin Bescheid. Bier ist im Kühlschrank.»

Während des Essens, das in der geräumigen Diele aufgetragen wurde, auf dem großen, kreisrunden Tisch unter dem sich stetig drehenden Ventilator, war Christian, so schien es Franz, ungewöhnlich schweigsam. Ob es daran lag, daß sie das erste Mal in ihrem Leben zusammensaßen, ohne daß Ingrid bei ihnen oder zumindest in ihrer Nähe war? Als ob deren schiere Gegenwart ein einigendes Kraftfeld gewesen wäre, so haltlos drohte nun ihr Beisammensein zu verlaufen. Christian aß wenig, goß häufig vom Bier nach und klagte darüber, daß die ständige Hitze es eigentlich verbiete, sich mal so richtig abzufüllen. Jedenfalls spüre er, daß sein Körper, seit der sich in den Tropen befinde, andauernd heftige Einwände gegen ein jegliches Übermaß an Giften vorbringe. Die Frage sei freilich, ob der Kopf auf den Körper zu hören habe oder umgekehrt.

«Wenn der Körper etwas gegen Gifte hat, dann wird der Kopf wenig erreichen können», meinte Franz.

«Und was ist, wenn der Kopf etwas gegen Körper hat?» fragte Christian.

«Warum soll denn der eine etwas gegen den anderen haben?»

«Vielleicht, weil der andere Gift für den einen ist.»

«Von welchem Kopf redest du eigentlich?»

«Vom abendländischen Philosophenkopf. Von dem Kopf, in dem der Satz entstehen konnte: ‹Es ist der Geist, der sich den Körper baut.›»

Darauf schwieg Christian, erst beim Fruchtsalat wurde er wieder beredt. Ob noch etwas von dem Duty-free-Cognac existiere?

«Die ganze Flasche.»

«Wunderbar!» Christian trank sein Bier aus und schob das Glas beiseite. Dann werde er mal den Kopf gegen den Körper antreten lassen – ob Franz etwas Zeit erübrigen und bei diesem Schlagabtausch assistieren, vielleicht sogar als Schiedsrichter fungieren könne?

«Wie du willst», erwiderte Franz. «Morgen ist Sonntag, der Cognac steht in meinem Zimmer – wollen wir rübergehen?»

Und dort, inmitten von glänzenden Ikat-Stoffen aus Sumba und unbewegt starrenden Masken aus Bali, Schattenspielfiguren aus Java und Fetischen aus Sumatra, gerahmten Batiken und Prunkdolchen in Haltern aus Ebenholz, in diesem Gemisch von Schatzkammer und Räuberhöhle, streifte Christian seine Sandalen ab, ließ sich auf getürmten Kissen nieder, schenkte sich fast ein halbes Wasserglas aus der Cognacflasche ein und begann: «Von einer wahnsinnig wichtigen Reise sprach ich, doch ihr haftete auch etwas Wahnhaftes an. Mein Wahn aber bestand in der – wie ich heute weiß – unschuldigen Vorstellung, ich hätte das alte europäische Übel der weltweit betriebenen Unschuldserwartung, Unschuldssuche und Unschuldsunterstellung bereits dadurch überwunden, daß ich jedwede Paradiesvorstellung zu einem verzeihlichen, jedoch durchsichtigen Betrug respektive Selbstbetrug erklärt hatte und jede Hoffnung darauf, es könnte so etwas geben wie ein natürliches Gefühl, ebenso verlachte wie die Möglichkeit eines authentischen Lebens, in welchem Winkel der Welt auch immer. All das – und mit dieser Meinung stand ich bei Gott nicht allein – sei schon deshalb individuell nicht zu leisten, weil das jeweilige Kollektiv das je einzelne Individuum dermaßen programmiert und konditioniert habe, daß es gerade da, wo es ganz und gar bei sich zu sein glaube, am meisten Gefahr laufe, sich auf jenen Bahnen zu bewegen, die Klasse, Kaste, Stamm oder Gruppe vorgezeichnet hätten. Aber etwas zu erkennen und auch noch danach zu leben ist bekanntlich zweierlei, auf jeden Fall zuviel für einen einzelnen Menschen. Weder mein Wissen und schon gar nicht mein Hohn hatten mich davor bewahren können, eine Reise anzutreten, die bereits deswegen zum Scheitern verurteilt war, weil ich sie, wider bessere Einsicht, als Reisender – und nicht etwa als Tourist – zu bestreiten gedachte.

Dem allseits verächtlichen Touristenstatus glaubte ich durch einen einfachen Kunstgriff entkommen zu sein, durch meine Entscheidung, nicht nach Bali zu fahren. Nichts naheliegender, als dem weltweit erklingenden Lockruf exotisch zarten Fleisches zu folgen. Nichts abwegiger dagegen, so jedenfalls dachte ich vor zehn Tagen noch, als zu den Waranen nach Komodo zu reisen, schließlich sind weniger verlockende Lebewesen kaum denkbar; auch hatte ich bisher nichts von einem – analog zum Sextourismus betriebenen – Warantourismus gehört. Ich begriff mich also als einen Reisenden, als einen Nachfolger nicht sexdurstiger, sondern erkenntnishungriger Männer wie Cook, Forster, Humboldt, dabei war doch von denen keiner vor Antritt seiner Reise in ein Reisebüro gegangen. Das aber tat ich. Indem ich eine Tour nach Komodo buchte, stellte ich die Weichen. Nicht genug, daß mich diese Buchung eindeutig vom Waran-Reisenden zum Waran-Touristen degradierte, sie sollte in der Folgezeit ein ständiger Stachel in jenem ungemein empfindlichen Körperteil des Touristen sein, der sich fortwährend gezwungen sieht, Angebot und Leistung zu vergleichen, dem Kopf.»

Bei wem er denn gebucht habe, wollte Franz wissen. «Ach Gott, diese Verbrecher», sagte er, als Christian ihm den Namen des Reisebüros genannt hatte.

«So habe ich sie ebenfalls oft und oft während meiner Reise tituliert», räumte Christian ein, «zurückgekehrt, sehe ich sie milder. Oder mich härter?» Er richtete das Cognacglas auf sein Gegenüber. «Du machst alles richtig, darauf komme ich noch. Aber erst müssen wir durch all das durch, was ich falsch gemacht habe. Nein: falsch gesehen. Nein: gefälscht. Nein –»

«Ja?» fragte Franz.

«Es war natürlich Wahnsinn, hier in Jakarta und ausgerechnet in diesem chinesischen Reisebüro eine vollständige Reise, die sogenannte *package tour*, zu buchen und zu bezahlen. Man hatte mir bei Lucky Holiday das gute Geld zwar nicht ohne Gegengabe aus den Rippen geleiert, ich war vor Antritt der Reise in den Besitz eines umfangreichen *vouchers* gelangt, eines detaillierten Programms also, doch gerade dessen manchmal geradezu hinreißend plastisch ausgemalte Versprechungen ließen mich im Verlauf der Programmabwicklung die Widersprüche zwischen *voucher* und Wirklichkeit um so schmerzlicher empfinden. Wenn doch auch der Preis für die Reise wenigstens annähernd so detailliert aufgeschlüsselt worden wäre! Den aber –»

Christian hielt Franz ein maschinenbeschriebenes Stück Papier entgegen, das über und über mit handschriftlichen Notizen bedeckt war – «den aber hatte die saubere Firma lediglich en bloc am Schluß aufgeführt, vermutlich in der Hoffnung, keine Sau werde seine Zusammensetzung nachprüfen. Mit Verlaub – ich bin nun mal so eine Sau. Anders wäre ich wahrscheinlich nicht Journalist geworden, auch wenn es dann leider nur zum Feuilletonisten gereicht hat. Wie immer – jede Reise hat etwas von einem Feldzug. Vor allem natürlich die Fernreise in naturgemäß unterentwickelte Gebiete. Da stoßen Kontrahenten mit äußerst unterschiedlichen, auch unterschiedlich klaren Interessen aufeinander. Während es der Eingeborene einzig und allein auf das Geld und die Güter des Besuchers abgesehen hat, sind dessen Motive weniger rein. Sonne, Freizeit, Abenteuer, Niedrigpreise, Kultur und Sex – selten ist es lediglich *ein* Beweggrund, der ihn die Erdkugel umqueren und einen ihm fremden Ort mit fremden Menschen und einem fast feindlichen Klima aufsuchen läßt. Meist liegt eine Mischmotivation vor, doch immer, behaupte ich, ist ihr zumindest ein Gran jener Paradieserwartung beigemischt, die der abendländische Reisende bereits vor Jahrhunderten stets dann im Herzen bewegte, wenn er sich wieder einmal einer ihm fremden Küste näherte: Würde er sie dort antreffen, jene ersehnten edlen Wilden, Menschenkinder voller Grazie und Unschuld – wobei der Prüfstein letzterer schlicht darin bestand, daß die Unschuldigen über Besitztümer verfügten, deren Wert sie nicht kannten, ob es sich dabei nun um Edelmetalle, Juwelen, Kunstgegenstände, Kultgerät und Kunsthandwerk handelte oder um Land und Boden, Speis und Trank, Tier und Frucht, Frauen und Töchter bzw. deren Unschuld.

Das mag zynisch klingen, ist aber nur ehrlich gemeint. Eine Gratis-Ehrlichkeit, ich weiß. Weder vermag sie es, das Unrecht früherer Reisender wiedergutzumachen, noch hilft sie dem sensiblen Touristen dieser Tage dabei, sich mit jenem Unrecht abzufinden, das ihm heute überall da angetan wird, wo einst sein Vorfahr nach dem Motto verfuhr: Hingehn, reinsehn, mitnehmen – auf den Trauminseln südlicher Meere also. Beispielsweise auf Lombok, jener Nachbarinsel von Bali, dem ersten Stop meiner Reise, an welchem mich zugleich der erste Programmpunkt der Lucky Holiday Tour erwartete, das vorgeblich renommierte Sasaka Beach Hotel. Eigentlich hätte mich bereits der Umstand mißtrauisch machen müssen, daß es dem Reisebüro seinerzeit gelungen war, trotz des angeblich für die gesamte Insel geltenden *fully booked* einen *special price* mit dem Hotel auszuhandeln. Auch hätte mich das Gefährt warnen können, vor welchem Mr. Kun, der lokale

Von den Untugenden der Küstenbewohner III

Der Verwahrlosung anheimgegeben sind die Besucher der gotischen Meerenge. Ihr Widerstand ist zweckfrei, weshalb sie sich meist auf Erwerbstätigkeit oder Firmengründungen aller Art beschränken. Nur wenige machen Karriere als Wegelagerer und widmen sich der Verunglimpfung des Deichgrafen. Der hatte dem kommunalen Leuchtturm einen – nein: seinen Hut aufgesetzt, und zwar unbefugt.
Soviel zu den Vorgängen an der gotischen Meerenge.

Agent der Firma, mich am Flughafen von Ampenan erwartete, ein fast schrottreifer vw-Bus ohne Klimaanlage, mit defekter Federung und Sitzen, deren abgeknickte Rückenlehnen sich nicht mehr arretieren ließen. Doch vorerst bezauberte mich die an Albernheit grenzende Servilität des Agenten, sein geradezu manisches Sprücheklopfen: Sie können Bali in Lombok finden, aber nicht Lombok in Bali, haha! Nicht Lombok in Bali!

Erst das Hotel, eine Ansammlung maroder Hütten, auf kahlem Strand fast schutzlos einer brütenden Sonne ausgesetzt, öffnete mir die Augen. Ein mißmutiger Hotelangestellter führte mich über zerbrochene Platten, vorbei an einem fast wasserleeren Swimmingpool, lediglich an seiner tiefsten Stelle trieb allerhand ungutes Zeug, organisches wie unorganisches, in faulender Brühe. Noch bevor wir meine Hütte erreichten, wußte ich genug. Leichengeruch lag über dem ganzen Gelände, ich selber aber war der offensichtlich einzige Gast. Vermutlich der erste seit Tagen – wäre sonst die schwärenbedeckte Hündin derart unwillig knurrend von der Schwelle der mir zugedachten Behausung aufgestanden, hätte sonst die Luft im wegen verzogener Türen und Fenster nur unter Schwierigkeiten geöffneten Raum derart heiß und dumpf, ja verpestet gewirkt? Hier hatten bereits andere das Kommando übernommen! Dunkle Brut, die schon gar nicht mehr damit rechnete, in ihr stockfleckiges Reich könne noch einmal ein Lichtstrahl fallen, Vielbeiniges, das nun erschreckt alle nur erreichbaren Dunkelheiten aufsuchte, Dielenritzen ebenso wie Bettücher. Ich drehte hart den Wasserhahn auf, kein Tropfen entquoll ihm. Ich zeigte streng auf die Klimaanlage, achselzuckend erklärte der Angestellte, die könne wegen Energiemangel nur in den Abendstunden arbeiten. Ich herrschte Mr. Kun an: Dies alles sei ja wohl eine Zumutung! Er nickte traurig und seufzte zustimmend: Eine Zumutung sondergleichen! Ich versuchte, ihn durch Hohn zu treffen: Ein Luxushotel! Er lebte auf und übertraf mich durch Spott: Ein Fünf-Sterne-Hotel! krähte er. Ein Fünfzig-Sterne-Hotel! sagte ich unbedacht, da brach er vor Lachen derart zusammen, daß ich mich ihn zu stützen gezwungen sah: Ein Fünfzig-Sterne-Hotel! prustete und schrie er in meinen Armen: Sasaka Beach Hotel – Nummereins-Hotel von der ganzen Welt!

Ich lehnte es ab, im Beach Hotel zu bleiben, nach zähem Palaver bot mir Mr. Kun ein Ausweichhotel an, mitten in Ampenan.»

«In der Stadt?» fragte Franz stirnrunzelnd. «Wer geht denn auf einer Insel in ein Innenstadthotel?»

«Ich», erwiderte Christian, «spar dir deine Vorwürfe. Wie schon gesagt: Du machst alles richtig, doch um das noch besser zu verdeutlichen, muß ich meine Fehler noch stärker herausarbeiten, tut mir leid.» Er trank gedankenvoll. «Ich will mich auf zwei dieser Fehler beschränken, doch darfst du über diesen Beispielen nicht vergessen, daß der Sasaka-Schock zu tief saß, um sich nicht als Filter vor alle weitere Wahrnehmung zu schieben. Schon im Beach Hotel hatte ich eine Preisliste mitgehn lassen, fortan rechnete ich alles nach, ließ mir, da ich pauschal bezahlt hatte, von allem und jedem den Preis nennen, addierte und sinnierte – nenn es kleinkariert, ich nannte es: meine Interessen wahrnehmen. Doch worin bestanden die eigentlich? Ich weiß es bis heute nicht so recht, dafür wurde mir Tag für Tag klarer, was ich nicht wollte. Bereits am zweiten Reisetag erwartete mich ein Höhepunkt des Ungewollten und Ungebetenen. ‹Besuch eines Weberdorfes› – ich hatte diesen Programmpunkt des *vouchers* vollkommen übersehen, so daß ich einigermaßen erstaunt war, als Mr. Kun während einer Inselrundfahrt plötzlich von der asphaltierten Straße auf eine Sandpiste abbog, die zum Dorf führte, einer Ansammlung von etwa hundert Häusern im deutlich traditionellen Stil: Bastmatten und Strohdächer über lehmgemauerten Fundamenten, daneben die Pfahlbauten der Vorratshäuser. Das sei Rambitan, ein typisches Sasakdorf, erläuterte Mr. Kun beim Aussteigen, da begrüßte uns auch schon ein junger Mensch, den er als seinen besten Freund bezeichnete und der seinerseits angab, der staatlich zugelassene Dorfführer zu sein. Also zahle ich Eintritt in die Verkaufsschau, denn nichts anderes erwartet mich natürlich im Weberdorf. Diesmal allerdings bin ich nicht der einzige Tourist, ich stoße auf meinesgleichen, herangekarrt von weiteren Mr. Kuns, und diese Spiegelbilder sind mir während des Rundgangs fortwährend ein Gelächter und eine Scham: Wie sie sich so mir nichts dir nichts durch die schmalen Eingänge der Häuser drängen, um in fremde Küchen, Wohnzimmer und Arbeitsräume zu starren – hahaha! Wie es wohl in den Angestarrten ausschauen mochte – Schauder!

Damals ahnte ich lediglich, was ich heute zu wissen glaube: daß es diese Holzhackertouristen waren, die sich angemessen verhielten, und nicht ich, der Möchtegernreisende. Während ich mir angewidert ausmalte, wie ich wohl reagieren würde, wenn indonesische Reisegruppen tagtäglich in meine deutsche Privatsphäre einfielen, während ich also die Beziehungen zwischen Beschauer und Beschautem sentimentalisch personalisierte, verkörperten die starrenden Ungeschlachten unbekümmert jene Idee, welche uns alle miteinander in diese, wie mir schien, bodenlose Situation gebracht hatte, die Idee des europäischen Reisenden, sein, ich sagte es bereits, Credo, er müsse überall hingehn und reingehn, um so viel wie möglich mitzunehmen und so wenig wie möglich dazulassen. Doch war da noch etwas, was mich von den Trampeln schied. Ich wußte etwas, was die nicht wußten: daß es der Stolz und das Glück des europäischen Reisenden gewesen war, in unerforschte Räume zu blicken, in solche, bei welchen noch nicht ausgemacht war, was ihn darin erwartete: Ein kostbares Kultbild? Ein sinnreicher Gegenstand? Ein sagenhafter Schatz? Eine schöne Frau?

Auf jeden Fall ein Objekt des Interesses, in Rambitan aber hatten sich die Rollen gänzlich verkehrt. Als ob da von Haus zu Haus Rache genommen werden sollte für ungezählte ungebetene Hausbesuche früherer Jahrhunderte, warteten in den Räumen, in die der Europäer dieser Tage schaute, nicht mehr Dinge darauf, von ihm entdeckt zu werden, sondern Menschen, die es auf ihn abgesehen hatten, ihn, das gar nicht obskure, sondern lediglich solvente Objekt jener so zeitgemäßen, weltweit lechzenden Begierde, die auch die Bewohner dieses äußerlich so zurückgebliebenen Gemeinwesens umtrieb: verkaufen, verkaufen.

Dafür war ihnen jede Täuschung recht, auch die der Unschuld und Unzeitgemäßheit. Provozierend grün gestrichene Elektrizitätsmasten führten keine zweihundert Meter am Dorf vorbei, in ihm aber brannte keine Glühbirne und floß kein Wasser aus dem Hahn: Das Tourismus-Department nämlich hatte den Weiler unter Denkmalschutz gestellt, seither darf dort nichts mehr verändert werden – bekanntlich die beste Voraussetzung dafür, aber auch alles auf den Kopf zu stellen.

Ich registrierte, daß die anderen Touristen, vor allem Holländer, fotografierten und kauften, Stolz und Widerwille hinderten mich daran, es ihnen gleichzutun. Vom guide, dem Fürsprech der Dörfler, gedrängt, wandte ich mich an Mr. Kun: Er möge ihm begreiflich machen, daß ich keinen Bedarf an gewebten Bändern hätte, ich sei schließlich keine Schönheitskönigin. Er wankte vor Lachen und zögerte keinen Augenblick, seinem vorgeblich besten Freund in den Rücken zu fallen: Er möge Mr. Christian davor verschonen, mit billigem Weiberkram behelligt zu werden. Dieser Verrat brachte mich dermaßen auf, daß ich Mr. Kun ins Gesicht erklärte, die Stoffe seien sehr schön und ich würde auch gerne einen kaufen, die Preise von Lucky Holiday seien jedoch derart räuberisch, daß sie meine gesamte Barschaft aufgezehrt hätten. Das schien ihn für einen Moment zu irritieren, dann war er wieder obenauf: Die Angestellten von Lucky Holiday seien eine Gangsterbande, jubelte er, und Mr. Siheng in Jakarta sei der Boss, haha, der Gansterboss, hoho.

Im stillen verfluchte ich Mr. Kun, laut nannte ich ihn den meistgesuch-

«Sie sollten lieber in Ihr Heimatland gehn
und dort gegen Ihre Unterdrücker kämpfen!»

ten Mann von Lombok. Das brachte ihn derart aus der Fassung, daß er sich vor Lachen fast auf einen der Webstühle gesetzt hätte. Eine schöne, schweigende, webende Frau blickte durch uns durch und durch.

Heute weiß ich, daß Mr. Kun mich in der Tat nach Strich und Faden gelinkt hat – der Hotelwechsel und das im *voucher* bewußt vage gehaltene Programm des Lombok-Aufenthalts erlaubten es ihm, am Ende dieser Tage alle möglichen Extras zu kassieren, doch noch begriff ich mich als jemanden, der moralisch dazu verpflichtet war, im Namen einer Kolonialismus-Wiedergutmachung klaglos, zumindest widerspruchslos zu zahlen. Erst die Begegnung mit Kanisius ließ in mir Zweifel daran aufsteigen, ob ich wirklich dazu verdammt sei, den Fluch der bösen Taten dieser mir unbekannten Vorfahren – besser: Vorangefahrenen – auf ewig zu erdulden und zu sühnen.

Der Ausgangspunkt für Komodo-Besuche ist der Küstenort Labuan Bajo auf der Insel Flores. Dorthin gelangt der Tourist gemeinhin mit dem Flugzeug, wenn ihm nicht, wie es mir geschah, auf dem Umsteigeflughafen Bima mitgeteilt wird, der Anschlußflug falle leider aus, auch sei während des Wochenendes mit keinem weiteren Flug zu rechnen. Die Merpati Airline bedaure und zahle aus schierer Kulanz eine, aber auch nur eine, Hotelübernachtung im Werte von 5000 Rupien, sprich fünf Mark. Und auf einmal stehst du im Merpati-Büro in Bima, der einzige Weiße unter unterschiedlich abgetönten Dunklen, die alle deinen Blick vermeiden, die alle vorgeben, kein Wort Englisch zu verstehen, die alle nur das einzige Interesse haben, dich schnellstens loszuwerden, um weiter einem Müßiggang zu frönen, von dessen Ausschließlichkeit und Unbedingtheit wir Wesen des Westens uns überhaupt keinen Begriff machen können. Später dann, in Flores, erfuhr ich –»

«Du bist also bis Flores gekommen?» fragte Franz mit aufwallendem Interesse.

«Dahin habe ich mich durchgeschlagen», erwiderte Christian nicht ohne Selbstgefälligkeit. «Und dort traf ich ja auch Kanisius. Nein, dort traf der junge Mann mich. Traf mich, erkannte mich, erwählte mich. So war das.»

«Sag mal», fragte Franz gedehnt, «du hattest doch nicht etwa etwas mit einem Knaben?»

«Nein, nein, der Knabe hatte etwas mit mir. Nicht was du denkst, nein! Er bot sich mir lediglich als Diener an.»

«Wo?»

«Bei Mr. Setiadji in Labuan Bajo, wo ich schließlich doch noch gelandet war, nicht mit dem Flugzeug, sondern mit der Fähre, nicht Samstag früh, sondern Sonntag abend – aber mich erwartete ja auch nicht das in Jakarta versprochene komfortable, vollklimatisierte Hotel – etwas, was du in ganz Labuan vergeblich suchen würdest –, sondern ein bescheidenes Zimmer in einem langgestreckten Bungalow, dessen Räume hauptsächlich von lärmenden Perlentauchern belegt waren. Man hatte schon gar nicht mehr mit mir gerechnet, überrascht wies Mr. Setiadji einen jungen Mann an, einen Knaben fast, mit deutlich melanesischem Einschlag im flaumbedeckten Gesicht, mein Gepäck aufs Zimmer zu bringen, es war Kanisius. Von da an wich er nicht mehr von meiner Seite, doch erst, nachdem er das Essen, ein einfaches Fischgericht, abgetragen hatte, rückte er mit seinem Wunsch heraus: Ich sei doch auf dem Wege nach Komodo. – Ja. Warum? – Er wolle mich begleiten und mir kostenlos seine Hilfe anbieten. – Weshalb? – Er wolle sein Englisch schulen und bitte mich daher als Entgelt für seine Dienste, jeden seiner Fehler zu verbessern. – Es heißt nicht *to collect*, Kanisius. Man sagt *to correct! – Of course, Mr. Christian. To collect.*

Bereits während unserer gemeinsamen Javareise hatte ich hin und wieder das Gefühl gehabt, mich in einem Schwank wiederzufinden, nun aber, während der Tage mit Kanisius, wich dieses Gefühl grausamer Gewißheit: Ich spielte in einer der ältesten Komödien der Menschheitsgeschichte, der von Diener und Herrn, die undankbare Rolle, den Herrn. Einen großmütigen, geradezu großherzigen Herrn selbstredend:

Ob er mir etwas zu trinken bringen könne, fragte der Diener. – Ja, Kanisius, ein Bier. – Er brachte das Gewünschte, blieb stehen und beobachtete jeden meiner Handgriffe. Es sei gewiß etwas Schönes, jetzt in der Hitze des Abends ein Bier trinken zu können. – Ja, sehr schön. Ob er auch eines wolle? – Ja, gern! – Er verschwand abermals und kehrte mit einer weiteren Flasche Bier und einem stämmigen Burschen zurück, einem recht papuamäßigen Typ im T-Shirt, den er als seinen besten Freund Boni vorstellte. – Aha. Sie sollten sich doch setzen. – Gern, Mr. Christian. Doch da ist ein Problem, Mr. Christian. – Welches, Kanisius? – Mein Freund Boni trinkt auch gerne Bier, Mr. Christian.

Boni bekam seine Flasche Bier, natürlich, und ich äußerte, von Kanisius dazu gedrängt, meine Wünsche für die Komodo-Exkursion: Mineralwasser, Brot, Bananen. Aber eigentlich könne ich das auch selber kaufen. – Nein, nein, Mr. Christian! Das erledigt alles Kanisius! – Also gut, ich verlaß mich auf dich. Hier ist Geld, Kanisius. – Danke, Mr. Christian!

Drei ganze Tage lebte ich mit einem Diener zusammen, es waren furchtbar unvergeßliche Tage. Einen Vorgeschmack erhielt ich bereits während der Überfahrt nach Komodo, im kleinen zusammengeflickten Motorboot, das eine Zwei-Mann-Crew aus Vater und Sohn durch die haarsträubende, zu dieser Jahreszeit gottlob ruhige Komodo-See steuerte. Sofern man eine See voll sichtbar reißender Strömungen und kreisender Strudel überhaupt ruhig nennen kann. Jahrtausendelang haben Seeleute diese Gewässer gemieden, anders hätten die Warane wohl kaum überleben können, erst 1912 wurden sie entdeckt, meint natürlich: erstmals von einem Weißen gesehen. Mittlerweile wird die Stückzahl der Echsen auf dreitausend geschätzt. Nicht nur auf Komodo leben sie, sondern auch auf den Nachbarinseln Padar und Rinca. Als wir an Rinca vorbeifuhren, behauptete Kanisius, dort hause lediglich ein einziger, allerdings riesenhafter Waran. Ich überging diesen Unfug und bat um ein Mineralwasser. Ein Ausdruck wilden Wehs trat in seine schönen, runden, braunen Augen: *Me forget de mineral water, Mr. Christian.* – Dann gib mir eine Banane, Kanisius. – *Here, Mr. Christian.* – Danke, Kanisius. Und heb den Rest der Bananen für den Abend auf. – *Of course, Mr. Christian.*

Fortan hörte Kanisius nicht auf, mich zu beschäftigen und zu beeinträchtigen. Zum Abendessen wünschte sich der Herr eine weitere Banane. Kanisius schaute mich groß, fast verwundert an: Da sind keine Bananen! – Nein? Hast du die Bananen etwa gegessen, Kanisius? – *Of course, Mr. Christian.*

Eine Kolonial-Klamotte erster Güte, ich weiß», rief Christian aus, schenkte sich erneut ein und hielt die Flasche sodann fragend in den Raum gereckt. Energisch schüttelte Franz den Kopf, verständnisvoll winkte Christian ab. «Du hast sicherlich schon ganz andere Szenarios erlebt und durchlitten. Für mich aber war es das erste Mal, und das ist, wie man weiß, zugleich das intensivste. Mein Diener und ich – ich will es kurz machen. Kanisius, der nicht anzugeben vermag, wofür er eigentlich das ihm anvertraute Geld ausgegeben hat, bis ihm neben einigen etwas merkwürdigen Posten einfällt, daß die Hälfte ja noch in seiner Hosentasche steckt. Kanisius, der mich bereits am frühen Morgen der Waran-Fütterung mit seinen Problemen behelligt: ‹*Me very sad, Mr. Christian. Me dream of my darling!*› Kanisius, der den Herrn durch seine Unbeeindruckbarkeit verärgert: ‹Schau mal, Kanisius, da fliegt ein sehr seltener Vogel, der Weiße Seeadler.› – ‹*Of course, Mr. Christian*›, erwidert der Angesprochene, ohne hinzuschauen. Kanisius, der – wir sind wieder in Labuan – den Herrn auf dem schnellsten Wege zum lokalen Vertreter der Fluglinie Merpati bringen soll, die Route aber so legt, daß sie bei all seinen Bekannten und Darlings vorbeiführt, was jedesmal Stop und Schwatz bedeutet, derart häufig und ausgedehnt, daß die Kinderschar, die uns auf Schritt und Tritt begleitet, zu lachen beginnt – über den dummen Herrn natürlich, der sich solche Dreistigkeiten bieten läßt. Eher zufällig lau-

Von den Untugenden der Küstenbewohner IV

Dicht besiedelte Küstenstriche am oberen Meer sind gefährdet, und der Landrand ist dran: haushoch die Wasserwand! Mit einmal wird so ein Kawenzmann über die Strandpromenade herfallen; Wasserwucht, Fallhöhe plus Wogenprall gleich Untergang und BATSCH – AUS! Läutet nur die Sturmglocken, euch rettet kein höheres Wesen, kein Kaiser, kein Tribun. Höhere Gewalt – da zahlt keine Versicherung.

fen wir dabei Mr. Ensel Soe in die Arme, dem Merpad-Büroleiter, der mir schamlos lachend mitteilt, mein Hinflug sei übrigens deswegen ausgefallen, weil der lokale *district manager* einen Ausflug habe machen wollen, möglicherweise stehe die Maschine aus ähnlich privaten Gründen auch für den Rückflug nicht zur Verfügung. Und mein schon bezahltes Ticket? frage ich fassungslos. Ihr Ticket! lacht mir der Büroleiter ins Gesicht.

Ich beschließe zähneknirschend, die Reise nach Bima am nächsten Morgen sicherheitshalber wieder mit der Fähre anzutreten. Es dunkelt, ich will zurück, doch Kanisius hat andere Pläne: Ich müsse mir unbedingt noch die Missionsschule anschauen. Denn Flores ist, schon der Name sagt es, eine von spanischen Katholiken christianisierte Insel, daher auch die heiligmäßigen Vornamen der Kinder, Konstantinus, Severinus oder eben Kanisius. Und der geht einfach weiter, ich aber muß ihm folgen, die Kinderschar im Schlepptau. Denn schon haben wir uns ein ganzes Stück von der Ortschaft entfernt, gehen wir auf verschlungenen Wald- und Feldwegen über rote Erde und durch wucherndes Grün – da findet kein Ortsunkundiger allein zurück. Und so empfängt uns denn auf einer Hochebene eine lebensgroße, grell bemalte Zementplastik von Johannes Paul dem Zweiten, auf einem Sockel und mit ausgebreiteten Armen, dahinter liegen barackenähnliche Gebäude.

‹*Der is a missionary school overdis*›, sagt der Diener und deutet auf die Häuser. Der Herr erinnert sich ihrer Abmachung und versucht, seinen Teil zu erfüllen: ‹*Over there, Kanisius*›, wobei er das Wort aus pädagogischen Gründen überdeutlich ausspricht: ‹*Ouver thuäre.*›

‹*Of course*›, erwidert der Diener, ‹*overdis.*›

‹*No, Kanisius, over there.*›

‹*Yes, Mr. Christian, overdis.*›

‹*Kanisius, you are wrong. The missionary school is not overdis but ouver thuäre.*›

‹*No, Mr. Christian, de missionary school is overdis. Look all de nice buildings overdis is missionary school.*›

‹*Over there, Kanisius, over there! The buildings are over there! The missionary school is over there. Your spelling is wrong, Kanisius. I try to help you correcting your English. And the right word is not overdis but ouver thuäre!*›

Da lenkt der Diener ein, freilich nur, um sogleich aufzutrumpfen. ‹*Ouuver thuuääre?*› fragt er ungläubig und erregt mit dieser plumpen Parodie auf die Sprache des Herren das Gelächter der Kinderschar, die natürlich voll und ganz die Partei des Dieners ergreift, was den wiederum zu immer verwegeneren Versionen des nun schon sattsam bekannten Sachverhalts anstachelt: ‹*Der is a missionary school ouuuver thuuääre, Mr. Christian.*›

‹*Correct*›, sagt der Herr bekräftigend, obgleich ihm nicht entgeht, daß wiederum er und nicht der Diener hier der Dumme ist: ‹*Over there.*›

‹*Me go overdis*›, ist alles, was der Diener darauf zu sagen hat, und da endlich reißt dem Herrn die Geduld: ‹*Me not want to go overdis. Me want to go home!*›

Doch noch als er ihn anderntags zur Fähre bringt, hat der Diener den Herrn fest in der Hand. Er trägt das leichtere der beiden Gepäckstücke, klaglos hat der Herr das schwerere geschultert. Auf dem Weg zur Anlegestelle entwirft der Diener die Modalitäten des Abschieds: ‹Ich werde gleich sehr traurig sein, Mr. Christian. Du wirst mir 5000 Rupien geben und für immer mit der Fähre fortgehen.› Und so geschah es. An der Fähre angelangt, übernahm ich das leichtere Gepäckstück, übergab Kanisius die 5000 Rupien und machte einen letzten Versuch, den Herrn darzustellen: ‹*And try to improve your English, Kanisius!*›

‹*Of course, Mr. Christian.*›

Was für eine Klamotte! In der Rolle des Herrn: Christian Pfeiffer, im malaiischen Archipel besser bekannt als die Pfeife Christian. Prost auch!»

Sich leicht vorbeugend, hob Franz verbindlich sein Bierglas, stellte es jedoch sogleich, ohne daraus getrunken zu haben, auf das niedrige Teakholztischchen. Anders Christian, der erneut vom Cognac nachschenkte, worauf er Franz eindringlich ermahnte, er müsse unbedingt mal «Almayers Wahn» von Joseph Conrad lesen, da werde auch ordentlich was weggeschluckt.

«Ich kenne das Buch», warf Franz ein, ohne Christian davon abbringen zu können, umständlich den Inhalt der zentralen Trinkszene zu rekonstruieren: «Da sitzt der Almayer in dieser unheimlichen Hitze der Tropennacht von Borneo – genau wie wir hier! – mit diesen englischen Offizieren zusammen und trinkt und redet die ganze Zeit – genau wie ich jetzt ...» Er verlor den Faden, tatkräftig sprang ihm Franz bei: Ob er denn auf Komodo überhaupt Warane gesehen habe?

Scheinbar ernüchtert setzte sich Christian auf: «Aber sicher. Warane satt und wie sie im Buche stehen: drei Meter lang, dunkelgrau, mit gespaltenen gelben Zungen. Ehrwürdige, vollkommen ungewöhnliche Tiere, jedenfalls solange sie nicht fressen. Dann bemächtigt sich ihrer eine stumpfe, gemeine, unerbittliche Gier, der man allerdings zugute halten kann, daß sie durch und durch authentisch ist. So wenig sich aus der Mimik dieser riesigen Reptilien ablesen läßt, so unfähig sind sie zur Verstellung. Jeden Morgen, den Gott Touristen schickt – und wir waren zum Schluß etwa fünfzehn, die von verschiedenen Ausgangspunkten und mit unterschiedlichen Booten zur

Anlegestelle des Nationalparks gelangt waren und dort in Holzhäusern ohne jeglichen Komfort übernachtet hatten –, an jedem frühen Morgen also, noch vor Sonnenaufgang, wird am Walunggulung, einem Steilhang inmitten des lichten Waldes dieser trockenen Insel, den Waranen eine Ziege geopfert und so an einem der Hinterbeine aufgehängt, daß ihr Kopf etwa drei Meter unter dem Betrachter und zwei Meter über dem Erdboden schwebt. Nicht lange! Denn etwa sechs Warane warten bereits auf das Herablassen der Opfergabe, etwa sechs weitere kommen in kurzer Zeit hinzu, und dann geschieht das Unglaubliche: Die Echsen zerreißen die Ziege nicht etwa, um sich sodann, jeder mit seinem Anteil, zurückzuziehen, nein, gemeinsam lutschen sie die Hängende gleichsam weg, eine scharrende, schnaubende, rülpsende Pyramide, aufeinandergetürmt und in ständiger Veränderung. Das geschieht ebenso bedächtig wie unbeirrt. Zuerst verschwindet der Kopf der Ziege mit Haut und Haar, Horn und Knochen, dann, nun färben sich bereits die mahlenden Schnauzen rot, der Hals, die Vorderbeine, der Oberkörper. Plötzlich aber geht ein unerwartet wilder Ruck durch diese fast abgeklärt Schlingenden. Sie geraten an die offenbar besonders begehrten Innereien, der Magen der Ziege reißt auf, sein Inhalt, frisches, kleingehäckseltes Tamariskenlaub, sprüht als kräftige Fontäne heraus und überzieht die rotgefärbten Köpfe mit einer Lasur grellen Grüns. Ja – und irgendwann war sie dann weg, die Ziege. Ein Schauspiel, das sein Geld wert ist, in jeder Beziehung. Du zahlst, die Ziege stirbt, der Waran schlingt, dir schaudert. Eine saubere Sache, so eine Waranbeziehung. Auf jeden Fall eine Warenbeziehung, die über jeden Zweifel erhaben ist: gute Leistung für gutes Geld. Und noch etwas macht diese Beziehung zu einer ebenso raren wie wahren: Du läufst nie Gefahr, den Waran zu korrumpieren, und der gerät nie in Gefahr, sich zu prostituieren. Auch seid ihr beide von Beginn an dagegen gefeit, euch in euren Bedürfnissen derart zu verfehlen, wie es der weiße Mann und die braune Frau fortwährend tun. Aber ich gehe zu weit. Worüber man nicht reden kann, davon muß man schweigen, und von den Bedürfnissen brauner Frauen weiß ich weißer Mann leider nichts. Mir hat sich ja lediglich ein brauner Mann an den Hals geworfen.»

Franz sah fragend auf, schon wollte er zum Reden ansetzen, da kam Christian ihm mit einem hastigen Lachen zuvor: «Es wird dir nicht verborgen geblieben sein, daß meine Reise ans Ende der Welt unter dem Motto stand: Die Angler mit den Mücken fechten und doch viel lieber hmtata. Ich hoffe, ich habe dir klarmachen können, warum ich mir diesen kleinen Herzenswunsch ganz einfach nicht erfüllen konnte: Wer mit der Kantschen

Von den Untugenden der Küstenbewohner V

Da – schaut: wie dort droben dem Türmer die Mütze birst und die Bommel zerspratzt. Das ist das Zeichen! Die Woge Tulibali läßt weiter auf sich warten, einer aber harrt noch aus am Riff: der Wogenwärter. Seine berufsmäßig tätigen Gehilfen unterliegen der Fluchtpflicht und sind dem Vernehmen nach derselben nachgekommen.

Maxime großgeworden ist, es sei verwerflich, den Mitmenschen lediglich als Mittel und nicht als Zweck zu begreifen, der muß sich in seiner Menschenwürde naturgemäß dann tief verletzt fühlen, wenn eine Frau nur gegen Geld oder geldwerte Vorteile mit ihm zu schlafen bereit ist. Liebe darf doch nichts kosten! Aus schierer Selbstachtung hält er sich daher von diesen berechnenden Wesen fern, reist zu den Waranen, die nicht zu rechnen vermögen, und trifft auf den unberechenbaren Angestellten des Nationalparks, einen schlanken, leichtgewandeten Jüngling, der ihn von der schlichten Rezeption zur einfachen Unterkunft führt. Weiße Kakadus fliegen auf, als sie die Hütte erreichen, kichernd zeigt der Jüngling dem Reisenden die Räume. Der bekundet, alles begriffen zu haben, sein brauner Führer aber denkt nicht daran zu gehen. Vielmehr nutzt er einen schlichten Scherz des Weißen, um dem Ankömmling in die Arme zu fallen. Wie bezaubert umarmt und betätschelt er ihn. Dann gibt er vor, die Toilette benutzen zu müssen, läßt dabei aber die Türe halboffen, tritt schon bald darauf mit noch herabgelassener Hose und gut gefüllter Unterhose aus dem Kabinett, dabei beißt er sich schelmisch auf den Finger, der schöne, glatte Mensch.

Kein Zweifel, er bot sich mir an, nur, daß ich den nicht wollte. Daher weiß ich bis auf den heutigen Tag nicht, ob er mich in der Tat als kantischer Unschuldsengel zum reinen Zweck seiner Begierden erkoren hatte oder ob ich in seinen Rehaugen nicht doch das Mittel anschließender Abgreiferei war. Dafür glaube ich jetzt, am Ende dieses fragwürdigen Ausflugs, zu wissen, daß in diesen Breiten der nichts verloren hat, der wie ich dank betrügerischer Wechselkurse für einige Wochen den reichen Mann markieren kann, gleichzeitig aber darauf beharrt, um seiner selbst willen beachtet, bewirtet und geliebt zu werden. Daß vor solch Althergebrachter Verlogenheit sich jene Neue Unschuld geradezu strahlend abhebt, die darin besteht, daß da gar nichts mehr vorgetäuscht, sondern die pure, unkaschierte Berechnung zum Mittelpunkt aller Handlungen gemacht wird. Womit wir mal wieder glücklich bei Kleist gelandet wären ...»

«Hier stimmt endlich auch mal das Preis-Leistungs-Verhältnis!»

Poth

Klaus und Caroline in der Karibik

3
War das nicht super?
Spitze, Klaus, einfach Spitze

4
Guur u' guur
U'gurum bu:'u
Gurum bu'rugu
Mein Gott, was ist das?

5
Guur u' guur
Wir sind gerettet, er bleibt zurück

6
HOTEL
Wir sagen niemanden was, lächerlich würden wir uns machen sonst nichts. ES GIBT HIER KEINE INDIANER MEHR. Ein Aufreißer war das für irgend so eine Voodoo-Bar, völlig klar.

Am nächsten Tag
7
Dies ist die einzige Spur, die von den Yukutokuus erhalten ist. Ihren Goldschatz haben die Spanier nie gefunden. Der soll unermeßlich groß gewesen sein und sie hüteten ihn für ein Götterpaar...

8
...namens guur u'guur. Hier steht das Zeichen dafür. Die Yukutokuus glaubten, daß einmal ein weißes Götterpaar mit goldenem Haaren nachts dem Meer entsteigen würde...

3 Tage hatten Caroline und Klaus noch und jede Nacht kamen sie an gleicher Stelle und anderswo unzählige Male aus dem Meer gelaufen. Nix. Nix und Nix. Das war vielleicht ein Urlaub!

Dreihundert Schwarze, die den Kaiserwalzer tanzen. Mitten auf einem Polofeld, nahe der Nordküste Jamaicas. Und alle hören auf das Kommando eines weißen Mannes. Dieser Mann erzählt jetzt sein Abenteuer.

1. *Der Tanz wird geprobt*

Von vielen Leuten weiß ich, daß sie Homosexuelle generell für gute Tänzer halten. Noch wesentlich mehr Leute halten alle Tänzer für homosexuell.

Ich bin Tänzer.

Und ich warte auf mein Mädchen. Carrole. Mit doppeltem rollenden ‹r› und mit dunklem runden ‹o›. Sie hat mir gesagt, sie werde bald zurück sein. Jetzt ist es kurz vor Mitternacht, früher Morgen drüben in Europa. Noch viel Zeit bis zur Maschine nach London. Aber auch ein langer Weg noch bis Kingston.

Im Wagen ist es heiß. Ich kurbele das Seitenfenster runter. Die Luft von draußen weht noch heißer herein. «Undertaker's Breeze», der nächtliche Wind von den Bergen. Als ein Wagen vorbeifährt, sehe ich die baumhohen Farne, die sich biegen und wiegen wie die sterbenden Schwäne im Stadttheater Linz. Für einen Augenblick habe ich den Eindruck, sie wollten sich verstecken vor dem Licht der Scheinwerfer. Dann ist der Wagen um die nächste Kurve verschwunden. In der stillen Dunkelheit sehe ich keine Bewegung mehr.

Aussteigen mag ich nicht. Ich kenne die Gegend kaum. Ich weiß nur, daß gleich hinter der Kurve das Haus sein muß, in dem Carroles Leute wohnen. Ich kenne auch die Leute nicht. Ich weiß nur, daß es besser ist, wenn ich sie gar nicht mehr kennenlerne. Carrole will es so. Ich glaube, es ist keine falsche Scham. Nur eine Vorsichtsmaßnahme.

Nicht alle Schwarzen mögen die Weißen. Schon gar nicht, wenn sie sich ein schwarzes Mädchen nehmen. Sie können kaum glauben, daß es einem ernst ist. Das muß man verstehen, sie haben gerade in der Beziehung viel Übles erlebt. Für die meisten Weißen gehören die Schwarzen einfach zum Inventar, dienstbare Geister. Und auch Sex gehört mit zur Bedienung. Das ist hier so wie fast überall, wo Weiße in schwarzer Umgebung Ferien machen. Und auf Jamaica, wo die weißen Touristen vornehmlich Amerikaner sind, ist es besonders schlimm. Ausbeutung und Mißachtung sind kaum kaschiert. Weiße Amerikaner sind absolut schamlos in der Beziehung. Sie sind sich des Problems nicht einmal bewußt. Gemüts-Rassisten, würde ich sagen.

Aber ich gebe zu: Für jeden Weißen ist es hier hart, kein Rassist zu werden. Die Schwarzen machen es einem verdammt leicht. Es ist auch ihre einzige Chance.

Schwarz – Weiß – um die Begriffe kommt man nicht herum. Die Unterschiede sind allzu deutlich. Ich kann nicht darüber hinwegsehen, ich will es auch nicht. Und ich weiß auch keine besseren Worte. «Neger» wäre noch bedeutend schlimmer. Schließlich spricht auch kein Mensch hier von Ariern oder Kaukasiern in bezug auf uns. «Einheimischer» sagte zu wenig. Dafür gibt es zu viele einheimische Weiße auf der Insel. Und «Farbige»? Was wären wir im Gegensatz dazu? Unfarbige? Farblose? Lächerlich.

Schwarz und Weiß – das klingt zunächst brutal. Aber es ist wenigstens ehrlich. Der Gegensatz ist brutal, in jeder Beziehung. Auch Carrole spricht von «black people» und «white people». Wenn sie davon spricht. Wir versuchen natürlich, das Thema zu vermeiden. Und wir haben es auch gar nicht nötig, darüber zu reden. Wir lieben uns.

Ich kenne Carrole jetzt seit drei Tagen und einer Nacht. Von ihrer Familie hat sie wenig erzählt. Sie muß massenhaft Verwandte haben, Brüder und Schwestern, Schwäger und Schwägerinnen, Neffen und Nichten, Onkel und Tanten und so weiter. Sogar eine Urgroßmutter soll noch am Leben sein.

Ihre Familie ist arm. Genauso wie die meisten Einheimischen auf dieser Insel. Einige arbeiten in den Hotels an der Küste, andere verkaufen Obst und Fisch an der Straße. Sicher handelt auch der eine oder andere mit «Ganja». So nennen sie das Marihuana hier. Die Freaks aus Europa kommen hauptsächlich deswegen herüber. Das Gras ist billig. Aber ihnen macht es Spaß, die Preise noch herunterzuhandeln. Kein Dealer wird dabei reich.

Ich hätte Carrole gern noch etwas Geld mitgegeben. Aber sie hat es abgelehnt. Vielleicht will sie nicht, daß es so aussieht, als müsse ich sie freikaufen. Die 750 Jamaica-Dollar, die sie in den drei Tagen beim Film verdient hat, sind vermutlich schon sehr viel Geld für ihre Familie.

Am ersten Tag war einer ihrer Brüder da, um sie abends von den Proben abzuholen. Ein finsterer Typ, viel dunkler als sie, wie Kaffee ohne Milch.

In gewisser Hinsicht war ich enttäuscht, als er auftauchte. Denn erstens wußte ich noch nicht, daß der Mann nur ihr Bruder war, und zweitens hatte ich mir schon den ganzen Tag überlegt, wie ich Carrole ansprechen könnte. Wie die anderen das machten, hatte ich mitbekommen: schamlos, taktlos, bedenkenlos. Für mich war Carrole einfach eine schöne Frau. Und schöne Frauen sind für mich immer ein Problem.

Sie war mir sofort aufgefallen. Und das unter rund dreihundert Komparsen, von denen mehr als die Hälfte Frauen waren.

Von den Untugenden der Küstenbewohner VI

Von den Anrainern der Karibik wird berichtet, daß sie wochentags freibeutern dürfen im Auftrag des Strandältesten. Immer häufiger kam es zu Vorfällen und Sparprogrammen, die Beute wurde zur Bewährung ausgesetzt, und die Freibeuter hatten schließlich die Fähigkeit verloren, ein öffentliches Amt zu bekleiden.

Der Tag war damit draufgegangen, die Brauchbaren herauszusuchen. Brauchbar war, wer Walzer tanzen konnte. Nein, eigentlich war es wesentlich komplizierter: Waissenburger wollte drei Dutzend Paare, denen ich innerhalb von zwei Tagen einige Walzerschritte beibringen könnte. Genügend, um auf den ersten Blick wie eine höfische Gesellschaft auszusehen.

«Aber auch nicht zu viel, nicht zu perfekt! Daß sie mir bei den Nahaufnahmen noch recht ungeschickt und staksig ausschauen. A bisserl wie Kinder, verstehst, die's gespannt haben von den Eltern oder so. Ja, ich weiß, daß es nicht so einfach wird – aber du wirst's schon richten.»

Waissenburger war der Regisseur, aus Wien. Von daher kannte ich ihn auch, seit dem Studium. Und ich mochte ihn irgendwie. Sonst hätte ich mich auf diese Sache bestimmt nicht eingelassen. Alles klang so unseriös.

«In der Totalen will ich Schönbrunn, verstehst, der Kongreß tanzt! Rauschende Röcke, flatternde Frackschöße, glitzernde Perlen, leuchtende Blumen, schluchzende Geigen: Wie-geschritt, Wie-geschritt ...» Waissenburger hatte das graue Köpfchen gegen die eigene Schulter geschrägt, die Augen geschlossen. Er riß sie wieder auf. «Und dann: stoß' ich mit der Kamera hinab, wie ein Habicht ... oder wie der Hitchcock da, in dem – na, du kennst doch den alten Film mit dem Cary Grant – ‹Notorious›, genau. Ich stürz' mich hinein in die Menge – und es sind alles Neger! Schwitzende schwarze Gesichter, strahlend weiße Gebisse, nackte schwarze Schultern, funkelnd weiße Perlen – irgendwie obszön! Und die Kleider passen ja nicht: Stehkragen stehen offen, Mieder platzen, Hosen klaffen ...» Er formte beidhändig den Bildausschnitt, schaute hindurch und an mir hinunter. «Close-up! Alle sind barfuß, verstehst! Schwarze Füß' auf weißem Marmor! Wie-geschritt, Wie-geschritt ...»

Und so kam es, daß an jenem denkwürdigen Tag der unsterbliche Kaiserwalzer von Johann Strauß über den braungebrannten Rasen des Royal Polo Club of St. Ann's in der Nähe von Ocho Rios, Jamaica, hallte. Acht Stunden lang, fast ohne Unterbrechung, bis es am Abend die Negerkinder von den Palmen pfiffen: «Wie-geschritt, Wie-geschritt ...»

Natürlich war der Kaiserwalzer grundfalsch. Er paßte überhaupt nicht zur historischen Vorlage. Aber Jamaica paßte dazu ja auch nicht. Und wen kümmerte schon ein Drehbuch? Oder gar die Vorlage dazu?

Für den Film ist, das habe ich ganz schnell begriffen, ein Drehbuch nie mehr als der Anlaß loszulegen, eine Art Kalkulationsgrundlage. Sobald die Produktion ernsthaft begonnen hat Geld zu kosten, ist es vergessen – es sei denn, der Regisseur selbst hätte es verfaßt.

Ich weiß nicht einmal, wer zu unserem Film die Vorlage geliefert hatte. Waissenburger jedenfalls nicht.

Sein «Spartacus von San Domingo» geht zurück auf ein Heldenlied von Lamartine über einen ebenso vergessenen Sklavenaufstand auf Hispaniola. Für Waissenburger war das wohl von Anfang an nur ein Vorwand gewesen, ein Mittel zu dem Zweck, das Französische Fernsehen für sein Projekt zu interessieren. «Wennst denen sagst, wir machen hier ein revolutionäres Stück über die kulturelle Emanzipation der Dritten Welt, oder du sagst, wir möchten halt drei Dutzend Negerl Wiener Walzer tanzen lassen – kriegst doch eh keinen Franken von denen. Aber wennst ihnen erklärst, wir verfilmen hier euren großen Lamartine, da wittern sie Gloire, und das mögen s'.»

Offensichtlich hatte Waissenburger die welschen Verhältnisse und die Eitelkeit der Zuständigen richtig eingeschätzt. Mit den paar Schillingen vom ORF hätte er sich soviel Aufwand jedenfalls kaum leisten können. Vor allem nicht die schöne weite Reise in die Karibik, und um die ging es ja letztlich.

«I steh halt auf Originalschauplätze.»

Originalton Waissenburger.

Daß der Originalschauplatz Lamartines eine Insel weiter östlich lag, kümmerte ihn nicht.

«Da in Haiti oder wo ham s' doch null Filmerfahrung. Stromsperren ham s' und Aids und so was. Während hier die Amis schon genug gemacht haben, den Bond und so was. Kein Ärger mit den Behörden. Das zählt.»

Die Amerikaner hatten zumindest dafür gesorgt, daß dieser Teil der Insel sorgfältig von jeder Ursprünglichkeit oder gar Wildheit gesäubert worden war. Das Aufregendste, was einem passieren konnte, war eine Prügelei zwischen zwei einheimischen Fremdenführern, die sich gegenseitig das Recht abstritten, den Fremden dorthin zu führen, wo es von anderen Fremden schon wimmelte. Amerikanische Pärchen auf Hochzeitsreise, amerikanische Kreuzfahrer auf Landgang, amerikanische Betriebskampfgruppen auf Abenteuerurlaub. «Take a picture! Take a picture!» hieß der allgemeine Schlachtruf. Es war ja auch alles so pittoresk. In dieser Atmosphäre einigermaßen manierlich zu bleiben fiel nicht leicht.

Waissenburger zumindest hatte seinen Kaffeehauscharme daheim gelassen. Als ich ihn bei einer Location darauf aufmerksam machte, daß unser Fremdenführer gerade von einem anderen schwarzen Guide handgreiflich abgelöst worden war, hatte er bloß gegrinst. «Is' doch eh wurscht, wo einer ausschaut wie der andere.»

Trotzdem spielte Lamartines alexandrinisches Versepos, soweit ich es verstanden hatte, immer noch in napoleonischer Zeit. Und damals war Johann Strauß nicht einmal geboren. «Topfen im Schaufenster» war er noch, wie Waissenburger es ausdrückte. «Na und?»

Ich war vom Theater her so kleinliche Bedenken und zeitraubende Diskussionen gewohnt, aber erstens hatte Waissenburger eine Vision: «Negersklaven, die den Kaiserwalzer tanzen – das ist doch grotesk! Das wird phantastisch!» Und zweitens war ohnehin keine andere Musik da. Typisch.

Also stellte ich mich mitten auf dieses Polofeld, mitten in die pralle Sonne, und suchte mir die 36 Negersklaven heraus, die beim Kaiserwalzertanzen besonders grotesk aussahen oder phantastisch.

Ich zumindest sah grotesk aus in meinem weißen Tennisdreß, schwitzend, schreiend, klatschend, tanzend. Ich fühlte mich alles andere als phantastisch. Daß hier immerhin Menschen einfach zu Erfüllungsgehilfen einer eitlen Spinnerei degradiert wurden, war mir allzu deutlich bewußt. Daß sie dabei ihren Spaß zu haben schienen, machte die Sache auch nicht besser.

Aber Carrole sah phantastisch aus: groß und grazil, schön und kokosnußbraun, uneitel und unberührt. Das war natürlich keine Empfehlung für die Rolle. Doch ich engagierte sie sofort. Und um sie grotesk wirken zu lassen, spannte ich sie mit einem fetten, graulockigen, mitternachtsschwarzen Alten zusammen, der gut einen Kopf kleiner war als sie. Ich glaube, seine Hände zitterten, als er sie zum erstenmal um ihre schmalen Hüften legen durfte. Carrole lachte.

Am späten Nachmittag hatte ich meine 36 Paare beisammen und konnte den Rest der Leute heimschicken. Die hatten anscheinend nichts Besseres zu tun. Sie blieben da. Setzten sich in den Schatten des Klubhauses und gingen locker zum gemütlichen Teil über. Sie schienen auch weder beleidigt noch enttäuscht zu sein, nur neugierig. Mir war so viel Publikum gar nicht angenehm.

Eigentlich hätte ich sowieso Schluß machen sollen. Ich war längst reif für eine kalte Dusche. Aber mein schlechtes Gewissen war noch da. Und ich mußte natürlich unbedingt demonstrieren, wie überlegen tüchtig und widerstandsfähig die weiße Rasse sein kann, auch und gerade unter mörderischen Bedingungen.

Ich ließ meine Auserwählten in drei Riegen antreten, zu je zwölf Paaren – dachte ich. Doch eine der Riegen war eindeutig zu lang. Es waren insgesamt 37 Paare. Nicht 36. Ich hatte mich kein einziges Mal umgedreht, und sie hatten sich trotzdem auf wundersame Weise vermehrt.

Ich war so müde.

Trotzdem bekam ich eine Art Wutanfall und hatte einen ziemlichen Lacherfolg damit. Ich tobte.

«Cool, man! Easy, man!»

Von allen Seiten kamen die tröstenden Stimmen mit den lang- und breitgewalzten Vokalen: «Kuul, maan! Iisii, maan!» Kühle Hände streichelten mich. Irgend jemand fühlte mir die Stirn. Gleich darauf hatte ich einen Hut auf dem Kopf. Er war aus grünen Palmblättern geflochten und kostete mich 25 Jamaica-Dollar. Jetzt liegt er hinter mir, auf dem Rücksitz.

2. *Der Tanz kann beginnen*

Am nächsten Morgen war mein neuer Hut vergilbt und um die Hälfte leichter. Ich fühlte mich doppelt so gut wie am Tag vorher.

Auf 10 Uhr hatte ich meine Paare zur Morgenarbeit bestellt. Um 11 Uhr waren alle da: 36 Paare! Carrole war dabei.

Ich gab den Guards strengste Anweisung, niemanden mehr aufs Feld zu lassen. Sie waren offensichtlich froh, eine Aufgabe zu bekommen. Sobald sich ein Krauskopf hinter den Gebüschen zeigte, fingen sie an, mit ihren Schlagstöcken zu fuchteln.

Bis dahin war es mir eher unheimlich gewesen, auf Schritt und Tritt von Bewaffneten begleitet zu werden. Jetzt fand ich ihr Vorhandensein ganz praktisch.

Wir arbeiteten ungestört. Alle lernten wirklich schnell und fast mühelos. Gegen Mittag hatte ich sie soweit, daß sie Wiener Walzer sowohl rechts als auch links herum tanzen konnten.

Nur bei Carrole war ich noch keinen Schritt weitergekommen.

Ich wollte den angeblichen Karibik-Kennern im Team nicht glauben. «Für ein paar Dollar geht jede mit.» Wenn man auf eine scharf war, mußte man sie demnach nur zum Abendessen einladen. Und dann ging's in den ‹Jockey Club›. An meinem ersten Abend war ich auch dort gewesen. Ohne Mädchen, versteht sich.

Der ‹Jockey Club› war ein billiges Hafen-Bordell. Unten saßen die weißen Freier mit ihren schwarzen Mädchen. Einer spielte Klavier, und alle grölten heimatliche Lieder, österreichische in unserem Fall. «Wiener Blut, Wiener Blut ...» In einer obszönen Fassung.

Dann und wann verschwand einer mit seinem Mädchen nach oben. Nach spätestens zehn Minuten kam er zurück, grinste befriedigt und grölte weiter im Chor.

Carrole dorthin mitzunehmen wäre mir nicht im Traum eingefallen. Ihr überhaupt Geld anzubieten schien mir undenkbar. Ich war schließlich kein Sklavenhändler. Und ich wollte auch keiner werden. Unter keinen Umständen, auch nicht unter diesen.

Ich durfte bloß keinem von meinen Skrupeln erzählen. Jeder hätte mich ausgelacht.

Es klingt lächerlich: Ich hatte mich verliebt. Und ich benahm mich entsprechend. Den ganzen Vormittag ließ ich Carrole kaum aus den Augen. Aber sobald sie meinen Blick erwiderte, schaute ich verschämt weg.

In der Mittagspause fuhr ich zum Strand hinunter, um Waissenburger zu melden, daß der Tanz von mir aus beginnen könne. Sie drehten dort gerade ein paar Landschaften als Hintergrund für die Anfangstitel, nur das Team, keine Schauspieler.

Als ich ankam, wurde eben eine bedeutsame Klappe geschlagen: «Der Spartacus von Santo Domingo 1/1/1.» – «Spartacus – eins – eins – die erste! Für den Regisseur!» krähte der Junge, der die Klappe schlug.

Es war nicht mein erster Film, und ich wußte, was diese Schnapszahl bedeutete: Waissenburger würde heute abend für alle Anwesenden die Drinks zahlen müssen. Er versuchte auch gar nicht erst, sich zu drücken. «Also bitte, nach Drehschluß bei mir am Pool, wenn's genehm ist.»

Ich fragte ihn beiläufig, ob ich einen Gast mitbringen dürfe. «Aber immer.»

Dann sprachen wir genauer über die Tanzszene. Das Ganze sollte im ‹Drax House› stattfinden. «Ein phantastisches Ambiente. Absolut viktorianisch.»

Ich machte Waissenburger darauf aufmerksam, daß auch die Queen Victoria zu Napoleons Zeiten noch Quark im Schaufenster gewesen war. Aber das machte ihm gar nichts aus. «Wir machen doch keinen historischen Film hier, verstehst? Wir machen filmische Historie. Film ist Vision ohne tiefere Bedeutung. Die Frage nach tieferer Bedeutung ist eh das Ende jeder Vision. Und jeder Kultur. Keine Kultur ohne Vision ...» Waissenburger lachte. Daß er seine Sprüche selbst nie ganz ernst nahm, machte sie erträglich und ihn irgendwie sympathisch. «Was wir darstellen, ist das Ende der Sklaverei – und damit das Ende der Kultur. Unserer Kultur. Jeder Kultur. Die Sklaverei ist immer von den Herrschaften beendet worden. Und immer dann, wenn sie den Glauben an ihre Kultur verloren hatten. Weil sie den Glauben an ihre Vision verloren hatten. Die Herrschaft der Sklaven ist immer kulturlos. Weil ihre Visionen von der Kultur der Herrschaften bestimmt waren. Wozu sie

Von den Untugenden der Küstenbewohner VII

Es ist zum Verrücktwerden. Und verrückt geworden sind die Küstenbewohner von Dings, die nach einer Kundgebung vor der Kolossalstatue des Sinnprinzips landeinwärts zogen, die Riesenwoge im Feuerwehrteich von Rendbüttel zu beschwören. Die Riesenwoge Lalula zog unverrichteter Dinge wieder ab.

allenfalls fähig sind, ist eine Parodie der Herrschaftskultur, eine Travestie. Wudu als Travestie des Katholizismus, praktisch, Reggae als Parodie des Militärmarsches, Neger als Negation...»

Wenn Waissenburger in Form war, konnte er endlos so weiter improvisieren. Und in Form brachte ihn hier eine Mischung aus Ganja und weißem Rum. Er rauchte und trank praktisch den ganzen Tag.

Ich unterbrach ihn irgendwann. Ich wollte ja nur wissen, wie groß der Saal sein würde, in dem getanzt werden sollte. Jetzt erfuhr ich, daß die Veranstaltung im Freien stattfinden mußte.

«Drinnen komme ich mit der Kamera nicht hoch genug. Aber du mußt die Palmen sehen, vorm Haus. Vier Stück, riesig! Hat angeblich irgendeine alte Hex' für ihre vier Liebhaber bauen lassen, pardon: pflanzen lassen. Einen mächtigen Verschleiß haben die hier, sieh dich vor! Wir tanzen da auf der vorderen Terrasse, die Kamera am Dach droben. Dann schwenk' ich von den Palmwipfeln hinunter, direkt auf die weißgepuderten Perücken, vergiß mir auch die Perücken nicht...»

Am Nachmittag probten wir in Kostümen. Die Kostüme waren Barock bis Rokoko. Kein Empire. Auch kein Biedermeier. Na und?

Ich sorgte dafür, daß Carrole eines der prächtigsten Kleider bekam, ganz in Scharlachrot, mit weißem Spitzenbesatz und goldenen Bordüren.

Sie war von allen Frauen die einzige, die nicht kicherte, als sie nach dem Umziehen aus dem Klubhaus trat. Sie sah mich aus ihren großen dunkelbraunen Augen fragend an. Dann drehte sie sich einmal auf den Zehenspitzen wie ein Mannequin auf dem Laufsteg. Es war atemberaubend.

Die kleine dicke Maskenbildnerin kam hinter ihr her und wollte ihr eine der schweren gepuderten Perücken aufsetzen. Sie war viel zu groß für ihr feines Köpfchen mit dem knabenhaft kurzgeschnittenen Haar. Und sie rutschte ihr viel zu tief in die Stirn.

Carrole zog ärgerlich die dichten Augenbrauen zusammen. Natürlich war der lächerliche Effekt gerade richtig für den grotesken Eindruck. Aber was kümmerte mich Waissenburgers Vision?

Ich sprang die paar Stufen zu Carrole hinauf, zog schwungvoll meinen Hut vor ihr und machte eine galante Verbeugung. Dann hielt ich ihr meinen offenen Hut wie ein Bettler unter die Nase. Sie begriff überraschend schnell, riß sich die Perücke vom Kopf und ließ sie betont lässig in den Hut fallen.

«My gracious lady, will you allow your servant to invite you to a party tonight?»

Sie lächelte unsicher. Offensichtlich fragte sie sich, wie ernst die Einladung gemeint sei oder ob sie noch zu unserer kleinen Komödie gehörte.

«Honest, my lady, you might make me the luckiest man in this world, if you'd agree!»

Sie nickte und sagte fast schüchtern: «Yes, I agree.»

Bestimmt war sie diese Form der Höflichkeit von Weißen nicht gewohnt. Wahrscheinlich war ihr auch meine Art, englisch zu sprechen, fremd. Ich hatte mich hier von Anfang an um möglichst schulmäßige Aussprache bemüht. Einfach, weil mir die anderen mit ihren plumpen Nachahmungen des jamaicanischen Akzents gleich auf die Nerven gegangen waren: «Yaah maan, kuul maan, iisii maan!» Was würden die wohl von einem Schwarzen halten, der sie, kaum in Wien angekommen, mit «Servus, küß' d'Hand», und «Hab' die Ehre» begrüßen würde? Mir war diese Art der Anbiederung besonders widerwärtig. Oder war es am Ende ein gutes Zeichen, wenn Weiße anfingen, die Schwarzen nachzuäffen? Die Aufhebung der Sklaverei – im Waissenburgerschen Sinne.

Auch Carrole hatte sich daraufhin bemüht, nicht so landesüblich breit zu klingen, wenn sie mit mir sprach. Sie redete allerdings nicht viel. Was sie mir sagen wollte, brauchte meist nur wenig Worte.

Als ich ihr an unserem ersten Morgen mein französisches Rasierwasser schenkte, weil ihr der Duft so gefiel, hatte sie mir nur still die Hand geküßt.

Und auch eben, bevor sie ausgestiegen ist, um ihre Sachen abzuholen, hat sie mir ihre Hand unter den Hemdkragen geschoben und mir ihren Atem in den Nacken gehaucht, daß es mir eiskalt das Rückgrat hinunterlief und ich für einen Moment im Wohlgefühl der Kühlung die Augen schließen mußte. Schon war sie aus dem Wagen gehuscht und in der Finsternis verschwunden.

Warum ist sie noch nicht zurück? Hoffentlich gibt es keinen Ärger mit ihrer Familie. Aber die müssen doch im Grunde froh sein, wenn ich Carrole mitnehme. Ich will jedenfalls keinerlei Ärger. Aber ich will sie mitnehmen. Von dem Duft ihres neuen Parfüms hängt noch etwas in der Luft. Ich brauche mich nur hinüberzubeugen zu ihrem Sitz und tief einzuatmen.

3. Der erste Walzer

Waissenburger hatte sich nicht lumpen lassen. Alles war sehr nett arrangiert um den Pool herum, der geschützt in einem Innenhof lag. Auf der einen Seite spielten vier einheimische Musiker flüssig Reggae. Auf der anderen war die Bar aufgebaut, mit zwei schwarzen Mixern, die emsig Pina Coladas und Margaritas anrührten.

Waissenburgers Logis nannte sich ‹The Ambrosiana›. Außer ihm waren hier seine Regie-Assistentin, sein Kameramann, der Aufnahmeleiter, der begleitende ORF-Redakteur und dessen Tochter untergebracht, die bei der Produktion als Scriptgirl mitverdiente. Das übrige Team wohnte in mehr oder minder prächtigen Villen und Bungalows, die alle zum gleichen Club gehörten: ‹Hedonism III›. Das zentrale Herrenhaus ‹Athenry Pavillon› war für die weißen Schauspieler und die Maskenbildner reserviert. Das ganze Gelände war sicher abgeschirmt und wurde rund um die Uhr bewacht. Das jamaicanische Tourismusministerium wollte offenbar kein Risiko eingehen und unliebsame Schlagzeilen unbedingt vermeiden.

«Hier wirst noch bis ins Bordell eskortiert», hatte mir einer der Beleuchter gleich bei meiner Ankunft stolz strahlend mitgeteilt. Da ich später dazugekommen war, konnte ich leider nur bei den Technikern unterkommen, im ‹Point Poinciana›.

Näher kennengelernt hatte ich in den beiden Tagen kaum jemanden. Ich legte auch wenig Wert darauf. Techniker sind in der Regel wie alle Handwerker mundfaul, geil und grob. Untereinander verständigen sie sich gern in betont fachmännischen Kürzeln. Ansonsten machen sie Sprüche. Pro Film gibt es ungefähr ein Dutzend, die dann für jede Gelegenheit passen müssen. Wer wie ich später hinzukommt, hat kaum eine Chance, noch eingeweiht zu werden. Vor allem dann nicht, wenn er zur falschen Seite, zu den «Künstlern», gezählt wird. Techniker hassen Künstler. Das glauben jedenfalls die Künstler, die ihrerseits die Techniker verachten. Glauben die Techniker. Ich habe immer Schwierigkeiten gehabt, mich mit solchen Gruppen und ihren Ritualen zurechtzufinden. Auch an diesem Abend hatten sich die üblichen Untergruppen längst gebildet: Die Techniker umschwärmten, mangels anderer Opfer, die Kostümbildnerin und ihre Assistentin. Die Schauspieler blieben unter sich und sagten sich gegenseitig Schmeicheleien. Nur die dicke Maskenbildnerin war zu ihrem Kreis zugelassen, als Claqueurin. Sie bemutterte die junge Blondine, die hier ihre erste Hauptrolle spielen durfte. Vermutlich war sie verliebt in die Kleine.

Waissenburger hielt am Regisseurstisch Hof, wo sich der Redakteur um die Regieassistentin bemühte, während seine Tochter mit dem Aufnahmeleiter flüsterte und der Kameramann sich um die Dolmetscherin kümmerte, die vom Fremdenverkehrsministerium zur Betreuung des Teams abgestellt war. Um mich kümmerte sich niemand.

Von den Untugenden der Küstenbewohner VIII

Bei den diesjährigen Bundestugendfestspielen haben die Küstengemeinden Brunzhaven und Blödelsdorf denkbar schlecht abgeschnitten. Doch dieses schlechte Abschneiden ging den Insassen der beiden Gemeinden ZACK am Dings vorbei, am Arsch.

Unseren Auftritt hatte ich mir eigentlich etwas beeindruckender vorgestellt. Carrole trug mit meiner ausdrücklichen Erlaubnis ihr scharlachrotes Kostüm. Sie sah aus wie eine schwarze Kaiserin. Ich selbst war ganz in Weiß, weil ich mir einen hübschen Kontrast davon versprach.

Doch nur der Standfotograf nahm von uns Notiz und blitzte gleich ein paar Fotos.

Carrole faßte unsicher nach meiner Hand. Ich glaube, es war das erste Mal, daß wir einander berührten. Ihre Haut war kühl, glatt und weich.

Für das Foto wollte ich Carrole übertrieben verliebt anschauen. Ich schaute sie verliebt an – aber es war nicht mehr übertrieben. Auf den Fotos sieht man deutlich, daß aus der Parodie Ernst geworden war. Als der Fotograf mir heute die Abzüge in die Hand drückte, wirkte seine ironische Bemerkung durchaus passend: «Treulich geführt».

Die Assoziation kam für mich schon nicht mehr überraschend. Ich glaube, in dem Augenblick, der auf diesen Bildern festgehalten ist und da wir uns bei den Händen hielten, wurde mir bereits bewußt, was Carrole mir bedeutete. Ich fühlte zum ersten Mal den starken Wunsch, Carrole zu besitzen, für immer. Und die Angst, sie wieder zu verlieren.

Ich hatte noch nie dies überwältigende Gefühl erlebt. Keine Frau hatte ich je so geliebt, daß mir der Gedanke an ein gemeinsames Leben gekommen wäre. Bei Carrole war dieser Gedanke sofort da: Bis daß der Tod Euch scheidet...

Liebe auf den ersten Blick, bei der ersten Berührung – natürlich gibt es das! Nur wer es nie erlebt hat, kann das abstreiten.

Es klingt lächerlich: Dieser Zustand wehrloser Verliebtheit nahm mir die Angst davor, mich hier lächerlich zu machen, vor dieser Gesellschaft. Obwohl ich genau wußte, daß gerade diese Gesellschaft nicht das geringste Verständnis für mein ehrliches Gefühl haben würde, wollte ich es ihnen zeigen.

Ich steuerte mit Carrole direkt auf Waissenburgers Kapitänstisch zu und stellte sie als meine Freundin vor. Wieder war ich überrascht, wie wenig Eindruck Carroles Schönheit allen machte. Sahen denn in ihren weißen Augen wirklich alle Schwarzen gleich aus, eine wie die andere? Und nicht der Rede wert?

Waissenburger fing sofort an, mir zu erklären, was sich an seiner Konzeption geändert hatte. Er wollte jetzt ein Paar, das den Tanz ganz allein eröffnete.

«Ganz perfekt, verstehst, wie der junge Kaiser Franz mit seiner Sissi, du erinnerst dich?»

Glückliche Stunde

Ich schlug ihm für diese Rolle natürlich Carrole vor, die neben mir saß und vermutlich kein Wort verstand, außer ihrem Namen. Unter dem Tisch hielt ich immer noch ihre Hand.

«Und du machst den Franzl, wie?» Waissenburger kicherte. «He! Maske bitte!»

Ich ließ mich tatsächlich in ein Badezimmer schleifen, wo die fette Maskenbildnerin mich schwarz schminken sollte. Leider konnte sie dabei den Mund nicht halten. Und ich konnte sie während der Prozedur nicht daran hindern, mir ihre Meinung zu sagen.

«Ich gratuliere zu der flotten Eroberung, wirklich sauber. Du hast dir aber auch grad die Fescheste ausgesucht. Eine stolze Gazelle, und dabei so scheu und stumm – wie praktisch. Macht sie die Schau umsonst mit, oder was zahlst ihr dafür?»

Ich wollte etwas sagen, aber sie preßte mir einen Wattebausch auf den Mund.

«Nix reden jetzt und keine Bewegung. Ich hab's übrigens nicht bös gemeint. Ich war nur überrascht, daß ausgerechnet du ... Die anderen haben ja auch nicht schlecht gestaunt ...»

«Was soll der Quatsch? Und seit wann duzen wir uns überhaupt?» Natürlich duzen sich bei Dreharbeiten alle Beteiligten. Aber die fette Kuh sollte sich ruhig wundern.

«Oh, Verzeihung, mein Herr. Aber ich hielt Sie tatsächlich für a bisserl schwul.»

Ich kannte dies Vorurteil. Es ärgerte mich um so mehr. «Sie sollten nicht von sich auf andere schließen.» Das war gemein. Aber sie war immerhin still. Dann sah ich mich im Spiegel: Sie hatte mich à la Minstrel geschminkt; ein schwarzes Gesicht mit einem runden weißen Clownsmund.

«Fertig», sagte sie, «Massa».

Waissenburger hatte inzwischen noch einen weißen Zylinder organisiert. Durch ein improvisiertes Spalier wurde mir Carrole zugeführt. Die blonde Hauptdarstellerin und das Redakteurstöchterlein folgten ihr kichernd, wie Brautjungfern eben sind. Waissenburger neben mir wischte sich theatralisch Krokodilstränen aus den Augenwinkeln.

«Sei ein Mann, Bub», sagte er mit zitternder Stimme. Die jamaicanische Band spielte eine Art Tusch. Dann wurde sie zur Ruhe gebracht, und einer der Tontechniker fuhr den Kaiserwalzer ab. Waissenburger legte Carroles Hand in meine.

Und wir tanzten.

Die ganze Prozedur wäre mir unter allen anderen Umständen bestimmt peinlich gewesen. Jetzt genoß ich es geradezu, so im Mittelpunkt zu stehen.

Im Vorbeigleiten sah ich unser Spiegelbild im glatten Wasser des Pools, es sah nicht schlecht aus. Dann schaute ich Carrole in die Augen. Sie sah etwas verstört aus, beinahe ängstlich.

«Don't be afraid», flüsterte ich ihr ins Ohr, «it's only a joke.»

Sie lächelte nicht.

Die Sonne war längst untergegangen, der Himmel war schwarz. Es roch nach Chlor, Aloe und Rum.

Die einheimischen Musikanten hatten sich inzwischen auf den Dreivierteltakt so eingestimmt, daß sie die Melodie übernehmen konnten. Sie taten es, und wie auf Kommando fingen jetzt auch die anderen an, mehr oder weniger walzerähnlich zu tanzen. Erst bei der Gelegenheit bemerkte ich, wie betrunken einige schon sein mußten. Besonders der schwarzbärtige Beleuchter, der so gern mit seinen Bordellbesuchen prahlte, tat sich hervor. Er grinste wüst. Wegen dieses Grinsens wurde er auch meist «Fletscher» gerufen.

Bedrohlich schlängelte sich Fletscher von Paar zu Paar, klatschte die Damen ab, schwenkte sie einmal in die Runde und schwankte dann zur nächsten.

Natürlich machte er auch vor Carrole nicht halt.

«Ich will heute nacht noch schwarze Füße sehen», keuchte er mir heiser ins Ohr. «Du hast doch nix dagegen, Mann?»

Ich wußte zwar nicht genau, was er meinte, aber ich hatte etwas dagegen. Ich schlug ihm auf die Finger. Er wurde sofort wütend.

So kam es denn, daß gleich darauf im Swimmingpool zwei schwarze Gesichter schwammen.

Der Jubel war allgemein.

Mir ist klar, daß Pool-Partys nur als zünftig gelten, wenn im Laufe des Abends irgendwer hineinfällt. Ich hätte mir jedoch gewünscht, daß es an dem Abend nicht ausgerechnet mich getroffen hätte.

Auf den Fotos, die der Fotograf geistesgegenwärtig geschossen hat, mache ich mit der zerlaufenden schwarzen Schminke unter den Augen den Eindruck, als weinte ich vor Zorn.

Aber so schlimm war es eigentlich gar nicht. Unser unfreiwilliges Bad hatte auch etwas Gutes: Es gab mir einen Grund, Carrole mit auf mein Zimmer zu nehmen. Und dort mußten wir natürlich sofort unsere nassen Sachen ausziehen.

So kam alles ganz zwanglos, wie es kommen mußte.

Wir blieben die ganze Nacht zusammen.

Seitdem steht für mich fest, wir werden von nun an immer zusammenbleiben, Carrole und ich, jede Nacht. Das mag so klingen, als käme es auch mir nur auf das eine an, das, woran hier jeder weiße Mann gleich denken muß, sobald er eine schwarze Frau anschaut. Aber das war es nicht, jedenfalls nicht das allein.

Es war viel mehr das Gefühl, eine Verpflichtung übernommen zu haben, den Beweis antreten zu müssen, daß es nicht den geringsten Unterschied machte, ob zwei Menschen die gleiche Hautfarbe verbindet, daß der einzelne Mensch nicht verschwindet hinter einer anderen – ich meine, das Wichtigste ist und bleibt doch der Mensch, der einzelne, in der Liebe und überhaupt.

Das will ich beweisen, die Mauer aus Vorurteilen durchbrechen, die zwischen uns steht, errichtet von anderen, deren rassistischer Blick nichts als Sklaveneigenschaften wahrzunehmen vermag und zu den alten Klischees verdichtet, entstanden aus Mißtrauen, Neid und Furcht.

Auch ich bin davon noch nicht ganz frei, doch Vertrauen und Liebe will ich dagegensetzen: Ich glaube an Carrole, ich vertraue ihr, und ich weiß, daß sie zurückkommen wird zu mir, sehr bald. Für immer.

4. Der letzte Walzer

Ich erinnere mich gern an unsere erste Nacht. Mir wird jetzt noch ganz schwarz vor Augen, wenn ich daran denke. Aber ich rede nicht gern von solchen Erlebnissen. Ich kann nur sagen, daß es ein solches Erlebnis war, wie ich noch nie eines gehabt habe. Jemanden wie Carrole habe ich zuvor nie gekannt. Und so habe ich mich auch selbst noch nicht gekannt.

Wir haben wenig geredet gestern nacht. Und schon gar nicht über die Zukunft. Daß es unsere einzige Nacht bleiben würde, wenn wir nicht bald darüber redeten, wurde mir erst am Tag danach erschreckend klar.

Die Dreharbeiten heute waren ziemlich chaotisch und entsprechend anstrengend. Das lag bestimmt nicht an mir und an meiner Truppe. Aber Waissenburger hatte das, was er beharrlich sein Konzept nannte, schon wieder geändert. «Das hat so toll ausgeschaut, wie ihr beide da beim Tanzen ins Wasser gerauscht seid, verstehst, das muß ich haben: Der Kaiserwalzer am Strand, unter Palmen, schwarze Füße walzen über den weißen Sand, durch die Brandung, hinaus ins Meer, wie die Lemminge, verstehst, ein Massenselbstmord! Verhext von den fernen Sirenenklängen dieser überirdischen

Von den Untugenden der Küstenbewohner IX

Als besonders verwerfliche Taten gelten im Ärmelkanal das Spiel auf historischen Instrumenten und der Torjubel nach vollzogenem Strafstoß («Elfmeter»).
Minder schwere Fälle von Freilandpinkeln landeinwärts bleiben auf Antrag straffrei. Niedere Beweggründe sind erforderlich.
Da möcht kein Hund so länger leben!

Musik aus Übersee, im Meer untergehend wie die blutrote Sonne, ein Massaker im Mondschein ... Und ich ende beim ewigen Wogen der Wellen, die im unsterblichen Rhythmus des Kaiserwalzers auf den weißen Sand schwappen und die Spuren der schwarzen Füße auslöschen für immer, aah!» Seine neue Theorie schien Waissenburger zu berauschen.

In der Praxis hieß das: Wir konnten wieder von vorn anfangen. Den ganzen Vormittag probierten wir, wie man ins Meer hinein Walzer tanzen kann. Man kommt natürlich nicht allzu weit, und es sah alles weniger grotesk als einfach nur lächerlich aus.

«Wart nur, wenn s' dann alle kostümiert sind – das wird phantastisch: Aufstieg und Fall des Sklaven-Reichs in neunzig Minuten ...» Waissenburger tröstete mehr sich selbst. «In neunzig Sekunden!»

Mir war es ohnehin egal. Ich war froh, daß wir am späteren Nachmittag nichts weiter zu tun hatten, außer auf den Sonnenuntergang zu warten.

Ich saß mit Carrole unter einer Palme und versuchte möglichst ungestört mit ihr zu reden. Das war nicht so einfach. Zuerst kam dieser Fletscher, der sich unbedingt für sein gestriges Benehmen entschuldigen wollte. «Mehr oder weniger waren wir ja alle breit wie die Ottern, oder?» Er glaubte mir erst, daß ich ihm nicht mehr böse wäre, als ich ihm von unseren nassen Kleidern erzählt und ihm beziehungsreich dabei zugezwinkert hatte. Die Art, wie er Carrole danach anschaute, nahm ich ihm allerdings wirklich übel. Ein widerlicher Typ.

Dann kam die Kostümassistentin, die Carroles Prachtgewand frisch aufgebügelt hatte, und Carrole mußte zum Umziehen gehen. Als sie endlich wiederkam, war ich von Negern umlagert, die wissen wollten, wann es endlich losginge, wie lange alles dauern würde und ob die Überstunden extra bezahlt würden. Waissenburger kam dazu, versprach ihnen einen kleinen Bonus und erklärte mir noch einmal, wie wichtig es sei, «daß dann gleich auch alles klappt, präzise! Weißt, der Sonnenuntergang ist ja verdammt kurz hier, höchstens zehn, fünfzehn Minuten rotes Licht, so steil geht's da bergab. Und wiederholen können wir nix, mit den nassen Klamotten. Ich muß unbedingt morgen mit dem Material in die Heimat, sonst gibt's da Ärger mit dem Sender. Und die Schauspieler müssen eh weg, verstehst du mich bitte?! Also erklär denen das noch mal: Weitertanzen sollen s', egal was passiert, weitertanzen! Wie-geschritt, Wie-geschritt!»

Ich sagte ihm, das müsse er als Regisseur den Komparsen schon selbst beibringen. Und Waissenburger hielt tatsächlich eine Rede, die für einige Heiterkeit sorgte: «So I expect every maan and womaan to do their duty!»

Als nächstes kam der Aufnahmeleiter, um die Rückflugtickets für morgen auszuteilen. Ich zeigte Carrole meine Abflugzeit: 8.30 a.m.

Sie fragte nichts. Und ich wußte nicht, was ich ihr sagen sollte. Gleich würde die Sonne untergehen. Und da gab es auch noch neue Aufregung: Draußen am Riff hatte eine Motorjacht geankert. Als der Kameramann bedächtig darauf hinwies, daß das Boot bei der vorgesehenen Totale zentral und unübersehbar im Bild sein werde, reagierten alle panisch. Sie schrieen und fuchtelten. Das Boot rührte sich nicht vom Fleck. Ein Megaphon war natürlich nicht da. Nur Waissenburger verlor die Fassung nicht. Vielleicht war er doch kein so übler Regisseur. Er zog ein paar Hundert-Dollar-Scheine aus der Tasche und zeigte sie den Komparsen, die bereits umgezogen waren. «500 bucks, maan, if you swim out there and send the boat away at once!» Sofort wollten sich alle schwarzen Männer ins Meer stürzen.

«Only one!» Waissenburger schaute sich die Leute an, er befühlte sogar ihre Muskeln. Wenn er sich auch noch die Zähne hätte zeigen lassen, wäre es genau wie auf dem Sklavenmarkt zugegangen. Waissenburger war für solche Assoziationen offenbar nicht empfindlich.

«You, maan!» Er zeigte auf einen jungen Hünen. Der grinste breit. Alle anderen lachten laut. Wie sich herausstellte, hatte Waissenburger ausgerechnet einen Nichtschwimmer erwischt.

«Who is a good swimmer?»

Jetzt meldete sich plötzlich keiner mehr.

«Wenn du willst, werde ich das erledigen.»

Ich weiß nicht mehr genau, warum ich mich anbot. Vielleicht wollte ich Carrole imponieren. Oder den anderen. Oder ich fühlte mich einfach so stark. Oder ich wollte mich vor der kommenden Szene und einem möglichen Fiasko drücken. Jedenfalls übernahm ich die Sache. Und es klappte.

Ich brauchte ungefähr zehn Minuten bis zu dem Boot. Die Leute, Amerikaner selbstverständlich, machten überhaupt keine Schwierigkeiten. Sie fuhren sofort aus dem Bild und erlaubten mir anstandslos, den Tanz von Bord aus anzusehen.

Von mir aus sah es gar nicht so dumm aus. Die bunten Kostüme, die aus dem Schatten der Palmen hervorkamen, leuchteten auf im letzten Licht der Sonne. Sie drehten sich umeinander, taumelten ins glitzernde Wasser hinaus, schwankten in der Brandung, fielen und trieben langsam hinaus ins Meer. Ganz leise klang die Musik herüber zu mir, als ich zurückschwamm.

Waissenburger sah glücklich aus. Er schüttelte allen die Hände. «Aus. Gestorben. Feierabend!» Mich beglückwünschte er überschwenglich als «Retter des Finales». Unbedingt wollte er mich zum Essen einladen. «Du, wir gehen ins ‹Dunn's›, das wird dir gefallen.»

Ich sah mich nach Carrole um. «Du kannst deine Süße ja mitbringen, Abschied feiern, bitte.»

‹Dunn's Restaurant› gefiel mir tatsächlich. Es war die reine Kitsch-Postkarte. Am Fuß eines Wasserfalls gelegen, der sich in breiter Front über glatte Felsen in einen künstlich angelegten See ergießt und die Kulisse für die hellerleuchtete Bühne bildet, auf der man sich zum Essen setzt. Diese Plattform ist von Wasser umgeben und nur über kleine Holzbrücken im chinesischen Stil zu erreichen, was die Illusion, auf einer Insel zu sitzen, perfekt macht. Rundherum, am anderen Ufer sozusagen, stehen hohe Palmen, die von unten angestrahlt werden, genau wie der Fall und der See. Im erleuchteten Wasser schwimmen Fische, Fledermäuse fliegen durch die dunkle Luft.

Wir saßen unter einem blühenden Callaloo-Baum. Zum ersten Mal, seit ich auf Jamaica war, spürte ich angenehme Kühle. Carrole saß ruhig neben mir. Sie trug jetzt Zivil, ein weißes Hemd von mir, das am Hals weit offen stand, so daß ich bequem ihre Schulter streicheln konnte.

Zweifellos ein Platz, an dem man sich wohl fühlen mußte – vorausgesetzt, man konnte die Bewaffneten am Eingang vergessen, die diese Oase des Luxus für uns bewachten.

Beim Essen wurde nur mehr wenig über den Film geredet. Nur Waissenburger machte sich laut Gedanken, ob er den Kaiserwalzer nun schon am Anfang oder erst am Schluß einsetzen sollte. «Ich denk, wir fangen an damit, aber nur ein kurzer Wischer, wie eine Vision, stumm, das Bild der versinkenden Tanzenden, ganz unerklärt, unerklärlich, verstehst? Und am Schluß dann das ganze Ding, ohne Schnitt, in voller Länge, quasi als Auflösung und wie ein Rahmen gleichzeitig. Der letzte Walzer von San Domingo ... Ich denke, das wär's.»

Den anderen war anzumerken, daß sie heilfroh waren, rechtzeitig fertig geworden zu sein. Keiner wollte mehr riskieren, daß Waissenburger etwa auf die Idee käme, er habe noch etwas vergessen oder müsse noch etwas ändern. Nur kein Nachdreh!

Also wurde über den Rückflug morgen gesprochen. Dann darüber, wie der Hinflug gewesen war. Über das Fliegen überhaupt. Der ORF-Redakteur kannte die meisten und die schauerlichsten Fluggeschichten.

Einige fingen an, Carrole dumme Fragen über Jamaica zu stellen. Sie antwortete sehr vorsichtig. Fletscher überbot wieder alle an Taktlosigkeit, als er unbedingt wissen wollte, ob sie nun nicht traurig wäre, wenn wir alle weg-

Von den Untugenden der Küstenbewohner X

Ob er denn keine Visionen habe, fragte man den Spökenkieker auf Spiekeroog. Der verstand das als unbefugte Anstiftung zur Prophezeiung und verwies auf seine Schweigepflicht.
Ein andermal aber renommierte er fahrlässig und pflichtwidrig vor Zugereisten und rief: «Ich sehe was, was du nicht siehst.»
Und das wars?
Das reicht doch, oder?
Morgen werden wir wissen, daß er die Riesenwoge meinte, die Tutututututut…

führen und sie hier ganz allein ... Bevor Carrole antworten mußte, forderte ich sie auf, mit mir zu tanzen.

Wir gingen über eine der kleinen Brücken zur Tanzfläche. Hier kam der Reggae von einer elektronischen Orgel. «No woman no cry», sang der Organist.

Wir versuchten, auch danach Wiener Walzer zu tanzen. Und es ging phantastisch, fand ich.

Ich wußte, daß sich alles entscheiden mußte, während dieses Tanzes. Und alles hat sich entschieden. Sonst säße ich ja jetzt nicht hier und wartete immer noch auf mein Mädchen. Carrole bleibt lange fort. Waissenburger und die übrigen sind inzwischen vielleicht schon in Kingston. Sie wollten da im Hotel übernachten, um wenigstens noch etwas zu schlafen. Für mich ist es die zweite Nacht ohne Schlaf. Ich muß eine Zigarette rauchen, um wach zu bleiben. Im Licht des Streichholzflämmchens sehe ich mir das Foto an, das erste gemeinsame von Carrole und mir, unser vorweggenommenes Hochzeitsfoto. Ich könnte es küssen.

5. Das Ende vom Lied

Vielleicht war ich doch für einen Moment eingeschlafen. Ich erschrak jedenfalls heftig, als sich hinter mir die Wagentür öffnete und eine Stimme flüsterte:

«Iisii maan, kuul maan, go on, pliis.»

Ich drehte mich um. Carrole saß auf dem Rücksitz zwischen einer Art Seesack und einigen prallen Einkaufstüten. Ich spielte unwillkürlich den Taxifahrer. «Where to go, ma'am?»

«Kingston Airport.» Sie lächelte, und ihre Zähne blitzten in der Nacht.

Ich kannte die Strecke von der Herfahrt vor drei Tagen. Die Erinnerung war schlimm. In der Nacht war die Straße angenehmer zu fahren. Man erkannte die wenigen entgegenkommenden Wagen rechtzeitig am Licht ihrer Scheinwerfer auf den Steinmauern, von denen die scharfen Kurven eng eingefaßt waren. Nur die Hütten, gefährlich nah am Straßenrand, machten mir Unbehagen. Allein die Vorstellung, daß hinter den paar Brettern, unter dem dünnen Blech Menschen schlafen mußten.

Im Rückspiegel konnte ich erkennen, daß auch Carrole eingeschlafen war. Ja, sie schlief.

Hinter Spanish Town wurde das Land flacher, die Straße breiter. Jetzt hätte ich Muße gehabt, nachzudenken über mein zukünftiges Leben mit

Carrole. Ich versuchte, mir etwas vorzustellen, doch ich sah nur die Bilder der vergangenen Nacht. Ich war wohl zu müde.

Kingston war in der Nacht nichts als eine Ansammlung kahler Mauern. Nur in manchen Kirchen gab es schon Betrieb. Ich sah weißgekleidete Schwarze, ich hörte die Gesänge. Draußen über dem Meer schien es schon zu dämmern.

Der Flughafen liegt vor der Stadt auf einer Halbinsel. 6.15 a.m. ist keine günstige Zeit, um dort anzukommen. Ich ließ Carrole im Wagen weiterschlafen und bemühte mich, ein Ticket nach London für sie zu buchen. Ich bekam schließlich eines für sie bis Nassau/Bahamas, und für 100 Extra-Dollars die Versicherung, dort würde bei unserer Zwischenlandung eines für den Weiterflug für sie hinterlegt sein.

Dann fragte ich noch, wo man hier um diese Zeit einen Kaffee bekomme. Um sieben Uhr sollte der erste Coffee-Shop öffnen.

Carrole schlief noch immer, den Kopf in ihren Seesack vergraben. Im frühen weißlichen Morgenlicht sah ihre Haut wesentlich heller aus, fast honiggelb. Ihr Haar glänzte, es fühlte sich feucht an, als ich sanft darüberstreichelte. Als ich mir die Hand abwischte, duftete sie nach meinem Rasierwasser. Deshalb hatte ihr Abschied daheim so lange gedauert: Sie hatte sich schön gemacht für mich.

Ich weckte sie mit einem Kuß auf die Stirn. Sie reckte sich und gähnte wie ein Kind. So sah sie aus. Ich wußte ja nicht einmal, wie alt sie war.

Ich hielt nach Bekannten aus dem Team Ausschau, aber es war weit und breit noch kein Mensch zu sehen. So mußten wir uns mit unserem ganzen Gepäck zu der Cafeteria schleppen.

Es war kurz nach sieben, und drinnen war offenbar die Hölle los. Der Lärm war unüberhörbar. Aber die Tür war noch verschlossen. Ich klopfte an. Carrole begann mit Fäusten und Füßen gegen die Tür zu hämmern. «Get up, maan, open this bloody door!»

Ich hatte sie noch nie so laut schreien hören. Immerhin hatte sie Erfolg. Ein alter Mann schloß uns auf. Drinnen war sonst kein Mensch. Der Lärm wurde elektronisch erzeugt: An einer Wand spulten Video-Flipper ihr futuristisches Programm ab, und hinter dem Tresen dröhnte ein Transistorradio aus zwei riesigen Lautsprechern. Die Kaffeemaschine zischte wie eine alte Dampflokomotive.

Ich saß Carrole an einem der Resopaltischchen gegenüber und streichelte ihre Hände. Sie hatte eine ärmliche kleine Strickjacke über mein weißes Hemd gezogen. Mit hochgezogenen Brauen sah sie mich aus ihren großen

Von den Untugenden der Küstenbewohner XI

Die schönsten Schäden an Altbauten richteten die Bauernmaurer von Humsum in der Wahlnacht 85 an. Vom Wasser aus sieht man sie noch besser.

Augen an. Ich versuchte etwas darin zu erkennen. Aber ich erkannte nichts darin. Ich erkannte eigentlich nicht einmal Carrole.

Plötzlich fühlte ich mich sehr elend. Was ich vorhatte, war doch Wahnsinn! Ich saß hier mit einem wildfremden Mädchen und trank in aller Ruhe Kaffee. Und mit diesem Mädchen wollte ich mein Leben verbringen. Mir brach der Schweiß aus. Mein Kopf dröhnte.

Ich brauchte eine Tablette und bat Carrole, mir ein Glas Wasser zu holen. Als sie aufstand und zur Theke ging, kam sie mir kleiner vor, wesentlich kleiner, als ich sie in Erinnerung hatte.

Sie brachte Leitungswasser. Ich fragte mich, ob man das auf Jamaica gefahrlos trinken durfte.

«Table Water!» wollte ich zur Sicherheit haben. Ich sagte das wohl ziemlich unfreundlich.

Carrole ging wieder zur Theke. Auch ihr Gang kam mir jetzt verändert vor. Lag das an den flachen Schuhen? War das überhaupt noch ihr Gang? War das noch meine Carrole? Wer war dieses Mädchen?

Ich mußte das wissen.

Sie sah mich besorgt an. Ich fragte sie, ob sie ihren Paß auch nicht vergessen hätte. Sie klopfte auf ihren Seesack. Ich bat sie, ihn mir zu zeigen.

Ihr Paß war schwarz, und die Goldbuchstaben glänzten wie neu. «Carol Blundell, geboren vor 23 Jahren in Port Maria. Residence: Port Maria. Distinguishing Marks: None». Der Paß war gültig.

Auf dem Foto sah Carrole ernst aus. Auch auf unserem «Hochzeitsfoto« sah sie ernst aus. Jetzt lächelte sie. «Show me yours, pliis!» sagte sie. Ihre Stimme klang ungewohnt heiser. Sie sah sich meinen Paß genau an. «So you are just two times older than I am!» Sie strahlte.

«But you're twenty three, aren't you?»

«O yaah, of course!» Sie nickte eifrig.

«And I am thirty six, not fourty six.»

Sie dachte nach, nickte dann noch heftiger.

Konnte sie einfach nicht rechnen? Oder hatte mir ihre große Familie vielleicht eine kleine Schwester untergeschoben, weil die ältere ihnen nützlicher war? War meine Carrole womöglich doch schon liiert? Ich wollte das Mädchen weiter verhören.

Aber da spielten sie im Radio ein bestimmtes Lied, das Lied, bei dem sich alles entschieden hatte, unser Lied: «No woman no cry».

«Listen?» Sie reagierte kaum.

«Don't you remember it?» Sie nickte wieder.

Ich wußte jetzt, was ich zu tun hatte.

«Shall we dance?» Sie nickte, weniger überzeugt.

Ich führte sie zwischen den Tischchen hindurch auf einen freien Fleck. Dann legte ich ihr schulmäßig den Arm um die Hüften. Ich griff nach ihrer rechten Hand. Sie wippte unsicher in den Hüften.

«Wie-geschritt, Wie-geschritt ...»

Sie sah mich verständnislos an. Dann lächelte sie plötzlich. Aber sie schaute an mir vorbei.

Ich drehte mich um. In der Tür stand Fletscher, der Bärtige, und grinste breit.

«Höchste Eisenbahn, maan! Unser Flug wurde aufgerufen. Reiß dich los, maan! Sag: Bye bye, maan! Bye bye, Carrole!» Er winkte ihr freundlich zu. Für ihn war sie Carrole. Sie sah mich an.

Als ich Fletschers letzte Worte wiederholte, fing sie an zu weinen. Ich wollte nicht, daß sie weinte. Sie sollte nicht weinen.

Ich gab ihr alles, was ich noch an jamaicanischen Dollar bei mir hatte. Sie ließ das Geld fallen. Sie faßte meine Hände, versuchte mich im Kreis zu drehen. Ich riß mich trotzdem los.

«Bye bye, Carrole!» sagte ich noch einmal, wie unter Zwang.

Seitdem denke ich darüber nach, ob es nicht doch Carrole gewesen ist, die ich dort verlassen habe. Aber jetzt ist ohnehin alles zu spät. Jamaica liegt schon weit hinter mir.

«In a few minutes we will be landing for a short stop at Nassau, Bahamas. Please fasten your seatbelts now ...»

Ich könnte natürlich aussteigen und zurückfliegen. Aber was hätte das noch für einen Sinn? Wenn es nicht Carrole war, die ich verlassen habe – wie lächerlich wäre ich dann erst?! Und selbst die schöne Erinnerung an mein Abenteuer hätte ich mir zerstört.

Halt, stopp, ich hab da ne Idee!

Das hällste doch im Kopp nich aus! Wassen nu schon wieder?
Das is zu steril irgendwie, da fehlt'n folkloristisches Element, da an den Palmen zum Beispiel, da müssen Eingeborene sitzen, oder sowas, Kinder, Mütter…

Tittenmäßig kommt bloß die dritte von rechts in Frage und dann den Steppke da inner Mitte, der wie son kleines Äffchen guckt.

Ideale Arbeitsbedingungen hier: der Produzent hält sich fürn zwoten Lubitsch und das Moddell manerf, weilse mit ihm pennt.
Das reicht! Ich will dich hier anfem Set nich mehr sehen.

Ju laaf, OK? Werry big laaf, schau as yur tiiith OK?
Kgama kgoko utu.

Jäss jäss just ä moment.
ä littlebit mor tu se left, so.
end se legs of se boy enlittlebit mor aussenander, das Schniepelchen soll man krisch sehn.
Sät is it, OK, verrie gudd.

Nein Nein
zu schwer, zu schwer,
viel leichter,
beschwingter.

Sei wie ein Vogel – nee is
nich richtich – Blatt im
Wind is irgendwie besser,
wart mal, so etwa.

Auf hören! Aufhören! Jäzz biste total verkrampft. Nicht hüpfen, SCHWEBÄN!

Vergiß mal alles, laß uns en Schritt gehn, entspann dich. Laß deine Veibräischens kommen...
Klaus-Dieter, Moment mal, ich könnt mir vorstellen, daß Petra en besseres feeling kriegt, wenn wir Musik dazu einspieln.

Was ich befürchtete, blowing in the wind is nich gut, irgendwie immer noch zu fetzisch, da kommt Petra nich optimal ins Schweben. Und ich sage nochmal: Walzer!
Igitt, nee
Verlaßt euch drauf
Und wo krieg ich hierenWalzer her??

Perfetto! Petra du warst spitze! Das wars, der täik is gestorben!
Der Junge hat gepinkelt während der Aufnahme.
Is das wahr?!!
NEIN! DIESE BIMBOS!

Die Magadaskar-Reise

Nie werde ich jenen hellen Junimorgen vergessen, an dem ich das erste Mal der Küste Magadaskars ansichtig wurde …

Und dann lag schließlich die Bucht von Angoutil vor uns, in der sich gerade ein alljährlich wiederkehrendes Schauspiel abspielte.

Die Fische jener Bucht sind ebenso
klein wie zutraulich.

Bei Mairitano kamen wir an die Küste, und nun ging es
dank unseres kundigen Führers Schwarzdorn hurtig voran.

Gern sahen wir dem Laichen der See-Echsen zu,
das die Langeweile der Überfahrt unterbrach.

Unser schnelles Flugobjekt trug
uns von der gastlichen Insel hinweg.

„Wissen Sie eigentlich, lieber Rudolf, daß Sie ein sehr, sehr attraktiver Mann sind!"

Robinson Crusoe

Aber das gütige Schicksal griff ein. Unser Schiff sank, und ich wurde zum Spielball der Wellen.
Bis mich eine glückliche Fügung an den Strand warf . . .
TOR!
Als ich zu mir kam, dankte ich dem Herrn, der es so wunderbar eingerichtet hatte, daß ich als einziger davongekommen war . . .

. . . und schaute mich um. Ich befand mich an dem unwirtlichsten Strand, den man sich denken kann . . .
Doch mein Mut verließ mich nicht. Sofort machte ich mich an die Arbeit. Ich hämmerte . . .
. . . und sägte . . .
. . . und schon bald hatte ein Teil der Insel ein wohnliches Gesicht.
PRIVAT! KEIN DURCHGANG!
BESTEIGEN VERBOTEN!
HUNDE SIND AN DER LEINE ZU FÜHREN!
BÜRGER SCHÜTZT EURE ANLAGEN!

Doch meine Zufriedenheit war nicht von langer Dauer. Als ich mich nach getaner Arbeit über eine Quelle beugte, machte ich eine furchtbare Entdeckung . . .
UNBEFUGTEN IST HIER ALLES UNTER-SAGT!
QUAK
Ich trage ja noch die von VORGESTERN!
Und die Worte meines sterbenden Vaters erklangen in mir . . .
Und vor allem, mein Sohn: trag nie die vom Vortage, auf daß es dir wohlergehe und du lange . . .
Wie sollte ich dieses Gebot erfüllen? Ratlos schaute ich mich um, doch da erblickte ich die Dinge, die die Güte des Herrn so reichlich über die Insel ausgeschüttet hatte . . .
13 MÄRZ
14 MÄRZ

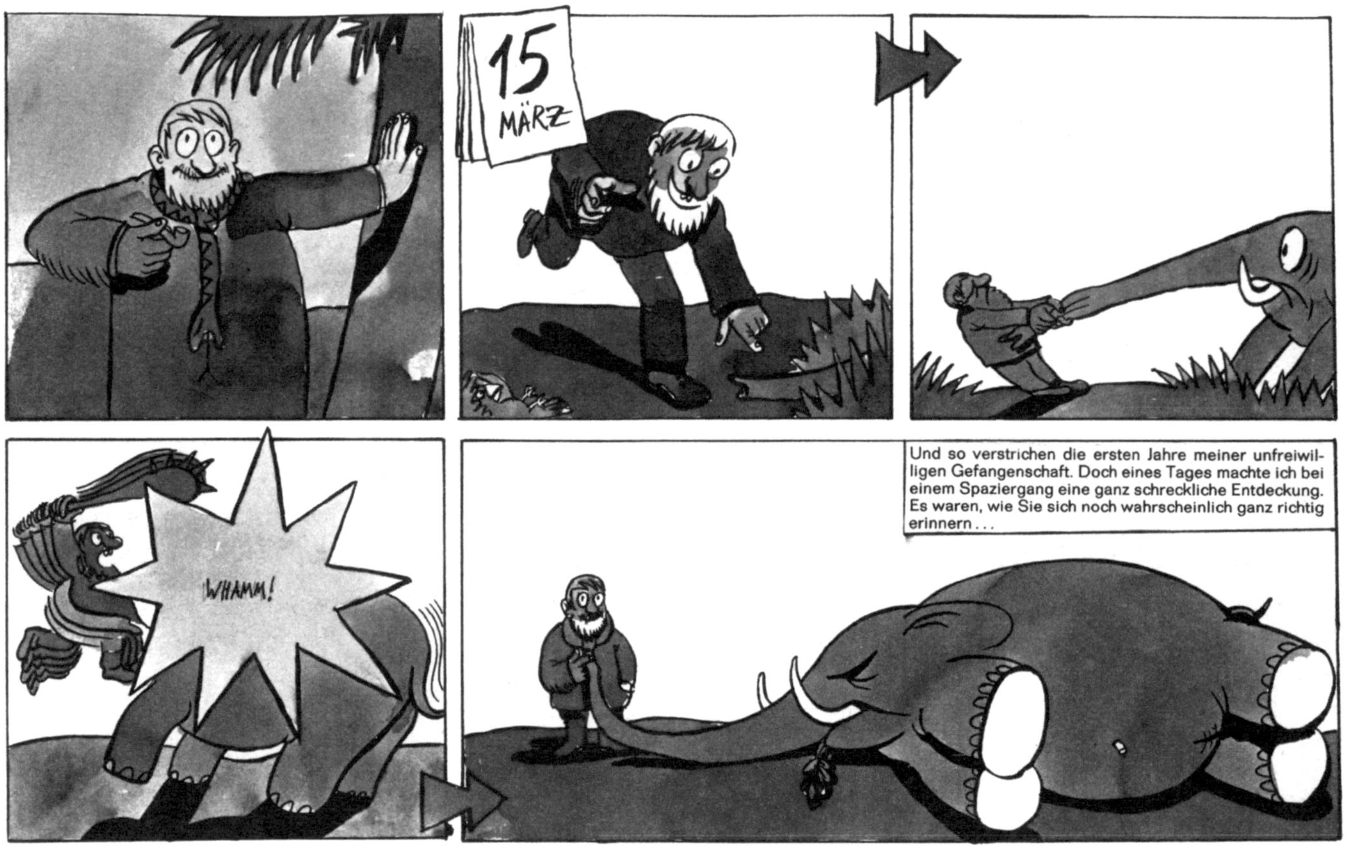
15
MÄRZ
WHAMM!
Und so verstrichen die ersten Jahre meiner unfreiwilligen Gefangenschaft. Doch eines Tages machte ich bei einem Spaziergang eine ganz schreckliche Entdeckung. Es waren, wie Sie sich noch wahrscheinlich ganz richtig erinnern . . .

MENSCHLICHE SPUREN!
PHÖNIX
PHÖNIX
PHÖNIX
Ich folgte ihnen und erblickte ein seltsam faszinierendes Schauspiel: Kannibalen bei einem ihrer exotischen Festmahle . . .
Auf das, was wir lieben!
Doch als ich sah, daß die Schwarzen dabei waren, sich völlig nackt zu Tisch zu setzen . . .
. . . da ergrimmte ich mich so, daß ich unter sie sprang . . .
In wildem Schrecken flohen die Kannibalen, nur ihr unglückliches Opfer blieb wie tot liegen . . .
ÄH BÄH!

Ich behielt den Geretteten bei mir und taufte ihn auf den Namen . . .
FREITAG
. . . und führte ihn in die Anfangsgründe des Glaubens meiner Väter ein . . .
Hast du was . . .
. . .bist du was.
Gut. Trag nicht die . . .
. . . von gestern.
Richtig. Du sollst nicht begehren . . .
. . . deines Nächsten Haus, Hof, Weib, Firma, Konto und alles, was sein ist.
Freitag lernte schnell, und mein Leben wurde einfacher. Doch war ich nicht zufrieden. Der alte Unternehmergeist erwachte in mir, und plötzlich hatte ich eine Idee . . .
Ich könnte Krawatten herstellen, die Wilden könnten sie kaufen . . .
. . . doch sie haben keinen Bedarf dafür, also muß man ihn . . . WECKEN!

Meine Kampagne wurde ein voller Erfolg. Bald wußte es jedes Kind . . .
TRAGT TÄGLICH EINE NEUE!
WEG MIT IHM
MUFFEL!
EINE NEUE MUSS ES SEIN
Der Segen des Herrn ruhte über meinem Werk. Mit Freitag nahm ich die Produktion auf, bald stieg meine Belegschaft.
Ich erweiterte mein Programm um Fellmützen . . .
Habt ihr schon den neuen Robinson-Katalog?
Ja, einfach herrlich!
Und so billig!
Und bei Sammelbestellungen spart man noch mehr!
Doch eines Tages, als fast der ganze Stamm bei mir angestellt war . . .
Herr, wir können nichts mehr bei dir kaufen. Du besitzt schon all' unsere Kokosnüsse, du hast unsere Hütten gepfändet, unsere Frauen in Zahlung genommen . . .
Tja, was machen wir denn da?

Wie wäre es, wenn du uns Gehalt zahltest?
GEHALT? Wo hast du denn dieses gottlose Wort aufgeschnappt?
Was sollte ich tun? Zahlte ich nicht, konnte ich nicht verkaufen. Zahlte ich, dann bestand die Gefahr, daß Habsucht, Maßlosigkeit und Besitzgier diese einfachen Menschen ergriffen. Ich suchte den Rat des Herrn, und ER antwortete mir …
Gib ihnen ruhig so viel, daß sie weiter konsumieren können. Das ist noch keine Sünde.
Wunderbar wirkten sich diese Worte aus. Immer weiter stieg mein Wohlstand, bis ich eines Tages im 21. Jahr meiner Verbannung einen Spaziergang am Strand machte …
Herr, ein Schiff!
Ein Schiff? Tatsächlich!
Meine Erregung war unbeschreiblich. Die ersten Landsleute nach Jahrzehnten der Einsamkeit! Ich starrte durch das Fernrohr. Das Schiff ankerte und ließ ein Boot zu Wasser …
Mein Herz klopfte zum Zerspringen, als es näher kam …

Und dann sah ich endlich, worauf ich seit Jahren gewartet hatte …
ZOPP-KRAWATTEN
KONKURRENZ!
Was dann kam? Ihr meint, daß ich diesen Leuten um den Hals gefallen bin? Mich für meine Errettung bedankt habe? Mit ihnen Halbe-Halbe gemacht habe und dann in die Heimat zurückgekehrt bin? Das meint ihr im Ernst? Nur, weil ihr das in euren Robinson-Büchern so gelesen habt? Weg von meiner Insel, auf der ich mir mühsam ein Monopol aufgebaut habe, wo ich billiger produziere als die Burschen in Hongkong? Zurück in die Heimat mit ihren Gewerkschaften, Tarifverträgen und dem anderen Teufelswerk? Leute, wenn ich das getan hätte, hätte meine Geschichte kein lehrreiches, sondern ein törichtes und trauriges Ende. Nein, Freunde, mich vertreibt niemand von hier. Dafür sorgt schon meine brave Belegschaft, die manchmal sehr wild werden kann, wenn sie das Wort „Konkurrenz" hört. So schließe ich denn meine Abenteuer mit dem Rat. Wenn ihr zufällig an meiner Insel vorbeikommen solltet, dann macht einen Bogen. Vor allem, wenn ihr aus der Krawattenbranche seid. Und nun: Gott befohlen!
FINIS
FIN
ENDE

Ravens Geständnis

«Wie soll man sich erinnern, was man in
einem früheren Leben war – vielleicht eine Auster,
oder sagen wir ein Vogel, oder womöglich
ein Mathematiklehrer?»
Vladimir Nabokov *Maschenka*

«Ich darf wohl voraussetzen, daß Sie wissen», begann Raven, «daß ich zur Wahrheit ein fast erotisches Verhältnis habe.» Lediglich Gastchev lächelte – doch davon nahm hier natürlich niemand Notiz. «Sonst könnte ich Ihnen nämlich», fuhr Raven fort, nachdem er seinen Kaffee mit Zucker und Sahne versorgt hatte, «den Grund nicht erklären, warum ich Sie zuvor nie bei mir empfangen habe. Eine Ungezogenheit, der ich mir stets und zunehmend schmerzlicher bewußt war.» Raven ließ keine Widerrede zu. «Ich weiß sehr wohl, daß Ihnen mein Verhalten unpassend und eigentümlich erscheinen mußte, denn Sie kannten ja seine Ursache nicht. Tatsächlich konnten Sie bei allem Scharfsinn nicht einmal den Schimmer einer Ahnung davon haben.»

«Lieber, verehrter Freund, es ist ungewöhnlich spät ...» Der alte Fürst, der ein ererbtes Gefühl für Peinlichkeit hatte und so große Angst davor, daß er jeder möglichen Entwicklung in diese Richtung vorbeugend gegenzusteuern trachtete, wies zu den hohen Fenstern hinüber. Unterhalb der schweren Portieren schimmerten tatsächlich schon bläuliche Lichtpfützen auf dem Parkett.

«Sie haben keine Ahnung», beharrte Raven. «Der Grund befand sich in jenem Zimmer.»

Aller Augen wandten sich zu einer Tür gegenüber dem Kamin. Sie war schmal und schmucklos. Neben der Tür hing ein schwergerahmtes Bild, ein weiblicher Akt. Der Schatten von Ravens ausgestrecktem Arm glitt wie ein großer, dunkler Vogel über den hellen Körper. Für eine Weile hörten wir nur das Klingen der Kaffeelöffel, das Knistern des Feuers, das Ticken der Standuhr und die gepreßten Atemzüge einer dunkelhaarigen jungen Frau, von der man betonte, sie sei entfernt mit Raven verwandt und wohne nur deshalb in seinem Haus.

Dann schrie draußen im Park wieder einer der Pfauen, hell, häßlich und scharf. Und als sei dies ein vereinbartes Zeichen, machte Raven einen neuen Ansatz. «Ich habe es mir längst abgewöhnt, auf die Anwesenheit von Damen besondere Rücksicht zu nehmen», sagte er beinahe feierlich. «Sie mögen das meinem längeren Aufenthalt in unerschrockeneren – Sie würden vielleicht sagen: ungezogeneren – Weltgegenden anrechnen. Dort beginnt auch meine Geschichte – will sagen, die Begründung, die ich Ihnen zu geben versprach ... aber ich fürchte» – er tat so, als bemerke er erst jetzt unsere wißbegierig gerunzelten Stirnen und gehobenen Augenbrauen –, «ich müßte wohl zunächst erklären, wo genau ich mich aufhielt. Doch fällt es mir schwer ... Sie ahnen ja nicht, was ich verloren habe.» Ravens Finger krallten sich um seine Serviette. Wieder flog sein Blick zu der schmalen, schmucklosen Tür.

«San Francisco», erklärte er dann, wieder entspannt, «ist eine winzige, weitgehend unbekannte Inselgruppe im Stillen Ozean. Ja, ich weiß« – er warf einen sanften Seitenblick auf den Professor –, «es gibt auch eine Stadt gleichen Namens an der Westküste der Vereinigten Staaten. Doch mein Francisco liegt ein paar tausend Seemeilen südlich davon, dicht unter dem Äquator, nicht allzuweit vor der peruanischen Küste. Manche rechnen es zum Tuamotu-Atoll, andere zu den Galapagosinseln. Tatsächlich ist es aber gut zwanzig Längengrade von beiden entfernt.»

Besuchow pfiff durch die Zähne, als habe er jetzt eine ganz genaue Vorstellung, wo diese Insel liegen müsse.

«Denken Sie sich einen weiten, wolkigen Himmel, dunkles, bewegliches Wasser und Felsen, die wie riesige Bergkristalle emporragen und einen Schopf tiefgrünen Urwalds tragen. Dort blieb ich mehr als drei Jahre lang.»

«Warum?» Obwohl die Frage zweifellos berechtigt war, wirkte sie unpassend, fast wie ein Frevel. Wer anderer als Störek hätte sie stellen können.

Raven ging darüber hinweg. «Ich schlief meist im Freien», sagte er scheinbar unvermittelt. «Ich schlief eigentlich immer im Freien.»

Einige der Damen schüttelten sich, als löse diese Vorstellung unmittelbar ein unwiderstehliches Frösteln in ihnen aus.

«Ich war allein anfangs», sagte Raven leise. «Kein Mensch außer mir – weder Mann noch Frau. Sie können sich denken, was das bedeutet.»

Alle nickten, die Herren mit Kennermiene, die Damen voll Mitleid.

«Sonst gibt es alles, was man sich wünschen kann auf Francisco. Das Wasser ist süß und kühl, die Luft warm und trocken. Die Fische waren so zutraulich, daß man sie mit Händen greifen konnte, Früchte im Überfluß.» Raven seufzte schwer, es klang fast wie ein Gurren.

«Ich vergaß, Ihnen mitzuteilen, daß es auch keine vierbeinigen Tiere gibt auf Francisco ... nein, nur Vögel gibt es da, nur Vögel» – in diesem Augenblick stieß Ravens Cousine ihr Likörglas um. Sie öffnete den Mund – doch

Raven wischte jede Unterbrechung mit flattrigen Handbewegungen beiseite. Er war nicht zu bremsen. Im Gegenteil: seine Rede war nun wie beflügelt. «Vögel aller Größen und Gattungen! Solche, die kleiner waren als der kleinste Kolibri, das bedeutet, kleiner als eine Stubenfliege, verstehen Sie?! Solche, die größer waren als Kondore und Adler, mit Flügeln wie Sonnensegel und einem Flügelschlag, lauter, als wenn ich eine Tür zuwürfe!»

Raven zeigte unwillkürlich wieder zu der Tür neben dem alten Gemälde. Seine Stimme schwang sich noch einmal auf. «Und es gab solche, die schöner waren als Paradiesvögel! Viel, viel schöner ...»

Er führte beide Hände zur Stirn mit einer theatralischen Gebärde, die noch keiner von uns je an ihm gesehen hatte. Es war wie ein Verscheuchen und zugleich auch wie ein Schützen, Festhalten und Umarmen gewisser Gedanken.

Eine Zeitlang saß er so da, in sich versunken, brütend, ein kleiner, dicklicher Mann in einem viel zu großen hochlehnigen Fauteuil.

«Was erwartet sich ein Mann wie ich von seinem Leben?» fragte er plötzlich. Seine Stimme klang so verändert, erregt, geradezu krächzend, daß niemandem eine passende Antwort einfiel.

Bernstein warf mir einen Blick zu, der bedeuten mochte, daß nun unangenehme Enthüllungen zu gewärtigen seien.

«Er will geachtet sein!» krähte Raven noch lauter. «Er will nicht nur Achtung – er will auch Zuneigung ... Liebe!»

Die ganze Tirade, besonders aber das letzte Wort, wirkte unschicklich, unmöglich wie ein weißer Rabe.

«Was habe ich denn anderes getan als andere auch? Ich habe die Schönheit bewundert und angebetet! Die Schönheit, die Pracht und die Freiheit! Ich habe sie mit mir genommen! Doch nicht um den Preis der Freiheit – sagen Sie nicht, ich hätte ihr die Flügel gestutzt! Oh nein, sie ist gerne mit mir gekommen, freiwillig! Liebe ist doch kein Verbrechen, dieser Wunsch» – seine Stimme überschlug sich.

«Was hätte ich denn tun sollen, meine Liebe zu beweisen? Es gibt doch nur dies eine – was hätten Sie getan?»

Er sah der Reihe nach jedem der anwesenden Herren starr in die Augen: Besuchow, Bernstein, Störek, dem Fürsten, dem Professor, sogar Gastchev – und auch mir. Ich ertrug seinen Blick nicht, diese aufgerissenen Eulenaugen, wandte mich weg und sah zu der Tür. Erst jetzt erkannte ich das Bild daneben. Es war eine originalgroße Kopie von Correggios «Leda mit dem Schwan».

Raven weinte. Wir sahen zwar keine Tränen, doch wir hörten seine kleinen Schluchzer, regelmäßig und fern wie der Ruf eines Kuckucks.

«Lieber, verehrter Freund ...» Diesmal sagte es die Fürstin. «Nach einem so vorzüglichen Essen», sagte Bernstein hilfreich, «neige ich ebenfalls zu Schwermut und Depression.» Meine Frau sagte: «Ich habe auch immer das Gefühl, mich für einen solchen kulinarischen Genuß bestrafen zu müssen. Ihre Geschichte war genau das richtige. Sie hat fast wie eine Läuterung gewirkt.» Meine Frau kann sehr boshaft sein.

Der Fürst zog seine Taschenuhr. Als er den Deckel aufspringen ließ, ertönte das Papageno-Motiv aus der «Zauberflöte». «Und wenn man schon nicht mit den Hühnern ins Bett geht, sollte man spätestens mit ihnen aufstehen», scherzte der Professor übertrieben volkstümlich.

«Aber ich verstehe nicht, was das alles» – Störek ließ Gastchev nicht ausreden. «Ich würde doch zu gern einmal einen Blick in dies geheimnisvolle Zimmer werfen», sagte er leichthin, «bei Gelegenheit. Sie sagten doch ...»

«Dazu ist heute die letzte Gelegenheit.» Ravens Stimme klang wieder wie immer, angenehm kühl. «Gegen Mittag werde ich abreisen, nach San Francisco.» Er lächelte verträumt. «Ich weiß, es gibt noch mehr dort ...»

Keiner von uns hörte ihm mehr zu. Wir waren alle aufgestanden – selbst den Fürsten hielt es nicht mehr auf seinem Platz – und drängten zu der Tür.

«Sie hat ja keinen Griff», jammerte Gastchev.

Störek öffnete sie mit einem routinierten Tritt.

Wir sahen in einen verhältnismäßig kleinen Raum. An der Wand lehnten die Einzelteile eines großen einfachen Bettes. Alles, was dazugehört: Kopf- und Seitenstücke aus hellem Holz, eine breite Matratze, zwei Laken hingen darüber. Zwei weiße Federdecken und zwei rote Kopfkissen lagen auf dem Parkettfußboden davor.

Sonst war nichts in dem Zimmer – nur frühes Morgenlicht, das durch ein offenes Fenster hereinfiel.

Der Pechvogel

PECH FÜR SIE, HERR FRÜNSCHO-FEN!
WEM SAGEN SIE DAS?
GERNHARDT

Waechter

Hühner

Gernhardt

Aus einem Bärenbuch

Dienst – Pause – Dienst

Dienst

Pause

Dienst

Traxler

Leben I

Kurz und uninteressant

Weil er vorsätzlich vorbeifahrende Segelschiffe mit «Aha» statt mit «Ahoi» begrüßt hatte, wurde dem Janmaat Pitter die Benutzung der 7 Weltmeere verboten.
In Zukunft will der Verurteilte sich auf Binnengewässer beschränken.

¤

Der Fluch der bösen Tat ereilte den Seeräuber Sobireit ausgerechnet am Tag der bösen Flut, als ihn eine Wassermasse hinterrücks ganz naß machte.

¤

Rembrandts Gemälde «Mann mit dem Sturzhelm», das jahrzehntelang das dickste Bild der europäischen Kunstgeschichte war, hat diesen Titel überraschenderweise an van Goghs Meisterwerk «Brote am Meer» verloren, das beim Stechen 12 Kilogramm mehr auf die Waage brachte.

¤

Grausam scheiterte der Versuch eines Einhandseglers, den wir einmal Uwe Beyer nennen wollen, die Dardanellen in seine Botmäßigkeit zu bringen. Die Dardanellen ließen sich das nicht zweimal sagen und kuschten dergestalt, daß es dem Eroberer grauste und er Reißaus nahm. Zur Zeit solle er wieder in der «Dicken Wirtin» zu finden sein, während sich sein Kahn im «Zwiebelfisch» vollaufen läßt. So geht's, wenn man allzu hoch hinaus will.

Nichts Böses ahnten die Gummibärchen,
als Kolumbus 1492 vor ihrer Insel auftauchte.
Später verschleppte er sie alle nach Europa.

Während der Regierungszeit der Königin Anna wurde ein Gummibärchen nach einer Meuterei auf der Insel Juan Fernandez ausgesetzt.
Da Gummibärchen keinen besonderen Ehrgeiz entfalten, wartete es regungslos auf seine Rettung, die dann auch prompt 37 Jahre später erfolgte.

Beim Untergang der TITANIC kamen
bis auf zwei alle Gummibärchen ums Leben,
was nur wenig bekannt ist.

Rätselhaftes Verhalten: Jahr für Jahr machen Gummibärchen an der Riviera Urlaub, obwohl sie genau wissen, daß sie sich im warmen Salzwasser auflösen.

Versucht vor Florida

Wasser hat keine Balken, ich habe keine Flossen, was habe ich hier verloren. Doch die Einflüsterungen der falschen Freunde waren zu verlockend gewesen.

«Gene bereitet dir den frischesten Hummer deines Lebens, direkt an Bord», hatte der erste gesagt.

«Du wirst dir doch nicht einen Trip auf Genes Motoryacht entgehen lassen!» hatte der zweite hinzugefügt.

«Wenn man schon mal am Meer ist, muß man auch aufs Meer», hatte der dritte dreist behauptet.

«Na gut», war meine Antwort gewesen, nun bekomme ich die Rechnung für soviel Gutmütigkeit präsentiert.

O Gott, ist mir schlecht. Der Bootsrand hebt und senkt sich, hebt und senkt sich, hebt und senkt sich. Hebe ich den Kopf, so sehe ich weit entfernt die Küste Floridas, die sich hebt und senkt, hebt und senkt, hebt und senkt. Lehne ich den Kopf auf die Bootsbank zurück, sind da über mir Köpfe der falschen Freunde, die sich vor dem makellosen Spätnachmittagshimmel heben und senken, heben und senken, heben und senken. Und wo ist Gene?

Der speert gerade auf dem Meeresgrund den frischesten Hummer meines Lebens, und ich durchleide den ältesten Kummer der seefahrenden Menschheit, die Seekrankheit.

Wenn wir die See wenigstens befahren würden! Aber wir haben ja Anker geworfen und dümpeln nun hin und her, eine Nußschale in einem leicht ungehaltenen Atlantik, der mit jemandem wie mir leichtes Spiel hat, mir wird ja schon schlecht, wenn ich an einer Schaukel vorbeigehe.

«Auch einen Weißwein?» fragen die falschen Freunde und halten mir einen randvollen Plastikbecher hin. Dafür werden sie dermaleinst sehr leiden müssen, in jener Spezialhölle für Seekrankheitsverhöhner, die nicht einmal ein Dante sich auszumalen wagte: In der Trommel einer riesigen Waschmaschine werden sie sich alle wiederfinden, und die wird rund um die Uhr laufen, und ihr wird nicht Wasser, sondern lauwarmes Altöl zugeführt werden, vermengt mit Lysol und Essensresten, bedient von mitleidlosen Unterteufeln, die hin und wieder ihr «Auch einen Scheißwein?» ins unablässig rotierende Inferno schreien. Ja, die werden schon sehen, wo sie bleiben. Aber wo bleibt Gene?

Ach, daß er doch seinen schönen, gummigepanzerten Körper über die Reling wuchtete und mich hier liegen sähe. Er wüßte, was zu tun ist: Leinen los! Alle Kraft an Land! Herr Professor, dieser Mann hier hat Unsägliches durchgemacht – wird er jemals wieder richtig trinken können?

«Wo bleibt Gene?» frage ich einen der falschen Freunde, der sich gerade unbekümmert nachschenkt. Er deutet auf das Meer. Wer schon öfter mit Gene draußen gewesen sei, der wisse, daß er stets so lange unten bleibe, bis er genügend Beute gemacht habe: «Gene ist halt ein Jäger.»

Was ist Gene eigentlich nicht? Als ich ihn das erste Mal sah, bei jener Premiere im sommerlichen Deutschland, degradierte er die Umstehenden durch die Bank zu Mängelexemplaren. Wo um Himmels willen wurden solche Männer hergestellt, aus derart kostbaren Materialien und dermaßen gut verarbeitet? Diese bronzene Haut! Diese wundersamen Löckchen, die diese Haut überzogen, bis hinein in die Ohren, unterschiedlich große, jedoch unterschiedslos perfekte Spiralen, wie ich sie bisher nur auf den Stirnen von Stieren der attischen Frühklassik gesehen hatte. Diese Herzlichkeit schließlich, mit der er alle Freunde seines Freundes, des Stars des Abends, ebenfalls zu Freunden erklärte und zu sich einlud, wobei er ihnen freilich die Qual der Wahl aufbürdete: Wohin denn nur? Ins New Yorker Penthouse? Auf die Farm in Pennsylvanien? In die Berghütte in Colorado? In die Villa an der Costa Smeralda? Oder in eines der beiden Häuser in Florida?

«Was für ein Mann!» hatte ich einem der Freunde des Stars zugeflüstert. «Wo gibts die?»

«Glaubst du denn ein Wort von dem, was er sagt?» war die mitleidige Antwort gewesen, und erst widerstrebend, dann fast erleichtert, sah ich Gene ins fahle Licht des Zweifels getaucht: Stimmt! Eigentlich zu schön der Ganze, um wahr zu sein. Alles Schwindel? Um so besser! War ich etwa schön und reich und liebenswürdig? Wieso dann der?

Wie schlecht ich war. Wie schlecht mir ist. Wie sich der Küstenstrich Floridas hebt und senkt, hebt und senkt, hebt und senkt, so, als zucke da ein ganzer Kontinent angewidert die Achseln über soviel Unglauben: Du hast ihn des Schwindels verdächtigt, zur Strafe wird dir selber schwindlig sein, bis es dem Verdächtigten beliebt, wieder aufzutauchen, im Fangnetz den frischesten Hummer deines Lebens.

Gene ist ein Hummerjäger, und mich kann man mit Hummer jagen, jedenfalls jetzt, jedenfalls hier. «Seht ihn an, den Hummer, trinkt er, wird er dummer» – habe ich das wirklich einmal geschrieben, lang, lang her, weit, weit weg, auf dem festen Lande, wo Trinken noch eine Freude und Hummer noch eine Speise war? Ob sie das je wieder für mich werden?

Die falschen Freunde freilich haben andere Sorgen. «Das dauert!» ruft der eine und durchstöbert die Bordküche. «Ich mach schon mal den Knabberwix hier auf!» «Cream-Crackers? Dazu passt eigentlich nur ein 89er Nappa Valley», wird ihm zur Antwort. «Auch einen?»

Die Hölle, das sind die anderen, doch in diese Hölle bin ich durch eigene Schuld geraten. Ich hatte dem Zweifelteufel den kleinen Finger gereicht, der hatte die ganze Hand genommen und ist nun dabei, mich zu wiegen und zu wiegen und zu wiegen, das Ausspeien überläßt er dann wieder mir, geschieht mir ganz recht, meine Rede sei ja, ja, nein, nein, was darüber ist, ist von Übel –

«Man ruft mich?»

Wie kommt dieser dürre Kerl plötzlich aufs Boot?

«Nein. Wieso?»

Er zuckt die Achseln und lupft sein Hütchen. Zart zittert die Hahnenfeder im Abendwind.

«Mir war janz so, als habe jemand meinen Namen anjerufen», sagt er und zupft fast verlegen an den etwas zu kurzen Ärmeln seiner grünen Joppe.

«Wer sind Sie denn überhaupt?»

«Jestatten, von Übel, Jeneralvertreter. Und was machen wir denn so? Wir werden jerade jepeinigt, stimmt's? Jut, jut, nicht stören lassen, sehen ja schon janz jrün aus im Jesicht. Und warum wird er jepeinigt? Erzählt doch mal was, Kinder!»

Wieso scharen sich die falschen Freunde derart eifrig um den Dürren? Was mögen sie ihm mitzuteilen haben? Weshalb schaut er plötzlich starr und ungläubig in meine Richtung?

«Ach was! Sie haben also Ihren Mitmenschen und Wohltäter, den Herrn Gene, der Teufelei bezichtigt?»

«Keineswegs!» antworte ich so fest es meine wacklige Lage erlaubt. «Ich habe lediglich nach seinem Pferdefuß gesucht. Ist doch menschlich.»

«Und? Jefunden?»

Aber nein. Wie denn auch, bei Genes amphibischer Lebensweise? Im Ozean des Geldes war er zu Hause, dort ließ er sich und sein Mobilphone von wechselnden Strömungen mitreißen, erwarb Zitrushaine in Texas und Weinberge in Kalifornien, Supermarktbeteiligungen und Junkbonds und stieß sie alle ab, wenn ihm sein schweizer Gewährsmann, angeblich der bedeutendste Privatbankier dieses mit Banken gesegneten Landes, steckte, das Große Geld fließe mittlerweile in den Pacific Rim, Richtung Hongkong, Singapur, Malaysia, Kuala Lumpur –

«Aha! Diese Schiene also! Braunjebrannter, reicher, auf den ersten Blick

Ein letzter langer Blick – sie merkte, wie ihm schlecht wurde.

sympathischer Schönling entpuppt sich auf den zweiten als janz jemeiner Finanzhai –»

Der Tag schickt sich an, strahlend zu enden, ich bin dabei, elend zu verenden, aber bevor es so weit kommt, will ich noch rasch meinen Frieden mit der Welt und mit Gene machen. Doch mit welchem? Wer ist eigentlich der eigentliche Gene?

Gene, der Naturfreund, der seit seiner Jugend auf dem Lande Hunderte von Gewächsen gepflanzt hat und beim Namen kennt und zugleich dazu imstande ist, eine einzelne, durch menschlichen Unverstand verdorrte Eiche zu betrauern? Gene, der Kunstfreund, der bereits als junger Student damit begonnen hatte, die damals noch preiswerten, heute hochbezahlten Indianermaler des Neunzehnten Jahrhunderts zu sammeln, die Catlin, Bodmer, Bierstaedt? Gene, der Weltfreund, der nicht nur von allem den Preis wußte, sondern auch den Wert kannte? Gene, der Menschenfreund, der sich anstandslos die Küchenschürze umband, um seinen Freunden den Spezialsalat nach altitalienischem Familienrezept zuzubereiten? Gene, der Tierfreund, der keine Marlins mehr jagt, seit er nach vielstündigem, erbarmungslosem Kampf in das brechende Auge eines solchen Schwertfisches hatte blicken müssen? Eines Rekord-Marlins, nebenbei gesagt, der durch die Unachtsamkeit des Mitanglers unwiederbringlich in den Fluten der Karibik versank und mit ihm das Preisgeld von 50 000 Dollar. Oder waren bei diesem Wettangeln gar ganze 100 000 ausgesetzt gewesen?

Der reiche Mann und das Meer – warum bin ich kein Papa Gernhardt? Das alles schreit doch geradezu danach, festgehalten zu werden – warum ist hier alles so wacklig? Und warum taucht Gene nicht wieder auf? Weil er noch keine Beute gemacht hat? Oder weil er selber die Beute eines der Seeungeheuer einer seiner ungeheuerlichen Unterwassergeschichten geworden ist, des unglaublich mächtigen Tigerhais oder der unvorstellbar riesigen Muräne?

Wie viele Möwen plötzlich über mir kreisen! Galten sie nicht als die Geier der Meere? Oder waren sie die Polizei der Wasserwüste?

In ihr Schreien mischt sich Gesang. Mit ruckartigen Bewegungen seiner dürren Arme dirigiert von Übel die falschen Freunde, die lauthals einen genefeindlichen und seekrankheitsverachtenden Kanon intonieren: «Wir haben Hunger, Hunger, Hunger, haben Hunger, Hunger, Hunger, haben Hunger, Hunger, Hunger, haben Durst. Wo bleibt der Hummer, Hummer, Hummer, bleibt der» –

Singt ihr nur so weiter! Bevor der Wasserhahn zum ersten Mal gekräht hat, werdet ihr Gene dreißig Mal verraten haben, mindestens, ich aber –

Da bricht der Gesang ab. Statt dessen starrt mich alles erst schweigend an, dann wird Getuschel laut:

«Jetzt wird er ironisch, unser jepeinigter Freund.»

«Das werden sie doch alle, bevor sie zu Kreuze kriechen.»

«Na, na. Jutester, nicht diese Töne!»

«Zum Teufel – ist mir doch nur so rausgerutscht!» Streng blickt von Übel, betreten schaut der falsche Freund, die beiden anderen versuchen ein Ablenkungsmanöver: «Seht nur, Pelikane!» «Und gleich so viele!»

Vier überqueren uns im Tiefflug, wie auf Schienen gleiten sie dahin, ich aber werde gehoben und gesenkt, gehoben und gesenkt, gehoben und –

«Jeschenkt!» ruft von Übel. «Kommen wir zur Sache, werter Jepeinigter! Sie wissen vermutlich längst, wer ich wirklich bin, Sie ahnen wahrscheinlich, was ich tatsächlich will» – und er streckt mir beidhändig etwas entgegen. Ein Papier und eine Schreibfeder? Eine Papiertüte und eine Reiherfeder?

O ja, ich habe ihn gleich erkannt. Groß Macht und viel List sein grausam Rüstung ist. Ich weiß aber auch, daß ich ihn mit einer Frage auf die Probe stellen darf. Vermag er die nicht zu beantworten, so ist er gescheitert, und lediglich ein Schwefelrüchlein wird an den Versuch einer Versuchung erinnern, also frisch gefragt: «Was haben Marmor, Stein und Eisen, ein Marlinauge und ich gemeinsam? Na?»

Doch von Übel zögert nicht, ist auch besser so, denn jeden Augenblick droht mein Denkspiel Wirklichkeit zu werden: «Sie alle können brechen», antwortet er und rückt mit seinen Gaben näher. «Wobei Sie, werter Jepeinigter, es in der Hand haben, ob das auch so bleiben soll. Eine Unterschrift – und Ihnen wird nie wieder von irgendwas schlecht werden. Ist das ein Anjebot?»

«Her mit dem Wisch!» So gesammelt es geht, beginne ich zu lesen: «Ja! Ich möchte einen Schnupperpakt mit dem Teufel schließen. Dafür erhalte ich kostenlos und unverbindlich» – da regt sich letzter Widerstand.

«Eigentlich habe ich mir so einen Pakt etwas würdiger vorgestellt!»

«Ich finde ihn auch reichlich amerikanisch», antwortet von Übel achselzuckend. «Aber Er hat ihn nun mal so jewollt.»

«Ja, sind Sie es denn nicht selber?» will ich fragen und weiß doch bereits die Antwort. Kein Wunder, daß ich vergeblich nach Genes Pferdefuß gesucht hatte: Er ist der Pferdefuß.

«Bringen wir es hinter uns», sagt von Übel und drückt mir die Feder in die Hand. «Ihr Aujust Wilhelm jeht auf die jestrichelte Linie!»

«Ja! Ich verschreibe gern meine Seele und nehme dafür den einmaligen Gutfühl-Service in Anspruch, bestehend aus –»

Noch einmal lasse ich Papier und Feder sinken «Ja! Ja! Ja!» sage ich so spottlustig es meine marode Lage gerade noch erlaubt.

«Na ja», räumt von Übel hüstelnd ein. «Wo bleibt das Nejative? werden sie jetzt fragen. Tja – weiß der Teufel, wo das bleibt bzw. wo das jeblieben ist. Aber die Zeiten ändern sich und wir mit ihnen, Versuchte, Versuchungen und Versucher. Gene ist der Jeist, der stets bejaht. Oder können Sie sich einen Gene vorstellen, der irgend etwas verdammt?»

Die Frage ist so abwegig, daß ich trotz meiner Übelkeit lächeln muß. Wenn jemand alles pries, und das fortwährend, dann Gene. Is that beautiful – or what?! war sein Lieblingssatz, den er je nach Anlaß nur geringfügig variierte: Super! I love it! Noch seinen schrecklichen Sturz gestern, auf Wasserskiern bei hundert Stundenkilometern, hatte er, zurückgekehrt, unter Ächzen gefeiert: «Habt ihr mich stürzen sehen? Welch ein Sturz! Seit fünfzehn Jahren bin ich nicht mehr so gestürzt. Unbelievable!»

Ihr werdet sein wie Gene – war das nicht seit unserer Jugend die Geheim- und Kardinalversuchung unserer Rasse und Klasse gewesen? Hatten wir uns nicht jahrzehntelang gegen sie gewehrt? Unser Heil in immer neuen, immer differenzierteren, auch abwegigeren Neins gesucht? Und hatte nicht trotzdem einen nach dem anderen jene schwache Stunde ereilt, in welcher er zum Augenblicke sein «Verweile doch, du bist so schön» gesagt und diese Schwachheit auch noch als Hörnerabstoßen bemäntelt hatte, als Realitätstüchtigkeit, Reife gar, ja Weisheit?

Jäh begreife ich, warum den falschen Freunden nicht schlecht wird: weil ihnen gut ist. Kotzen kann nur der, der etwas zum Kotzen findet. Doch wer sucht schon freiwillig danach?

«Jenug jezaudert!» drängt von Übel, da beschwöre ich in letzter Not einen letzten, nur unter Mühen memorierten Gegenzauber: «Vater unser ...» Und siehe da: Er wirkt! Immer dünner wird die Gestalt über mir, immer rauchförmiger, geradezu durchsichtig, immer fester fahre ich fort: «Und führe uns nicht in Versuchung, sondern erlöse uns von dem Übel» – und über das, was dann passierte, gibt es drei Versionen, meine, die der falschen Freunde und die Genes:

«Auf einmal kam es mir hoch – und dann habe ich vielleicht etwas zusammengereihert!»

«Auf einmal kamst du hoch – und dann hast du vielleicht etwas zusammengereihert!»

«Ich komme an der Bordwand hoch – und auf einmal reihert euer Freund vielleicht etwas zusammen! Voll auf das Hummernetz – habt ihr das gesehen? So etwas ist mir auf See noch nie passiert. Unglaublich! I love it!»

«Diese modernen Fahrgastschiffe haben riesige Stabilisatoren. Die bügeln jede Welle glatt!»

Teuflische Einflüsterung

Traxler

«20 Jahre lang immer ans Mittelmeer fahren ist doch doof! Fahrt mal in die Berge!»

«20 Jahre lang jeden Sommer
ins Allgäu fahren ist doch stupide!
Fahrt mal an die Riviera!»

Hans Traxler

Wallraffs letzte Rolle

In einem schäbigen Amsterdamer Cafe sitzt ein schweigsamer Mann und nimmt ab und zu einen tiefen Schluck aus seinem Bierglas. Er ist sehr reich, sehr berühmt und sehr einsam. Neulich hat er mit der Illustrierten „Tempo" ein Gespräch geführt. „Meine nächste Rolle wird unter Umständen lebensgefährlich sein", hat er dem Interviewer gesagt, und „ich muß möglicherweise dafür eine kosmetische Gesichtsoperation vornehmen lassen". Seither rätselt alle Welt über die Art von Wallraffs letzter Rolle. Da wir Rätsel nicht mögen, haben auch wir ein Gespräch mit Günter „Ali" Wallraff geführt. Und hier ist seine Geschichte, von ihm selbst erzählt.

„Sicher habt Ihr Euch über meinen kurzen Arm gewundert", hebt er an und greift wieder zum Kölschglas ...

„Daß eine kosmetische Gesichtsoperation für meine nächste Rolle nicht genügen würde, wurde mir nur zu bald klar. Hier liegt auch der Grund für meine Emigration … Ich unterziehe mich zur Zeit in der Privatklinik eines befreundeten Chirurgen einer Ganzkörperkorrektur … am Ende des Jahres, nach etwa 25 Operationen, werde ich mich, wenn ich es überlebe, in eine grönländische Mönchsrobbe verwandelt haben … dazu muß ich mein Körpergewicht auf 160 kg bringen und mehrere Felltransplantationen über mich ergehen lassen …"

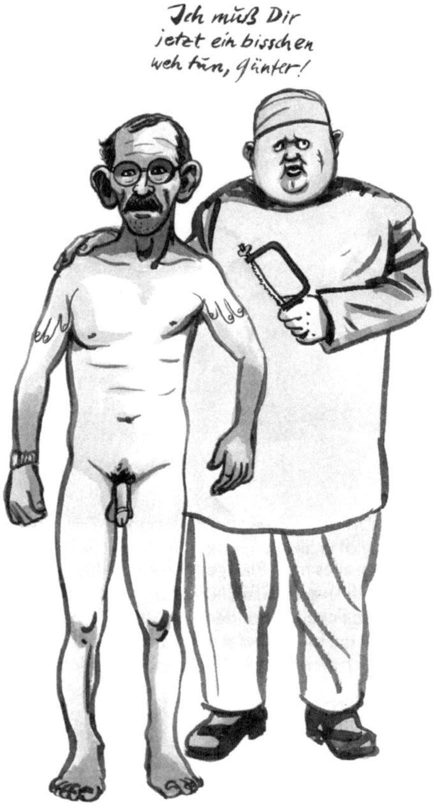

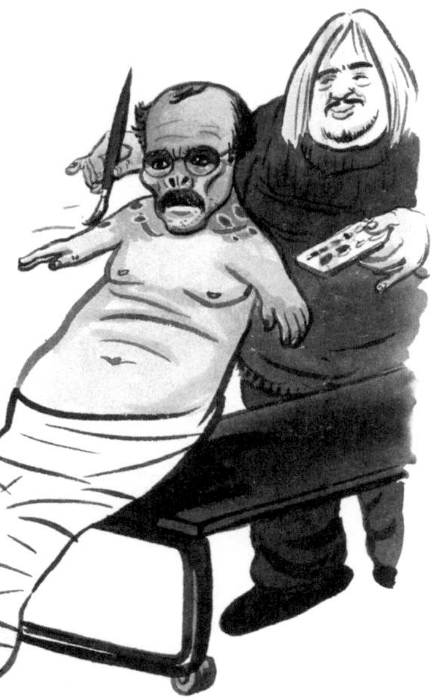

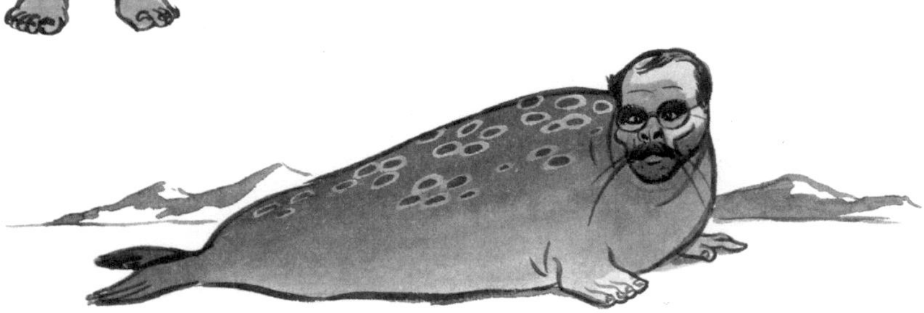

„Wenn alles nach Plan geht, wird das Mutterschiff „SIRIUS“ von „GREENPEACE“ mich im Januar 1988 im Schelfeis vor der Südspitze Grönlands absetzen ... in den folgenden 2–3 Monaten hoffe ich, mich in meiner Robbenherde eingelebt zu ha-

ben. Wenn dann Anfang Mai die Robbenmörder ihr blutiges Handwerk beginnen wollen, ist mein Dänisch hoffentlich gut genug, um sie erfolgreich agitieren zu können ..."

„In den langen hellen Polarnächten werde ich meine politische Überzeugungsarbeit an der Schreibmaschine fortsetzen, und ich freue mich schon jetzt, nach den vielen menschlichen Enttäuschungen der letzten Monate, auf die Solidarität meiner neuen Kameraden. Schon rein äußerlich ist ja die Robbe mit einem Türken überhaupt nicht zu vergleichen."

„Im Spätherbst jedoch werde ich abtauchen. Allerdings nicht, wie in ‚Tempo' zu lesen ist, um ‚ewig in dieser Rolle zu bleiben und nie wieder aufzutauchen ...'"

„Die Wahrheit kommt sicher für viele unerwartet: Mir liegt eine Einladung der bekannten französischen Tierschützerin B. Bardot vor, mich in ihrem schönen Heim in St. Tropez von den langen arktischen Nächten zu erholen. Sollte diese Rolle meine letzte sein, wäre das für mich der schönste Lohn für all die jahrelangen, vorangegangenen Leiden und Mühen, selbst wenn die eine oder andere Robbe mich dafür tadeln wird."

1
3 WOCHEN SAUWETTER UND JETZT, WO WIR ABFAHREN SONNE! DAS IST SO EINE MAßLOSE INFAMIE VON DEM DA OBEN!!
2
ICH KÖNNTE MICH GRÜN UND BLAU ÄRGERN, DAß ICH NICHT MEHR IN DER KIRCHE BIN...
HAUS SEEBLICK
3
SONST WÜRDE ICH IHM JETZT EINS AUSWISCHEN UND MIT PAUKEN UND TROMPETEN AUSTRETEN

Zu spät!

Poth

Dämmerung brach herein …

Als in Frankfurt endlich selbst das Grandhotel Abgrund für den Abriß freigegeben und die «Frankfurter Schule» damit endgültig auseinandergebrochen, ja buchstäblich dem Erdboden gleichgemacht war, organisierte Max Horkheimer von der Schweiz aus ein letztes Kameradschaftstreffen in Wyk auf der Nordseeinsel Föhr.

Warum auch immer gerade dort – alle, alle waren gekommen, doch als man, wie gewohnt, im Grandhotel der Insel absteigen und die Vorbereitungen für einen bunten Abend mit Seminar und Lampions treffen wollte, war das Hotel schon vollbesetzt mit Surfern, CB-Funkern und Menschen in gelben Regenmänteln, und der Wirt, eine selten taube Nuß, sagte, daß kein Platz mehr für sie sei.

Unverdrossen orderte nun Max Horkheimer für jeden seiner ehemaligen Kombattanten wenigstens einen Strandkorb, sie stellten sie nebeneinander im Sande auf, Dämmerung brach herein, und die Herren nahmen, mit Blick auf die unruhig wabernde See, Platz.

«Wie in alten Zeiten!» rief, nach einer Weile fast dröhnenden Schweigens, Herbert Marcuse. Der Wellenschlag der Nordsee hallte nach.

«Wieso?» kam es nach einigen Minuten hell aus dem Strandkorb Adornos. Wieder Stille.

«Ach was!» Das war die Frommsche Stimme. Eine lange Pause trat ein.

«Na immerhin!» So brüchig, dennoch ungebrochen Pollock wenig später.

«Und überhaupt, wenn wir die Radikalität von Erkenntnis kritisch –» Der Rest von Habermasens Meinung ging im Meerschwall wohl für immer unter. Hätten die Freunde einander sehen können, schwerlich wäre ihnen entgangen, wie eine dicke kristallene Zähre da über die alte Wange von Max Horkheimer sich stahl und lautlos dann versickerte. Dann brach eh die Nacht herein.

Anmerkungen

S. 7 Zehrer: Vorwort
Nachweis der Abbildungen und Zitate:
Abbildung 1 aus: Peter-Cornelius Mayer-Tasch: *Wellenfehde. Gedichte. Mit 9 Holzschnitten von F.W. Bernstein*, Herwig, Göppingen 1963.
Abbildung 2 und Zitat Gernhardt aus: Thomas Schaefer (Hg.): *Gernhardts Göttingen*, Satzwerk Verlag, Göttingen 1997.
Abbildung 3 aus: *30 – 60 – 90. Zum 60. Geburtstag von Chlodwig Poth*, Arkana Verlag, Göttingen 1990.
Zitat Traxler aus: Hans Traxler: *Meine Geschichte II*, in: *Ode an Hemingway. 22 Bildergeschichten»*, Diogenes, Zürich 1989.

S. 40 Gernhardt/Waechter: Plümmeln un Slökten
Auszug aus *Die Wahrheit über Arnold Hau* von Bernstein, Gernhardt und Waechter. In dem Buch, einer Parodie auf Künstlerbiographien, werden Leben und Werk des (frei erfundenen) Künstlers Arnold Hau vorgestellt und analysiert. Das vorgeblich von Hau verfaßte Dramenfragment stammt von Waechter, das anschließende Gespräch mit Hau von Gernhardt.

S. 76 Poth: Die aufeinandergetürmten Räusche
Leicht gekürztes Eingangskapitel von Poths Roman *Die Vereinigung von Körper und Geist mit Richards Hilfe.*

S. 109 Poth: 1961: Klaus-Dieters erstes Mal
Auszug aus Poths Bilderroman *50 Jahre Überfluß*, in dem das Leben des 1945 geborenen Werbers Klaus-Dieter Rosinsky nachgezeichnet wird.

S. 118 Gernhardt/Schwarzer: Das Dorf der freien Liebe
Anfang und Schluß dieser Investigativreportage aus dem Jahre 1969 stammen von Robert Gernhardt alias Lützel Jeman, der Mittelteil von Alice Schwarzer, mit deren freundlicher Genehmigung dieser Wiederabdruck erfolgt.

S. 166 Bernstein/Gernhardt/Waechter: Katastrophale Zustände bei unseren Schwimmern
Auf den Fotos (aufgenommen von F. K. Waechter) ist F.W. Bernstein als Friedrich Weichsel zu sehen, während Norbert Gerbhardt von Robert Gernhardt dargestellt wird.

S. 170 Henscheid: Ein Leben gegen ein Gebiß
Auszug aus dem Roman *Dolce Madonna Bionda.*

S. 231 Henscheid: Welche Tiere und warum das Himmelreich erlangen können
Henscheids theologische Fachexpertise *Welche Tiere und warum das Himmelreich erlangen können* umfaßt 180 Seiten, wobei sich nur der hier wiedergegebene Ausschnitt auch Meeres- und Wassertieren widmet. Die Schlußfolgerung, daß diese in der Mehrzahl keinen Eingang ins Paradies finden werden, ist umstritten.

S. 240 Henscheid: Franz Kafka verfilmt seinen Landarzt
Auszüge aus einer 125seitigen Erzählung, die, so ihr Autor, «auf der vielfachen zeitlichen Brechung, auf der allseitigen Anarchie der Anachronismen» gründet. Weiterhin stellt er fest: «Freiheit des Umgangs mit Fakten ist nach ihrem eigenen Verständnis Voraussetzung der Geschichte – und das gilt auch für die Totalvermischung von Zitaten, Halbzitaten und Erfindung.»

S. 261 Traxler: Der Darwin der abendländischen Kunst
Leicht gekürzt.

S. 292 Gernhardt: Septembersee/Wiedersehen und Abschied am 27. Juni 2004
Schauplatz beider Gedichte ist der Badía-See in der Toscana.

S. 297 Gernhardt: Komodo
Mit diesem Auszug beginnt der zweite Teil der Erzählung *Komodo oder Erloschene Konten.*

S. 349 Poth: Klaus-Dieters Werbespotdreh
Vgl. Anmerkung zu S. 109 Poth: 1961: Klaus-Dieters erstes Mal.

S. 355 Gernhardt: Die Magadaskar-Reise
Auszüge aus dem rund zweihundert Seiten starken Buch «Die Magadaskar-Reise» von 1980, dessen Entstehung Gernhardt im Nachwort wie folgt beschreibt: «Die Zeichnungen zeichnete ich während der letzten zehn Jahre, und ich zeichnete sie stets in Gesellschaft. Meist, wenn ich mit Freunden über Radiotexte nachdachte, manchmal während irgendwelcher Sitzungen. (...) Mit der Zeit weckten diese, wenn man so will, Kritzeleien mein Interesse. (...) Ich habe daher ausgesuchte Zeichnungen in einen Zusammenhang gebracht, indem ich ein, zwei Sätze hinzufügte. Sie haben nicht viel zu bedeuten, wie ja auch die Zeichnungen anders aussehen könnten. Aber vielleicht mache ich mir da etwas vor.»

S. 362 Gernhardt: Robinson Crusoe
Das Deutsche Krawatten-Institut schaltete 1966/67 Anzeigen in *pardon*, in denen unter dem Motto «Neue Krawatte, neuer Mann – trag' nicht die von gestern» dazu aufgerufen wurde, den «Krawatten-Muffel» zu verbannen und täglich die Krawatte zu wechseln. In seinem «Pop-Klassik»-Comic-Strip – in jener Zeit eine regelmäßige, von verschiedenen Autoren beschickte *pardon*-Rubrik – persifliert Gernhardt alias Jeman die Kampagne.

S. 407 Henscheid: Das letzte Treffen der Frankfurter Schule
Schlußpunkt eines Zyklus (großteils fiktiver) Anekdoten, den Eckhard Henscheid über die Hauptvertreter der sozial- und kulturphilosophischen «Frankfurter Schule» verfaßt hat.

Inhalts- und Quellenverzeichnis

*Die mit * gekennzeichneten Titel stammen vom Herausgeber.*

33 Traxler: Hallo Mutter*
Alles, S. 5

34 Gernhardt: Ein ziemlich unschöner Zwischenfall beim Untergang der Titanic
Baren, S. 596

35 Traxler: Kein Bild für Eisbärenfreunde*
Alles, S. 40

36 Traxler: Last Minute*
Alles, S. 141

37 Waechter: Sehnsucht unterm Eis
Waechter, S. 139

38 Poth: Sommer in Deutschland*
Titanic 9/1987

40 Gernhardt/Waechter: Plümmeln un Slökten
Hau, S. 83–85

42 Gernhardt: Plümmeln un Slökten – Die Schlußszene
Erstveröffentlichung

44 Poth: Bis daß der Tod euch scheidet
Katastrophen, S. 30-35

47 Henscheid: Up up, Holzer, and away!
Erzählungen 1, S. 156–165

50 Traxler: Der Geist von 68*
Alles, S. 132

52 Gernhardt: Monte-Carlo-Impressionen
WimS 11/1975

56 Waechter: Jochen I
WimS 6/1966

57 Eilert: Freundin Käte*
Titanic 11/1980

58 Poth: Zwischen Pool und Beach
Titanic 8/1986

60 Waechter: Mein Leben in sieben Bildern
Waechter, S. 44

62 Waechter: Meine Mutter*
Posten, S. 19

63 Gernhardt: Gruß aus dem Nordseebad Wremen
Wörtersee, S. 167

64 Waechter: Der mächtigste Mann von Lübeck
Waechter, S. 149

65 Gernhardt: Zwei Berliner auf Sylt
Baren, S. 241

66 Waechter: Die Sonne und ich
Waechter, S. 208

67 Gernhardt: Das Lied der Meere
Hau, S. 165

67 Waechter: Aus dem Tierreich I
WimS 4/1972

68 Bernstein: Venedig
Gedichte, S. 538

68 Bernstein: Im Wasser I*
Blechbläser

69 Waechter: Mein Ferienplan
Waechter, S. 27

70 Waechter: Der Held hält, was er verspricht
Waechter, S. 156

71 Gernhardt: Doppelte Begegnung am Strand von Sperlonga
Körper

72 Gernhardt: Olbia – Livorno
Lichte, S. 80

72 Waechter: Der Witz des Monats II
WimS 1/1968

73 Traxler: Mein Traumhaus
Alles, S. 142

74 Traxler: Bei Cannes*
Alles, S. 163

75 Poth: Die ollen Griechen*
Überfluß, S. 131

76 Poth: Die aufeinandergetürmten Räusche*
Vereinigung, S. 5–34

82 Waechter: Am Strand*
Stunde, S. 19

88 Waechter: Mondnacht am Meer
Waechter, S. 213

97 Traxler: Millionärspipi*
Alles, S. 112

100 Waechter: Abendstimmung
Waechter, S. 159

103 Waechter: Lied eines sterbenden Insulaners
Fröhlich, S. 165

103 Waechter: Morgen und Abend
Hau, S. 86

104 Waechter: Sommerwind
Waechter, S. 270

105 Gernhardt: Marleens Sommer
Glück, S. 92

106 Waechter: Am Strand von Palma
pardon 5/1973

108 Gernhardt: Wie tun es die anderen?
Wörtersee, S. 82

108 Waechter: Jochen II
WimS 10/1970

109 Poth: 1961: Klaus-Dieters erstes Mal*
Überfluß, S. 41–45

114 Waechter: Der Mann unsrer Träume
Waechter, S. 245

115 Waechter: Pascal*
Stunde, S. 45

116 Waechter: Capri 85
Waechter, S. 341

117 Traxler: Zitternde Schilfrohre*
Alles, S. 129

118 Gernhardt/Schwarzer: Das Dorf der freien Liebe
pardon 5/1969

126 Poth: Im Süden!
Titanic 8/1983

129 Gernhardt: Reinlegorante*
in: Baren, S. 341

130 Traxler: In Tunesien*
Alles, S. 123

131 Knorr: Insel der Seefahrer
Mallorca, S. 60–66

134 Traxler: Klaus und Jana*
Alles, S. 130

136 Traxler: Eine Occasion*
Alles, S. 135

137 Poth: Am Mittelmeerstrand
pardon 6/1976

138 Knorr: Insel der Überraschungen
Mallorca, S. 98–108

141 Waechter: Endlich
Waechter, S. 240

144 Waechter: Gutes altes Salzfaß*
Schwein, S. 37

145 Gernhardt: Der Abschiedsbrief des Weltumseglers Heinrich Heimaz an seine Nebenfrau
Ernte, S. 19

146 Bernstein/Gernhardt: Ein starker Moment
Ernte, S. 144

147 Gernhardt: Von der Bedeutung der Ehrlichkeit auch und gerade bei der Stellungssuche
WimS 9/1968

147 Bernstein: Im Wasser II*
Blechbläser

148 Eilert/Gernhardt/Knorr: Lexikonvertreter
Friesen, S. 76

149 Bernstein/Gernhardt: Und noch ein starker Moment
Ernte, S. 150

150 Gernhardt/Knorr: MS Charlotte
Help; im Druck Erstveröffentlichung

154 Waechter: Die Kaper-Ballade
Waechter, S. 112

157 Waechter: Ihr Lachen
Waechter, S. 312

160 Gernhardt: Geständnis
Wörtersee, S. 300

161 Gernhardt: Schnuffis zweites Abenteuer
WimS 2/1967

162 Henscheid: Blick in die Heimat
Erzählungen 1, S. 383

162 Gernhardt: Ein verwirrender Moment im Leben des Ferry Krawatzko
Blusen, S. 88

164 Gernhardt: Wenn ein Bademeister Urlaub macht...
Baren, S. 275

165 Gernhardt: Schnuffis drittes Abenteuer
WimS 12/1968

166 Bernstein/Gernhardt/Waechter: Katastrophale Zustände bei unseren Schwimmern
WimS 9/1969

169 Traxler: Komisches Gefühl*
Alles, S. 83

170 Henscheid: Ein Leben gegen ein Gebiß*
Madonna, S. 214-221

174 Bernstein: Im Wasser III*
Blechbläser

175 Traxler: Bischof im Watt
Krokodil, S. 144

176 Traxler: Bischofs Nordlandreise
Krokodil, S. 146

177 Gernhardt: Wir gedenken
WimS 4/1971

178 Bernstein: Der Untergang des Steuermannes Karl Bunkel
Gedichte, S. 480

179 Waechter: Der Witz des Monats III
WimS 9/1969

180 Waechter: Dreiecksverhältnis
Waechter, S. 206

181 Bernstein: Ein nasser Sterbefall
Gedichte, S. 479

182 Gernhardt: Das schwere Amt der Maria Zierling
WimS 10/1971

184 Eilert/Gernhardt/Knorr: Der verlorene Sohn
Friesen, S. 71–73

186 Waechter: Jochen III
WimS 6/1972

187 Traxler: Sgt. Morsby*
Alles, S. 27

188 Bernstein/Gernhardt: Wir gedenken
WimS 1/1971

189 Gernhardt: Salut
Lichte, S. 123

189 Waechter: Auf hoher See
Waechter, S. 242

190 Eilert/Gernhardt/Knorr: Die Rettung
Titanic 8/1980

193 Traxler: Neues Geiseldrama
Titanic 8/1985

194 Waechter: Der Untergang der Titanic
Waechter, S. 43

195 Waechter: Meine Reisen
Waechter, S. 66

196 Poth: Das Mittelmeer-Haßblatt
Titanic 8/1990

198 Poth: Last Exit Sossenheim
Titanic 1/1998 bzw. Titanic 4/2000

200 Eilert: ... und das alles von unseren Steuergeldern!
Titanic 9/1985

202 Knorr: Kemal-Trophy
Titanic 2/1998

204 Waechter: Im heißen Watt
Waechter, S. 95

205 Waechter: Der Schwimmer
Waechter, S. 56

206 Bernstein: Ausblick
Blechbläser, S. 116

207 Bernstein: Die Klimakatastrophe – Fluch oder Segen?
Blechbläser, S. 24

208 Waechter: Unter Wasser
Waechter, S. 69

209 Waechter: Himmelfahrt
Waechter, S. 36

210 Waechter: Männer auf verlorenem Posten
Waechter, S. 235

211 Robert und Almut Gernhardt: Katzenpost
Katzenpost

214 Traxler: Das fromme Krokodil
Krokodil, S. 5

215 Gernhardt: Scheiternde Hunde (Folge 17)
Baren, S. 253

216 Bernstein: Wir gratulieren
WimS 4/1971

217 Gernhardt: Die Probe
Blusen, S. 116

218 Gernhardt: Na bitte!
Dichter

219 Waechter: Du armer Fisch
Titanic 3/1988

220 Bernstein: Ballade vom Fisch
Gedichte, S. 45

220 Waechter: Aus dem Tierreich II
WimS 12/1972

221 Waechter: Kalte Zigarre
Waechter, S. 217

222 Waechter: Der Fisch
Dinge, S. 158f.

223 Waechter: Angelnder Clown
Waechter, S. 287

224 Gernhardt: Jonas
Baren, S. 553

225 Gernhardt: Dreh es, o Seele
WimS 3/1971

225 Waechter: Aus dem Tierreich III
WimS 10/1973

226 Traxler: Reinhaltung der Nordsee*
Krokodil, S. 18

227 Bernstein/Gernhardt/Waechter: Animalerotica
WimS 7–10/1971

227 Waechter: Tierliebe*
Hau, S. 86

228 Gernhardt: Schnuffis viertes Abenteuer
WimS 5/1975

229 Traxler: Im Haiclub
Alles, S. 100

230 Bernstein: Der Dings am Meer*
Hund, S. 80

231 Henscheid: Welche Tiere und warum das Himmelreich erlangen können
Himmelreich, S. 120f.

232 Traxler: Traxlers Spitzenmeldung
Titanic 7/1988

233 Gernhardt: Tiefsee-Distichon
Dichter, S. 97

234 Gernhardt: Umgang mit Tieren aus der Tiefe
Wörtersee, S. 204

234 Waechter: Aus dem Tierreich IV
Wims 12/1973

235 Gernhardt: Die Macht des Maestro
Baren, S. 239

236 Bernstein: Beethovens Meerfahrt
Erstveröffentlichung

239 Bernstein: Dichter und ihre Gesellen
Blechbläser, S. 133

240 Henscheid: Franz Kafka verfilmt seinen Landarzt
Erzählungen 2, S. 110–139

243 Waechter: Bosco
Waechter, S. 320

247 Bernstein: Von den Untugenden der Küstenbewohner I
Erstveröffentlichung

251 Waechter: Am Meer
Waechter, S. 324

255 Bernstein: Von den Untugenden der Küstenbewohner II
Erstveröffentlichung

257 Bernstein: Die Rilkes
Titanic 10/1988

258 Waechter: Der Kragenbär
Waechter, S. 329

259 Gernhardt: Duett zwischen Schiller und Stralsund
WimS 2/1974

259 Waechter: Der Witz des Monats II
WimS 9/1964

260 Gernhardt: Magritte am Meer
Dichter, S. 101

261 Traxler: Der Darwin der abendländischen Kunst
Kunst, S. 201-240

286 Waechter: Gedanken im Schaukelstuhl
Waechter, S. 230

287 Gernhardt: Ocean Drive
Glück, S. 108

288 Gernhardt: Schweinchens Problem
Dichter, S. 65

289 Gernhardt: Rom – New York
Glück, S. 142

290 Waechter: Schöner Morgen
Waechter, S. 8

291 Gernhardt: Auf Rügen
Glück, S. 13

292 Gernhardt: Septembersee
Lichte, S. 81

293 Gernhardt: Wiedersehen und Abschied am 27. Juni 2004
Erstveröffentlichung

294 Waechter: Liebespaar (1)
Waechter, S. 252

295 Gernhardt: Der Wanderer
Körper

296 Gernhardt: Hokusai
Wörtersee, S. 124–127

297 Gernhardt: Komodo
Lug, S. 230–252

301 Bernstein: Von den Untugenden der Küstenbewohner III
Erstveröffentlichung

305 Traxler: Aufruf zur Revolte*
Alles, S. 118

309 Bernstein: Von den Untugenden der Küstenbewohner IV
Erstveröffentlichung

313 Bernstein: Von den Untugenden der Küstenbewohner V
Erstveröffentlichung

315 Traxler: Preis-Leistungs-Verhältnis*
Alles, S. 137

316 Poth: Klaus und Caroline in der Karibik
Katastrophen

321 Eilert: Mein Abenteuer auf Jamaica
Passagen, S. 55-85

323 Bernstein: Von den Untugenden der Küstenbewohner VI
Erstveröffentlichung

329 Bernstein: Von den Untugenden der Küstenbewohner VII
Erstveröffentlichung

333 Bernstein: Von den Untugenden der Küstenbewohner VIII
Erstveröffentlichung

335 Waechter: Glückliche Stunde
Waechter, S. 247

339 Bernstein: Von den Untugenden der Küstenbewohner IX
Erstveröffentlichung

343 Bernstein: Von den Untugenden der Küstenbewohner X
Erstveröffentlichung

Die Texte und Bilder wurden folgenden Quellen entnommen:

Alles = Hans Traxler *Alles von mir!*, Zweitausendeins, Frankfurt am Main 1999

Baren = Robert Gernhardt *Vom Schönen, Guten, Baren. Bildergeschichten und Bildgedichte*, Haffmans Verlag, Zürich 1997 Bildergedichte = Hans Traxler *Bildergedichte*, Sanssouci im Carl Hanser Verlag, München/Wien 2004 Blechbläser = F.W. Bernstein *Der Blechbläser und sein Kind. Grafik, Gritik, Gomik*, Verlag Weisser Stein, Greiz 1993 Blusen = Robert Gernhardt *Die Blusen des Böhmen. Geschichten, Bilder, Geschichten in Bildern und Bilder aus der Geschichte*, Zweitausendeins, Frankfurt am Main 1977

Dichter = Robert Gernhardt *Hier spricht der Dichter. 120 Bildgedichte*, Haffmans Verlag, Zürich 1985 Dinge = F. K. Waechter *Die letzten Dinge. In 77 Stücken*, Verlag der Autoren, Frankfurt am Main 1992 30–60–90 = *30–60–90. Zum 60. Geburtstag von Chlodwig Poth*, Arkana Verlag, Göttingen 1990

Ernte = Robert Gernhardt/F. W. Bernstein *Besternte Ernte. Gedichte aus fünfzehn Jahren*, Zweitausendeins, Frankfurt am Main 1976 Erzählungen = Robert Gernhardt *Gernhardts Erzählungen. 120 Bildergeschichten*, Haffmans Verlag, Zürich 1983 Erzählungen 1 = Eckhard Henscheid *Gesammelte Werke in Einzelausgaben. Erzählungen 1: Die Lieblichkeit des Gardasee; Hersbrucker Trilogie; Goethe unter Frauen*, Zweitausendeins, Frankfurt am Main 2003 Erzählungen 2 = Eckhard Henscheid *Gesammelte Werke in Einzelausgaben. Erzählungen 2: Roßmann, Roßmann ...; Wir standen an offenen Gräbern; Der Neger (Negerl); Kleine Poesien; 10:9 für Stroh*, Zweitausendeins, Frankfurt am Main 2003

Freud = Hans Traxler *Freud in der Krise. 18 Bildergeschichten*, Diogenes Verlag, Zürich 1988 Friesen = Bernd Eilert/Robert Gernhardt/Peter Knorr (Hg.) *Otto – Das Buch des Friesen. Von und mit Otto Waalkes*, Econ Ullstein List Verlag GmbH & Co. KG, München 2002 Fröhlich = F. K. Waechter *Mich wundert, daß ich fröhlich bin*, Diogenes Verlag, Zürich 1991 Frust = Chlodwig Poth *Unser täglich Frust. Mein progressiver Alltag 2*, Rowohlt Taschenbuch Verlag, Reinbek bei Hamburg 1978

Gedichte = F.W. Bernstein *Die Gedichte*, Verlag Antje Kunstmann, München 2003 Glück = Robert Gernhardt *Im Glück und anderswo. Gedichte*, S. Fischer Verlag, Frankfurt am Main 2002 Göttingen = Thomas Schaefer (Hg.) *Gernhardts Göttingen*, Satzwerk, Göttingen 1997 Gummibärchen = Hans Traxler *Aus dem Leben der Gummibärchen*, Diogenes, Zürich 1992

Hau = Lützel Jeman (d. i. Robert Gernhardt)/F. W. Bernstein/F. K. Waechter *Die Wahrheit über Arnold Hau*, Bärmeier & Nikel, Frankfurt am Main 1966 Help = Robert Gernhardt/Peter Knorr *Help! Ein satirisches Aushilfsmagazin*, Hessischer Rundfunk 1972–74 Himmelreich = Eckhard Henscheid *Welche Tiere und warum das Himmelreich erlangen können. Neue theologische Studien*, Philipp Reclam jun., Stuttgart 1995 Horkheimer = Eckhard Henscheid *Wie Max Horkheimer einmal sogar Adorno hereinlegte. Anekdoten über Fußball, Kritische Theorie, Hegel und Schach. Mit Zeichnungen von F.W. Bernstein*, Haffmans Verlag, Zürich 1983 Hund = *Sag mal Hund! Ein Kinderbuch mit 10 Bildergeschichten und 9 Hundestunden*, VSA-Verlag, Hamburg 1982

Katastrophen = Chlodwig Poth *Das Katastrophenbuch*, Hoffmann und Campe, Hamburg 1982 Katzenpost = Robert Gernhardt/Almut Gernhardt *Katzenpost. Kartengrüße von Missu und Pumpi*, Haffmans Verlag, Zürich 1983 Körper = Robert Gernhardt *Körper in CaféS. Gedichte*, Haffmans Verlag, Zürich 1987 Krokodil = *Das fromme Krokodil*, Zweitausendeins, Frankfurt am Main 2001 Kunst = Lützel Jeman (d. i. Robert Gernhardt) (Hg.) *Die Wahrheit über die Kunst. Eine längst fällige Entlarvung*, Bärmeier & Nikel, Frankfurt am Main 1965

Lichte = Robert Gernhardt *Lichte Gedichte*, Haffmans Verlag, Zürich 1997 Lug = Robert Gernhardt *Lug und Trug. Drei exemplarische Erzählungen*, Haffmans Verlag, Zürich 1991

Madonna = Eckhard Henscheid *Dolce Madonna Bionda. Roman*, Haffmans Verlag, Zürich 1983
Magadaskar = Robert Gernhardt *Die Magadaskar-Reise. Ein Bericht*, Zweitausendeins, Frankfurt am Main 1980 Mallorca = Peter Knorr *Mallorca. Insel der Inseln*, Schöffling & Co. Verlagsbuchhandlung GmbH, Frankfurt am Main 2000

NFS = *Die Neue Frankfurter Schule «Die schärfsten Kritiker der Elche waren früher selber welche!» 25 Jahre Scherz, Satire und Schiefere Bedeutung aus Frankfurt am Main*, hg. v. WP Fahrenberg, Arkana, Göttingen 1987

pardon = *pardon. Die deutsche satirische Monatsschrift*, Frankfurt am Main, 1962–1982
Passagen = Bernd Eilert *Windige Passagen. Vier Erzählungen*, Haffmans Verlag, Zürich 1991
Posten = F. K. Waechter *Männer auf verlorenem Posten*, Diogenes Verlag, Zürich 1983

Rabe = *Der Rabe. Magazin für jede Art für Literatur*, Zürich 1982–2001

Schwein = F. K. Waechter *Wahrscheinlich guckt wieder kein Schwein*, Diogenes Verlag, Zürich 1978
Stunde = F. K. Waechter *Glückliche Stunde*, Diogenes Verlag, Zürich 1986

Teufel = Hans Traxler *Das Teufelsbuch*, Sanssouci im Carl Hanser Verlag, München/Wien 2004
Titanic = *Titanic. Das endgültige Satiremagazin*, Frankfurt am Main, seit 1979

Überfluß = Chlodwig Poth *50 Jahre Überfluß. Ein Roman*, Knesebeck und Schuler, München 1990

Vereinigung = Chlodwig Poth *Die Vereinigung von Körper und Geist mit Richards Hilfe. Ein heiterer Liebesroman*, Wolfgang Krüger Verlag, Frankfurt am Main 1980

Waechter = F. K. Waechter *Waechter*, Diogenes, Zürich 2002 Wellenfehde = Peter-Cornelius Mayer-Tasch *Wellenfehde. Gedichte. Mit 9 Holzschnitten von F. W. Bernstein*, Herwig, Göppingen, 1963 WimS = Robert Gernhardt/F. W. Bernstein/F. K. Waechter *Welt im Spiegel. WimS 1964–1976*, Zweitausendeins, Frankfurt am Main 1979 Wörtersee = Robert Gernhardt *Wörtersee*, Zweitausendeins, Frankfurt am Main 1981

Unser Dank gilt – neben den Autoren und Anna Poth – dem Antje Kunstmann Verlag, München, der uns den Abdruck der Gedichte von F.W. Bernstein ermöglichte, sowie der Schöffling & Co. Verlagsbuchhandlung GmbH, Frankfurt am Main für die Abdruckgenehmigung aus *Mallorca. Insel der Inseln* von Peter Knorr. Der Abdruck der Texte von Robert Gernhardt erfolgt mit freundlicher Genehmigung der S. Fischer Verlag GmbH, Frankfurt am Main.

Drei am Meer

F.W. Bernstein (eigentlich Fritz Weigle)

Bernstein

geb. 1938 in Göppingen. Studierte Kunst in Stuttgart und Berlin. Trat 1964, gemeinsam mit seinem Studienfreund Robert Gernhardt, in die Redaktion von *pardon* ein. 1966 veröffentlichte er (mit Robert Gernhardt und F. K. Waechter) das mittlerweile als Nonsensklassiker geltende Buch *Die Wahrheit über Arnold Hau.* Arbeitete ab 1968 in Bad Homburg als Kunsterzieher, 1972–85 an der Pädagogischen Hochschule in Göttingen. Anschließend lehrte er bis 1999 als erster Professor für Karikatur und Bildgeschichte an der Hochschule der Künste in Berlin. 1989 erschien *Bernsteins Buch der Zeichnerei,* 2003 ein Band mit seinem lyrischen Gesamtwerk (*Die Gedichte*). Außerdem verschiedene Text- und Bildbände für Kinder und Erwachsene. Lebt in Berlin.

Bernd Eilert

Eilert

geb. 1949 in Oldenburg. Begann 1970 ein Studium der Theaterwissenschaften in Marburg, das er noch im gleichen Jahr aufgab, um Mitarbeiter von *pardon* zu werden. 1972 Gründung der Filmergruppe *Hau-Coop* (mit Arend Agthe, Robert Gernhardt und F. K. Waechter). Ab 1974 schrieb er gemeinsam mit Robert Gernhardt und Peter Knorr Radio- und Fernsehprogramme für den Hessischen Rundfunk sowie Texte und Drehbücher für Otto Waalkes. Mit Eckhard Henscheid verfaßte er u. a. das Theaterstück *Eckermann und sein Goethe* (1982). 1987 erschien das von ihm herausgegebene *Hausbuch der literarischen Hochkomik.* Veröffentlichte außerdem Erzählungen, Kriminalromane, Kinderbücher u. a. Lebt in Frankfurt am Main.

Eckhard Henscheid

Henscheid

geb. 1941 in Amberg (Oberpfalz). Ab 1960 Studium der Germanistik und der Zeitungswissenschaften in München, Abschluß mit einer Arbeit über Gottfried Keller. Volontariat bei der *Mittelbayerischen Zeitung* in Regensburg. Veröffentlichte 1968 unter dem Pseudonym «Hans Eckhard Sepp» seinen ersten Roman *Im Kreis* als Privatdruck. 1971 sechsmonatige Mitarbeit in der *pardon*-Redaktion. Wurde einem breiteren Publikum durch die Roman-*Trilogie des laufenden Schwachsinns* (1973–78) bekannt. Seit 2003 entsteht bei Zweitausendeins eine Werkausgabe seiner zahlreichen Erzählungen, Essays, Feuilletons und Polemiken. Lebt in Frankfurt am Main, Amberg und Arosa.

Gernhardt

Robert Gernhardt

geb. 1937 in Reval (heute Tallinn/Estland). 1939 Umsiedlung nach Posen, 1945 Flucht in den Westen, ab 1946 in Göttingen. Studierte Malerei und Germanistik in Stuttgart und Berlin. Zog 1964 nach Frankfurt am Main, um als Redakteur bei *pardon* zu arbeiten. War seit 1966 freier Schriftsteller, Maler und Zeichner. Verfaßte – bis 1971 meist unter dem Pseudonym «Lützel Jeman» (Mittelhochdeutsch für «kaum jemand») – u. a. Gedichte, kürzere und längere Prosaarbeiten, kunst- und komiktheoretische Schriften, ein Theaterstück und (gemeinsam mit seiner ersten Frau, der Malerin Almut Gernhardt) mehrere Kinderbücher. Robert Gernhardt starb 2006.

Knorr

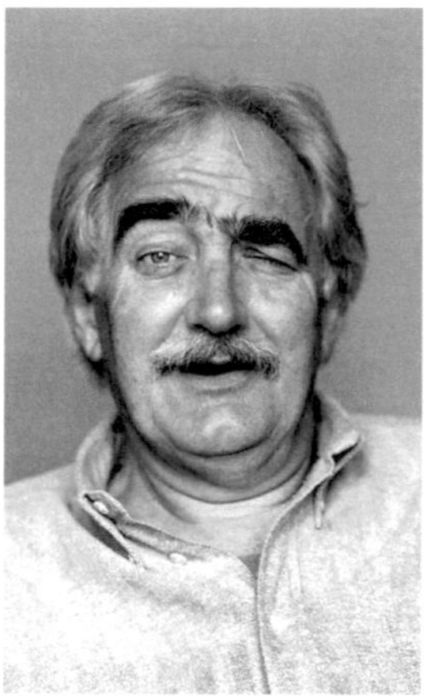

Peter Knorr

geb. 1939 in Salzburg. Studierte Geschichte, Germanistik und Politikwissenschaft in Heidelberg. 1961–67 Mitglied des Kabarettensembles «Bügelbrett» um Hannelore Kaub. Arbeitete, nachdem er ein Jahr in den USA verbracht hatte, von 1969 bis 1972 als Redakteur von *pardon*, danach gemeinsam mit Robert Gernhardt als Autor komischer Radio- und Fernsehshows für den Hessischen Rundfunk (z. B. *Dr. Muffels Telebrause*). Textautor für Otto Waalkes (gemeinsam mit Eilert und Gernhardt) und Mitbegründer von *Titanic*, in der er ab 1982 gemeinsam mit Traxler Helmut Kohl breitenwirksam als «Birne» verspottete. 2000 erschien der Geschichtenband *Mallorca. Insel der Inseln*. Lebt in Frankfurt am Main.

Poth

Chlodwig Poth

geb. 1930 in Wuppertal. 1936 Umzug nach Berlin. 1946 erste Veröffentlichungen von Cartoons. Kunststudium in Weißensee und Charlottenburg. In den 1950er Jahren Witzzeichner für verschiedene Illustrierte und, nach seinem Umzug nach Frankfurt am Main, Produzent der *Dunlop*-Werkszeitung. 1958 erschien sein erstes *Schmunzelbuch* im Verlag Bärmeier & Nikel, der 1962 unter seiner Beteiligung das Satiremagazin *pardon* gründete. Von seinen Arbeiten für *pardon* wurde besonders die Serie *Mein progressiver Alltag* (ab 1972) populär. 1975 bzw. 1980 veröffentlichte er die Romane *Kontaktperson* und *Die Vereinigung von Körper und Geist mit Richards Hilfe*. 1990 Umzug in den Frankfurter Stadtteil Sossenheim, aus dem er bis zu seinem Tod 2004 in der gezeichneten *Titanic*-Serie *Last Exit Sossenheim* berichtete.

Hans Traxler
geb. 1929 in Herrlich (Böhmen, heute Tschechien). 1945 Flucht nach Regensburg, dort ab 1947 akademische Zeichenlehre. 1951 Umzug nach Frankfurt am Main, 1955–59 Studium der Malerei am Städel. 1962 Mitbegründer von *pardon*, in den Folgejahren regelmäßiger freier Mitarbeiter. 1963 erschien seine Wissenschaftsparodie *Die Wahrheit über Hänsel und Gretel*. Veröffentlichte seit 1978 rund 20 Bilder- und Cartoonbücher für Kinder und Erwachsene, darunter die Großbände *Alles von mir!* (1999) und *Das fromme Krokodil* (2001), die Zeichnungen für *Titanic*, die Magazine der *Süddeutschen Zeitung*, der *FAZ* und der *Zeit* u. a. enthalten. Lebt in Frankfurt am Main.

Traxler

Friedrich Karl Waechter
geb. 1937 in Danzig. Kam 1945 mit seiner Familie nach Schleswig-Holstein. Ausbildung zum Gebrauchsgraphiker in Hamburg, dann Arbeit bei einer Werbeagentur in Freiburg/Breisgau. Wurde 1962 Chefgraphiker beim neugegründeten Satiremagazin *pardon*, für das er von 1964–76, gemeinsam mit Robert Gernhardt und F. W. Bernstein, die Nonsensbeilage *Welt im Spiegel* erstellte. Veröffentlichte mehrere Cartoonbände (u. a. *Wahrscheinlich guckt wieder kein Schwein*, 1978) und Kinderbücher (u. a. *Opa Huckes Mitmachkabinett*, 1976). Seine Stücke *Schule mit Clowns* und *Kiebich und Dutz* zählen zu den meistgespielten des internationalen Kindertheaters. 1979 Mitbegründer von *Titanic*. F. K. Waechter starb 2005.

Waechter

Almut Gernhardt
geb. 1940 als Almut Ullrich in Weimar. Grafikerin und Malerin. Heiratete 1965 Robert Gernhardt, mit dem sie zwischen 1975 und 1985 mehrere Kinderbücher veröffentlichte. Gestorben 1989 in Alberese (Italien).

Alice Schwarzer
geb. 1942 in Wuppertal. 1969 Reporterin bei *pardon*. Seit 1977 Verlegerin und Chefredakteurin der feministischen Zeitschrift *Emma*. Lebt in Köln.

Grabspruch

Ich leb und waiß nit, wie lang,
Ich stirb und waiß nit, wann,
Ich far und waiß nit, wahin,
Mich wundert, daß ich froelich bin.

grabspruch des Magisters
Martinus von Bieberach
zu Heilbronn. gest. 1498

POPEYE
E.C. Segar